LA RELIURE,

POÈME DIDACTIQUE

EN SIX CHANTS.

N°

N. B. Cette édition a été tirée à cent vingt-cinq exemplaires, tous sur grand raisin-vélin, et les exemplaires sont numérotés.

IMPRIMÉ CHEZ PAUL RENOUARD,
RUE GARENCIÈRE, N° 5. F. S.-G.

LA RELIURE,

POÈME DIDACTIQUE

EN SIX CHANTS;

PAR LESNÉ, RELIEUR A PARIS.

SECONDE ÉDITION
DÉDIÉE AUX AMATEURS DE LA RELIURE.

PARIS.

CHEZ L'AUTEUR, RUE DE TOURNON, N° 19;
JULES RENOUARD, LIBRAIRE,
RUE DE TOURNON, N° 6.

1827.

DÉDICACE DE LA PREMIÈRE ÉDITION
PUBLIÉE EN 1820.

A MON FILS.

C'est à toi, mon ami, que je dédie mon ouvrage; je remplis en cela le vœu de mon cœur: tu penses bien que ce n'est pas un hommage que je te rends, c'est plutôt une sorte d'encouragement que je veux te donner pour t'engager à bien faire.

A dix-sept ans, tu es mon premier ouvrier; à dix-sept ans, tu sais à-peu-près un art que je ne commençai à apprendre qu'à vingt-sept; tu n'as plus qu'à t'y perfectionner.

C'est bien moins dans mon livre qu'il te faut étudier, que d'après nos grands ouvriers que tu dois t'efforcer d'imiter.

Fais toujours bien pour le seul plaisir de bien faire.

Pénètre-toi bien que l'état le plus simple de-

vient un art dans la main de celui qui l'exerce avec distinction ; et que l'art le plus sublime n'est plus qu'un vil métier pour celui qui travaille avec routine, et dans la seule vue de pourvoir à son existence.

Mais tu ne seras pas de ce nombre ; déjà tu brûles de te distinguer, déjà tu discernes ce qui est bien ou mal fait dans les ouvrages de nos grands maîtres modernes : que les célèbres anciens soient aussi l'objet de tes méditations ; ils avaient leur mérite particulier. Sans négliger l'embellissement, comme ils ont souvent fait, à leur imitation, que la solidité soit ta principale étude : les amateurs trouveront toujours assez d'ouvriers pour leur faire de belles choses ; ils n'en trouveront jamais trop pour leur en faire de bonnes.

LESNÉ.

PRÉFACE

DE LA PREMIÈRE ÉDITION.

Le public, tout accoutumé qu'il est à voir éclore tous les jours des nouveautés littéraires, sera peut-être assez étonné de voir celle-ci. Un poème sur la reliure dira-t-on! et pourquoi non? Parce que c'est un art mécanique, on s'étonnera qu'un ouvrier, charmé de son état, ait osé en donner une description en vers! Selon moi, ceux qui raisonneront ainsi auront tort. Je pense que les arts, en général, gagneraient beaucoup, que peut-être on verrait un plus grand nombre de bons ouvriers dans tous les métiers, si dans chacun d'eux il se trouvait un artiste qui entreprît de faire, sur son art, un poème (bon ou mauvais), qui en développât, autant que la poésie peut le permettre, les véritables principes; j'entends par véritables principes, non ceux qui passent pour tels dans chaque art, étant adoptés par le plus grand nombre, mais bien ceux qui, puisés dans la nature même des choses, indiqueraient les bons procédés qu'aurait mis en usage l'artiste qui décrirait son art; en un mot, ceux par lesquels il serait arrivé plus près de la perfection. J'aurais cependant paru trop novateur si j'eusse décrit la reliure d'après mes propres principes, en partie énoncés dans mon mémoire à la fin de cet ouvrage. J'ai préféré la décrire d'après ceux des bons ouvriers connus. Je le répète, les arts y gagneraient peut-être beaucoup; on retient plus facilement les vers que la prose, et c'est probablement pour cela que Pittacus, suivant ce que rapporte Fénélon, écrivait ses lois en vers.

De tous les genres de poésies, le genre didactique passe pour celui qui présente le moins de difficultés; aussi presque tous les hommes d'un génie supérieur dédaignent-ils de s'en occuper; les petits esprits se rangent de leur côté pour en imposer au vulgaire sur leur propre mérite, et le public pardonne difficilement à l'auteur d'un poème de ce genre, à moins qu'il n'ait trouvé le secret, si difficile, d'instruire sans devenir ennuyeux. Toutefois Virgile, Horace, Boileau et Delille, sont maîtres en ce genre; ceux qui s'y sont exercés après eux n'ont fait que glaner sur leurs pas, et ceux même qui y ont le mieux réussi, eussent peut-être échoué s'ils se fussent avisés de décrire un art mécanique dans lequel il faudrait, pour bien faire, suivre les opérations comme elles se suivent dans la pratique de l'art. Ne pouvant imiter les beautés des uns, je ne m'étayerai pas des défauts des autres; je dirai seulement que si je n'ai pu vaincre toutes les difficultés, j'en ai vaincu quelques-unes, ne fût-ce qu'en décrivant en vers des mains-d'œuvre qui s'expliquent assez difficilement, même en prose, et qui, pour la plupart, ne peuvent être bien expliquées, bien conçues que par la démonstration.

Les principes des arts et des sciences, en général si épineux, deviennent quelquefois rebutans pour l'homme fait, et à plus forte raison pour un jeune homme qui souvent est mis dans tel ou tel art mécanique, sans aucun goût décidé; ces principes, mis en vers, s'inculqueraient, pour ainsi dire, involontairement dans la mémoire de celui qui serait presque indifférent. Pourquoi l'ouvrier ne retiendrait-il pas aussi bien des vers, qui lui rappelleraient incessamment les principes de l'art qu'il exerce, que quelques couplets qu'il fredonne en travaillant?

Tout mauvais qu'est mon poème, je me permettrai cependant une comparaison entre lui et l'Art poétique de Boileau.

Je me demande si celui qui s'occupe de poésie, ayant toujours à la pensée ces deux vers :

« Gardez qu'une voyelle, à courir trop hâtée,
« Ne soit d'une voyelle en son chemin heurtée; »

peut, sans s'en apercevoir, commettre une faute aussi grossière; de même l'ouvrier attentif qui aurait toujours présent à la mémoire ceux-ci :

Un livre sur tous sens doit se trouver d'équerre,
En tête, en queue, aux dos, aux mors, à la gouttière;

ou ceux-ci :

Qu'en un livre toujours le bon goût seul réside,
Qu'il soit simple, élastique, élégant et solide.

S'il ne rogne pas bien son livre d'équerre, si le dos n'en est pas solide, s'il ne s'ouvre pas bien; en un mot, si l'ouvrier y laisse subsister quelques défauts essentiels, c'est qu'il aura bien voulu les y laisser, ou qu'il aura été trop tard pour y remédier quand il s'en sera aperçu. Il en serait de même des autres arts.

En général, nous avons eu jusqu'ici de bien médiocres descriptions des arts mécaniques : je veux dire qu'elles n'atteignent pas, pour la plupart, le but qu'elles se doivent proposer; qui est, ce me semble, de mettre à même celui qui étudie tel ou tel art décrit, de l'exercer sans aucun autre secours que la description qu'il a pour guide.

Cependant mon but, en composant ce petit poème, n'a pas été de décrire jusqu'au moindre procédé de mon art. En supposant que cela m'eût été possible, ce travail m'eût coûté infiniment de temps, de peine, d'ennui même; il eût été trop préjudiciable à mes occupations journalières, et mon poème, dont le sujet est déjà très aride, eût encore été plus monotone et languissant; je doute même qu'on ait eu la patience de le lire jusqu'au bout. Mon unique but a été de fixer, pour ainsi dire, *mnémoniquement* les principes fondamentaux de mon art, me réservant de développer quelques principes secondaires, seulement les plus essentiels, dans des notes qui, pour l'ordinaire, ne se lisent pas, mais qui satisferont, j'espère, ceux qui, voulant avoir une plus ample connaissance de la reliure, prendront la peine de les lire.

A mon avis, il serait à souhaiter que les arts fussent décrits par les artistes mêmes qui les exercent; les descriptions n'en seraient sans doute pas aussi pompeuses, le style aussi épuré: mais que n'y gagnerait-on pas!

Quand un savant se propose de décrire un art quelconque, de le suivre dans tous ses procédés de bonne confection, d'embellissement, de manipulation en général, que faut-il qu'il fasse au préalable? Il faut, ce me semble, qu'il consulte des ouvriers exerçant l'art qu'il veut décrire; il n'en consultera quelquefois qu'un seul, dans lequel il aura mis sa confiance, et qui, s'il est dans l'erreur à certains égards, l'y fera tomber aussi. Mais j'admets qu'il choisira bien sous tous les rapports; il me semble qu'il n'est guère possible de rendre d'une manière aussi claire, aussi précise, les idées qui nous sont communiquées, comme il est facile de décrire ce que nous pratiquons; il arrive de là, que ce savant entre dans des détails minutieux, qu'il considère comme très essentiels, tandis que souvent il néglige de s'étendre sur des choses importantes qu'il regarde comme puériles ou indifférentes. Mais ces inconvéniens ne sont rien en comparaison de celui que voici.

Un savant, qui suit l'ouvrier dans tous ses procédés, a l'intention de ne rien négliger; il ne néglige rien, en effet, pour connaître à fond les moindres opérations, les plus petits détails, les plus petits secrets; je pense même qu'il emploie, pour parvenir à la connaissance de ces petits secrets, d'où dépend quelquefois la réussite de grandes choses; *il emploie, dis-je,* tout ce que peuvent lui suggérer son esprit, ses lumières, les notions qu'il peut avoir sur les arts en général, et quelquefois même la finesse et la ruse, quand il voit qu'elles peuvent lui être utiles. Mais l'ouvrier s'ennuie d'être sans cesse questionné; cette importunité le fait passer légèrement sur des choses qui mériteraient une longue explication; et, ce qui est bien pis, il cache très souvent, avec le plus grand soin, de petits procédés très importans, de petits secrets qu'on lui a communiqués, qu'il a découverts ou qu'il s'est appropriés, et qu'il veut se conserver exclusivement. Une raison qui peut le porter à cette réserve, c'est qu'en guidant ce savant dans la description de son art, il n'y sent, il n'y voit aucun intérêt, et rien même qui soit susceptible de flatter son amour-propre.

Puisse cette courte digression porter quelques artistes à décrire eux-mêmes leur art, soit en prose, soit en vers; le public m'aura peut-être, par la suite, quelque obligation de les y avoir engagés. Mais, qu'on blâme mon opinion, ou qu'on l'approuve, je préviens les censeurs que je suis disposé à ne jamais prendre la défense de mon ouvrage, comme poème. Comme art, je ne répondrai guère à la critique qu'en m'efforçant de soigner mes ouvrages de plus en plus. J'avertis d'avance le public, afin qu'il ne m'accuse pas de plagiat, que l'on trouvera épars çà et là quelques vers imités de Boileau, et même quelques hémistiches, ou des vers presque entièrement conformes à des vers de l'Art poétique; mais, si je me suis donné cette licence, c'est que ces hémistiches, ou ces vers presque complets que je me suis permis d'emprunter, exprimaient clairement des pensées qu'il m'aurait été impossible de rendre aussi nettes en employant d'autres expressions.

Mon ouvrage plaira, je pense, à très peu de gens; les personnes éclairées en trouveront, pour la plupart, le style trop négligé, et beaucoup d'ouvriers au contraire le trouveront trop recherché; les premiers diront que je ne m'explique pas assez, que je ne m'étends pas suffisamment sur certaines choses, tandis que les autres me critiqueront peut-être sur ce qu'ils trouveront que j'entre dans de petits détails puérils, selon eux, parce qu'ils leur sont familiers : peu de gens enfin seront pleinement satisfaits. Mais peu m'importe, je ne desire que les suffrages des amateurs et des ouvriers éclairés, ou de ceux qui desirent s'instruire; et, ne visant moi-même qu'à m'instruire de plus en plus, je recevrai avec plaisir et reconnaissance les avis que voudraient bien me donner ou des ouvriers de mon état, ou même des amateurs éclairés. Car je répète ici ce que j'ai dit ailleurs en mauvais vers : il y a des amateurs qui se connaissent mieux en reliures que certains bons ouvriers; mais il en est aussi dont le goût bizarre, et les observations ridicules, sont plutôt capables d'égarer un ouvrier peu instruit que de le mettre dans son bon chemin, et c'est ici le lieu de rappeler ce vers de Boileau :

« ... Ne vous rendez pas dès qu'un sot vous reprend.

Avant de terminer cette longue préface, je ne puis me dispenser de prévenir le lecteur qu'indépendamment des fautes dont fourmille sans doute mon poème, tant pour les rimes que pour les autres règles de poésie, il pourra souvent rencontrer des expressions qui pourront bien choquer les puristes; parmi ces fautes, il en est que j'ai commises par ignorance, il en est aussi que j'ai commises avec intention. Mais les amateurs voudront bien penser que ce n'est pas pour eux seuls que j'écris; j'ai souvent été obligé d'employer des termes familiers à la classe ouvrière, à laquelle ces faibles essais peuvent être de quelque utilité. Je signalerai cependant moi-même quelques-unes de ces fautes, afin que le public juge de celles que j'ai pu commettre par ignorance. Par exemple, j'ai dit faire un livre pour dire relier un livre, et j'ai employé d'autres termes aussi peu français, mais à l'aide desquels les amateurs et les ouvriers s'entendent très bien. Pour les noms propres, tant d'amateurs distingués, que d'ouvriers célèbres, je les ai toujours employés comme ils se prononcent dans le discours familier; tels sont les noms de Re,nou,ard, Bo,zé,ri,an, Si,mi,er, que je prononce ainsi : Re,-nouard, Bo,zé,rian, Si,mier; cela m'a semblé moins languissant; la même raison m'a porté à abréviér les mots, reliure, relier, relieur, ces mots, revenant souvent, eussent, à mon avis, répandu sur tout le poëme un ton désagréable. Un littérateur distingué, avantageusement connu par plusieurs ouvrages, occupant même une chaire de littérature dans une de nos institutions, m'a fait la guerre sur ces abréviations; voulant mettre à profit une telle critique, je me suis sérieusement occupé de corriger ces fautes, j'en ai même rectifié un grand nombre, que les amateurs de la justesse corrigeraient aussi bien que moi. Au moyen de quelques chevilles, j'eusse probablement fait disparaître les autres; mais, peu content de ma réussite, je me suis mis, comme par une espèce de dépit, à écrire en moins de rien une véritable boutade poétique que j'adressai à la personne qui y avait donné lieu; on ne sera peut-être pas fâché de la trouver ici toute mauvaise qu'elle est; je sais bien que cela ne réparera rien, mais au moins on saura ma véritable façon de penser sur ces éternels mots qui, seuls, sont capables de rendre un sujet maussade.

A M. A**** M*****.

Vous me mettez vraiment dans une peine extrême :
Depuis huit ans au moins je travaille un poème.
J'en étais satisfait, comme l'est un auteur
Qui croit toujours du Pinde atteindre la hauteur ;
Mes amis partageant même mon allégresse,
Déjà me conseillaient de le mettre sous presse ;
Et, quand j'allais céder à leur empressement,
Vous avez en deux mots détruit l'enchantement.
Epiloguant césure, hémistiche, cadence,
Vous me réduiriez presque à garder le silence ;
Les mots abréviés sont peu de votre goût,
Et ces mots par malheur se rencontrent partout.
Nirez-vous cependant que le mot re,li,u,re,
Sans allonger un vers fait languir la mesure ?
Et ne trouvez-vous pas que le mot re,li,eur,
Etant prononcé bref, paraît enfin meilleur ?
En un poème épique, en rimes épurées,
Ces élisions-là ne sont pas tolérées ;
Mais, sans autoriser cette innovation,
La règle naît de l'art : quant à l'exception,
C'est, nous dit Montesquieu, le goût qui la fait naître.
Je suis en fait de goût bien loin d'être un grand maître ;
Toutefois j'ai le mien, c'est peut-être un malheur,
Mais je ne puis souffrir qu'on dise un re,li,eur,
Des livres re,li,és, la belle re,li,u,re,
Ces mots ainsi traînés sont-ils dans la nature ?
Je ne puis le penser : vraiment, docte censeur,
Si quelqu'un me disait ; monsieur le re,li,eur,

Re,li,ez-moi ceci, mais d'une re,li,ure
Souple, élastique, simple, avec peu de dorure.
Que ce soit re,li,é, de sorte que le dos
Se détache aisément, sans plis et sans défauts :
Ecoutant avec peine une telle harangue,
Oh ! d'un autre Dé Crac je croirais ouïr la langue.

AVERTISSEMENT.

Je l'avais bien prévu, mon livre était destiné à plaire à bien peu de gens, c'est l'ouvrage d'un ouvrier, de plus c'est un ouvrage en vers; or il devait être critiqué, ridiculisé même, et le plus souvent par des gens qui ne l'ont pas lu. Mais ce qui m'a amplement dédommagé de ces rigueurs, c'est que les ouvriers y ont reconnu les véritables principes d'un art dans lequel tous ceux qui l'exercent aujourd'hui, cherchent à se distinguer. Que même beaucoup de relieurs l'ont honoré du nom de manuel : personne ne sait mieux que moi à quoi s'en tenir sur la véritable acception de ce mot : non, mon livre n'est pas le manuel du relieur, c'est un ouvrage de pur agrément pour les amateurs qui desirent acquérir quelques notions sur un art dont les belles productions font leurs délices.

Si je publiais aujourd'hui mon poème pour la

première fois, ce serait un ouvrage ridicule, quant à la partie historique moderne. Depuis six ans que la première édition a paru, la reliure a bien changé de face ; ai-je contribué à son amélioration ? je ne le pense pas ; je ne vois personne qui se soit sérieusement occupé de la solidité. Partout elle n'est qu'apparente, simulée ou même nulle. Quant à l'embellissement, tous les ouvriers ont cherché à s'y distinguer, quelques-uns même qui, il y a sept ou huit ans, n'occupaient tout au plus que le troisième rang, sont montés presqu'au premier, d'autres, au contraire, qui, il y a douze ou quinze ans, méritaient d'être cités, ne le seraient aujourd'hui que comme des noms historiques, ou comme des anneaux d'une chaîne commençant aux premiers temps de l'imprimerie et se prolongeant jusqu'à nous. Vérité, impartialité : voilà ma devise. J'ai à remplir la triple tâche d'historien, d'artiste et de poète. Cette dernière n'est qu'accessoire ; mais quant aux autres, je m'y montrerai exactement asservi. Je ne suis pas cause si certains hommes survivent à leur réputation.

Tout le monde crie : Ah merveille ! Oh que la

reliure a fait de progrès, jamais on n'a si bien relié qu'on le fait aujourd'hui! La reliure, ajoute-t-on, n'ira pas plus loin ! Voilà ce qu'on répète jusqu'à satiété ; considérons la chose tranquillement, ne nous passionnons pas aussi vite. Quant à moi je pose d'abord cette question : Dans la reliure, l'embellissement peut-il tenir lieu de solidité ? Si l'on me répond par l'affirmative, et que l'on parvienne à me le prouver raisonnablement, je dirai avec ses admirateurs que la reliure est parvenue à son dernier période de perfection; mais si l'on me répond négativement, je me crois en droit d'examiner, de comparer l'embellissement et la solidité, et d'affirmer ensuite, que la reliure a beaucoup plus perdu d'un côté qu'elle n'a gagné de l'autre.

J'ai déjà fait entendre cette vérité, je l'ai prouvée jusqu'à l'évidence; j'ai indiqué les moyens de réunir les deux extrêmes, la solidité et la souplesse. Une société savante, des hommes éclairés, de véritables amateurs ont encouragé mes travaux. La majeure partie des ouvriers suivent l'ancienne méthode; ils ont raison de profiter de l'engoûment du public pour un genre qui fera que les relieurs qui nous suivront, ne pourront suffire à l'ouvrage qu'ils auront à faire, car il recommenceront certainement tout ce que nous aurons fait. Je ne pense pas qu'en l'année deux mil deux cents on trouve des reliures de notre siècle parfaitement bien conservées, comme il nous arrive quelquefois d'en rencontrer du quinzième.

IDÉE ANALYTIQUE DE LA RELIURE.

La plupart des arts en se perfectionnant se simplifient, c'est-à-dire, qu'ils semblent marcher d'un pas égal vers la perfection et la simplification des procédés; cette assertion est, je crois, évidemment prouvée par les progrès qu'ont faits en France la majeure partie des arts, sur la fin du dix-huitième siècle; celui de la reliure, au contraire, à mesure qu'il se perfectionne, devient plus compliqué dans ses procédés d'exécution; l'embellissement est maintenant la partie la plus scientifique de l'art, et celle à laquelle s'attachent par trop les ouvriers en général.

> Le bien-fait est pour eux un travail par trop rude;
> Et l'embellissement fait toute leur étude.
> CHANT V.

Trois qualités essentielles, la solidité, l'élasticité et l'élégance doivent caractériser la reliure française. Quiconque réunira constamment ces trois qualités dans ses ouvrages effacera les anciens; mais, qu'il est difficile d'y parvenir! Cependant avec de la constance, des observations rigoureuses et multipliées, on y arriverait peut-être. La réussite dans ces trois points principaux dépend de nombre de petits soins apportés dans une infinité de mains-d'œuvre qui constituent la reliure d'un livre.

Au premier aspect la reliure n'est rien. Voici l'analyse, l'idée que l'on peut s'en faire : plier un livre, le battre, le mettre en presse, le coudre, y adapter des cartons, l'endosser, le rogner, mettre la tranche en couleur, ou la faire marbrer ou dorer, le couvrir d'une peau quelconque, jeter çà et là sur cette même peau de telle ou telle couleur, y pousser quelques dorures, le polir, le mettre en presse; voilà dix ou douze opérations qui, subdivisées, en forment au moins soixante (d'autres disent même un cent), dans lesquelles consiste tout l'art du relieur. Voilà certes des opérations assez simples, en apparence, pour être toutes enseignées dans l'espace d'un mois à l'individu le plus inepte ; et cet individu se croira relieur ; il le sera en effet aux yeux de bien des gens, puisqu'il pourra prendre un livre en feuilles et lui faire tenir sa place dans une bibliothèque. L'habitude fera qu'en travaillant beaucoup, se faisant une routine des opérations ci-dessus indiquées, il parviendra peut-être à devenir un bon ouvrier ou, tout au moins, à paraître tel aux yeux de faibles connaisseurs, qui aiment qu'on leur relie beaucoup de livres en peu de temps.

Mais si l'on veut atteindre à la perfection, si l'on veut envisager ce bel art dans le véritable point de vue sous lequel il doit être examiné, on se convaincra aisément qu'il peut être rangé parmi les arts les plus difficiles. Cette vérité est si incontestable, que je mets en fait que le plus habile ouvrier (sans en excepter aucun), celui qui se surveille sans cesse, celui enfin qui vise à la perfection, après avoir fait un *train*, je ne dis pas de cinq ou six cents volumes, mais seulement de vingt-cinq ou trente, s'il examine scrupuleusement chacun de ces volumes dans toutes ses parties, il ne sera entièrement satisfait d'aucun. On me dira qu'un habile ouvrier se corrigera dans les *trains* suivans des défauts qu'il aura remarqués dans celui-ci. Oui sans doute, il les évitera soigneusement; j'admets même (et cela est presque impossible) qu'il ne retombera dans aucun des défauts qu'il aura d'abord remarqués, mais il tombera certainement dans d'autres, et peut-être dans de plus graves; il trouvera infailliblement tel ou tel défaut à l'un, tel ou tel défaut à l'autre : il devrait enfin s'estimer très heureux si, sans se flatter, il en trouvait un seul qui fût ce que l'on peut appeler parfait. De là vient que le découragement s'empare souvent d'un homme qui, avec un peu de patience, et étant surtout pour lui-même un sévère critique, aurait pu devenir par la suite un excellent ouvrier; mais qui, voyant qu'il ne peut parvenir à son but, travaille nonchalamment, avec routine, et ne vise ensuite qu'à gagner beaucoup d'argent, si gagner beaucoup d'argent était possible dans le métier de relieur.

LA RELIURE.

POEME.

Hâtez-vous lentement et sans perdre courage,
Vingt fois sur le métier remettez votre ouvrage,
Polissez-le sans cesse et le repolissez.
                    BOILEAU, Art. poét., chant I.

LA RELIURE.

POÈME.

CHANT PREMIER.

Je célèbre mon art; je dirai dans mes vers,
Combien il éprouva de changemens divers;
Je dirai ce que fut cet art en sa naissance;
Je dirai ses progrès, et, de sa décadence
Je nommerai sans fard les ineptes auteurs :
Oui, je vais dérouler aux yeux des amateurs
Des mauvais procédés la déplorable liste.
Je nommerai le bon et le mauvais artiste;
Je chanterai les noms de ces hommes fameux
Qui seront révérés de nos derniers neveux.
Je vais, en m'éloignant de la route vulgaire,
Dire comment on peut parvenir à bien faire;
Comment on dresse un livre à l'équerre, au niveau,
Et de mon art enfin décrire le vrai beau.
 Filles de Mnémosine, et vous, sage Minerve,
Présidez à mes chants et soutenez ma verve :

Je dois vous l'avouer, ma voix, ma faible voix,
Est peu propre à chanter les héros et les rois.
Entonne qui voudra la trompette guerrière,
Et marche sur les pas de Virgile et d'Homère;
Pour moi, pauvre rimeur, renié d'Apollon,
Qui n'entre qu'en tremblant dans le sacré vallon,
Moi dont tout l'attirail déplairait aux neuf Muses,
Je ne puis, je le sens, dans mes rimes confuses,
Que célébrer un art qui seul m'a su charmer,
Sans chercher par mes vers à me faire estimer.

Vous, qui vous destinez, par pure préférence,
A cet utile état, dès votre tendre enfance,
Essayez de former, de nourrir votre goût,
Des ouvrages divins des Gascon, Padeloup,
Des Deseuil, Courteval, des Bozerian, Deromes.
Pour être un jour placés au rang de ces grands hommes.
Consultez, comparez ces ouvrages sans prix,
Dont les grands amateurs seront toujours épris.

Et vous dont les talens, les biens ou la naissance,
De vous à l'ouvrier ont marqué la distance;
Qui dans vos cabinets rassemblez à grands frais,
Homère, Cicéron, Virgile, Rabelais,
Les Anquetil, Velly, les Crévier, Rollin, Hume,
Et sans cesse entassez volume sur volume,
Apprenez par mes vers que de soins, que de temps,
Il nous faut consacrer à vos amusemens,
A chercher, à saisir tout ce qui peut vous plaire,
Et si nous gagnons bien un modique salaire.

En naissant, la reliûre était un vil état,[1]
Dénué d'agrément, gothique et sans éclat :
L'agréable en ces temps paraissait trop futile ;
Alors on se bornait purement à l'utile.
Entre des ais en bois les livres fagotés,[2]
Par les vers destructeurs étaient bientôt gâtés.
Bien que garnis de coins, de fermoirs, de bossettes,
Rehaussés de vingt clous bien taillés à facettes,
On les voyait dans peu pourris ou vermoulus ;
Et du quinzième siècle il n'en est presque plus.
Bien qu'à les rétablir chaque jour on s'exerce,
On en rencontre peu d'intacts dans le commerce.

Le beau sexe en ces temps lisait sans doute moins ;
Ces vieux livres ferrés sont autant de témoins
Que les femmes, suivant un scrupuleux usage,
Tout entières aux soins de leur humble ménage,
Heureuses d'allaiter, d'élever leurs enfans,
Lisaient le seul psautier et jamais de romans ;
On en trouvait à peine une seule entre mille,
Qui se doutât des noms d'Horace et de Virgile.

L'homme en société se trouvait seul chez lui,
N'ayant que ses bouquins pour chasser son ennui.
Etait-il transporté d'un passage d'Homère,
Sa tremblante moitié le croyait en colère,
Et, d'un pareil éclat ignorant le sujet,
Désertait la maison tenant son chapelet ;
S'en allait publiant partout chez ses amies,
Qu'elle avait vu le diable et toutes ses furies.

Il faut en convenir, de délicates mains
Ne pouvaient remuer ces énormes bouquins;
Et des in-folio le format incommode,
Dès que le sexe lut, ne fut plus à la mode.
Depuis de jour en jour on les diminua,
Et pour lui plaire encore on les enjoliva.

    Gascon parut alors, et des premiers en France [3]
Sut mettre en sa reliûre une noble élégance;
Une solidité que Deseuil imita, [4]
Et que de surpasser personne ne tenta.
Pasdeloup le suivit, puis le fameux Derome,
Pasdeloup si connu, que partout on renomme,
Et dont l'ouvrage, encore à présent si vanté,
Par les grands amateurs sera toujours cité.
Ces hommes ne visaient qu'au bien fait, au solide;
Le clinquant à leurs yeux était fade, insipide;
Leurs ouvrages soignés en étaient même lourds; [5]
Ils ne prodiguaient pas la moire et le velours.
Leurs dorures étaient plus solides que belles :
Les temps ont amené des méthodes nouvelles.
L'art pour beaucoup de gens devint trop malaisé;
La paresse inventa bientôt le dos brisé. [6]
Les parchemins, les nerfs parurent inutiles,
On osa supprimer jusques aux tranchefiles;
L'élégance tint lieu de la solidité,
On sacrifia tout à l'élasticité.
Delorme effrontément supprima la couture; [7]
D'autres auraient peut-être élagué l'endossure;

En faisant chaque jour quelques suppressions,
Cet art aurait péri par les inventions.
Les amateurs, outrés de tant de nonchalance, [8]
Envoyèrent long-temps leurs livres hors de France,
Et chez nous ce bel art retombait au néan,
Alors que s'établit le fameux Bozérian.
  Cet artiste amateur sut guérir sa patrie
De regarder l'Anglais avec idolâtrie.
Eh quoi! se disait-il, exprimant ses regrets,
Nous n'avons jusqu'ici que singé les Anglais!
Dans la reliure encor nous sommes leurs émules!
Ne quitterons-nous pas nos gothiques formules!
Verra-t-on les Français pouvant les surpasser,
Demeurer en chemin sans oser avancer?
Il dit, et secouant le joug de la manie,
Asservissant dès-lors son art à son génie,
Il lui sut adapter des procédés nouveaux,
Et l'amateur français oublia nos rivaux.
Oui, Bozérian l'aîné, seul osa les combattre;
Son frère en l'imitant sut presque les abattre;
En marchant sur ses pas, Lefebvre, son neveu,
Entre les deux parens tint un juste milieu.
A leur instar ses dos sont faits à nerfs postiches,
Comme eux il s'est trop plu dans les ornemens riches;
Tous trois seraient pourtant demeurés sans rival,
S'il n'était survenu le soigneux Courteval; [9]
Sur sa rusticité c'est en vain qu'on murmure,
Courteval épura le goût de la reliure :

Ses ouvrages seront recherchés en tout temps,
Des fameux amateurs, des riches et des grands;
Long-temps ils en feront leurs plus chères délices;
Mais des grands ouvriers admirez les caprices :
Courteval de son art se montre si jaloux,
Qu'on le met en tous lieux au rang des plus grands fous.
Il travaille tout seul, et de peur de mal faire,
Prend très peu d'ouvriers et jamais d'ouvrière,
Par la difficulté de les bien mettre au fait,
Et pour être par là plus sûr de ce qu'il fait.
Simier parut ensuite, et cet habile artiste
Des ouvriers fameux semblait fermer la liste;
Près de lui le plus grand ne paraissait qu'un nain,
Quand pour l'honneur de l'art s'établit Thouvenin;
Thouvenin, qu'on pourrait surnommer le rigide :
On dirait que Minerve et l'instruit et le guide,
Et que pour le former dans l'art qu'il ennoblit,
Elle se fit relieur alors qu'il s'établit.
De Bozérian le jeune et l'élève et l'émule [10],
En naissant, ses travaux sont des travaux d'Hercule :
S'il n'est pas de lui-même en admiration,
Il peut guider son art à la perfection.
Nous retrouvons en lui les Deseuil, les Derome,
Tous les anciens relieurs qu'à bon titre on renomme;
Il est rare qu'un livre, en sortant de sa main,
Ne puisse supporter le plus strict examen.
Il est riche, pompeux, superbe, magnifique!
Ses fers semblent poussés par l'art typographique,

Et toujours élégant dans sa simplicité,
Sait joindre la souplesse à la solidité.
　Imitez cet artiste; un jour, qui sait peut-être,
Vous pourrez égaler, surpasser ce grand maître :
Quel talent, direz-vous, peut éclipser le sien?
Si l'on ne peut mieux faire, on peut faire aussi bien.
En savoir, en talent, il accroît chaque année.
Long-temps on cherche en vain, et dans une journée,
On apprend quelquefois bien plus que dans deux ans :
Mais la présomption énerve les talens.
Souvent on voit aller l'ouvrier qui s'admire,
Non pas de mieux en mieux, mais bien de mal en pire.
Quand un livre est couvert avant de le dorer, [11]
C'est là de point en point qu'il le faut censurer.
Devenez amateur, ne soyez plus artiste,
Faites de vos défauts la scrupuleuse liste.
Essayez, s'il se peut, de n'y plus retourner;
Sans cesse occupez-vous de perfectionner.
N'employez qu'à propos la dorure et la moire :
Tout embellissement n'est qu'un simple accessoire.
Attachez-vous bien moins au brillant qu'au fini,
A moins que l'un ne soit à l'autre bien uni;
J'aime mieux des filets poussés d'une main sûre,
Qu'un livre mal tourné tout couvert de dorure.
De même un beau granit sur un livre mal fait,
Ne produira jamais qu'un détestable effet.
De toutes ces couleurs l'inutile assemblage [12]
Sert souvent à masquer les défauts de l'ouvrage,

Et je crois entrevoir de gothiques beautés,
De masques enlaidis remplir les cavités.
Qu'en un livre toujours le bon goût seul réside;
Qu'il soit simple, élastique, élégant et solide.
Un beau marbre, un granit, plaisent d'abord aux yeux;
C'est pourtant ce qu'on doit apprendre en derniers lieux.
L'amateur aime peu ce brillant barbouillage;
Toutefois je suis loin d'en proscrire l'usage;
Mais un livre en veau fauve et bien clair et bien net [13]
Dans sa simple élégance et me charme et me plaît.
Pour un autre il serait le beau sujet d'une ode,
Partout, dans tous les temps, on le verra de mode :
C'est le seul maroquin qu'on lui peut comparer;
Je sais bien cependant qu'il vaut mieux varier :
Tel on aime à l'été voir succéder l'automne;
Trop d'uniformité deviendrait monotone.
C'est en étudiant qu'on fait de mieux en mieux.
La chimie est pour vous un trésor précieux,
La chimie est pour vous la science profonde !
Qui vous divulguera tous les secrets du monde.
Par elle n'allez pas vous laisser enivrer,
Étudiez cet art sans trop vous y livrer;
Car dans ce labyrinthe aisément on s'égare.
Il faut se souvenir de tout ce qu'on prépare,
Ou l'écrire avec soin, pour plus de sûreté,
Et travailler ensuite avec sécurité.
Il est des ouvriers qui font tout par routine;
Lors deux marbres pareils n'ont jamais même mine;

Et ces gens quelquefois réputés dans leur art,
Avec tout leur talent, font bien par pur hasard.
Vous riez : je crois voir la mine que vous faites ;
Tous mes sermons pour vous sont autant de sornettes ;
Et chacun de vous dit, dénigrant mes raisons,
Qu'on me devrait loger aux Petites-Maisons.
Mes meilleurs argumens sont de purs verbiages :
Mais, avant qu'on me lie, apprenez, hommes sages,
Une des vérités qui ne peut se nier :
C'est le grand amateur qui forme l'ouvrier.
Sans passion il pèse et juge la science ;
Il a des droits sacrés à votre déférence ;
L'amateur difficile, ou même pointilleux,
Trouvera cent défauts échappés à vos yeux :
Si vous livrez un livre à quelque géomètre,
Aurait-il la longueur ou la largeur d'un mètre,
D'un coup-d'œil il le juge, il en voit les défauts
Aux châsses, à la coiffe, aux mors, aux nerfs, au dos.
Ses avis vous seront quelquefois très utiles ;
Il vaut mieux travailler pour les gens difficiles,
Que pour l'indifférent qui ne s'enquiert pas
Si son livre est d'équerre et bien juste au compas.
L'amateur voit souvent bien plus clair que l'artiste,
Et sur tous vos défauts il vous suit à la piste.
Courteval, Bozérian, Simier, ne seraient rien,
S'ils n'eussent travaillé pour Didot et Chardin,
Pour Bérard et Langlès, Renouard, Debure et d'autres,
Qui tous de ce bel art sont vraiment les apôtres !

Chardin passe surtout parmi les amateurs [14]
Pour le plus vétilleux de tous les connaisseurs ;
Il fait naître, encourage, anime l'industrie ;
Les beaux livres font seuls le charme de sa vie.
Chez lui la moindre chose est curiosité.
Sa bibliothèque est d'une telle beauté,
Qu'on en compte très peu comme la sienne en France.
De l'enrichir sans cesse il fait sa jouissance ;
Et tout artiste enfin doit envier l'honneur
De pouvoir travailler pour un tel amateur.

FIN DU PREMIER CHANT.

CHANT II.

Lorsque les amateurs sont pressés de jouir,
Hâtez-vous, je le veux, pour leur faire plaisir;
Mais fuyez cependant l'odieuse tactique
De sabrer pour garder une bonne pratique.
L'ouvrage trop hâté ne porte aucun profit;
Travaillez, s'il le faut, mais rarement la nuit;
Quand on dort à moitié, quel moyen de bien faire?
Puis on trouve au réveil des livres faux d'équerre;
C'est un titre mal fait, ce sont des fers mal pris,
Et cent autres défauts dont on reste surpris;
Tous les regrets sont nuls, en vain on se gourmande,
Et l'amateur pressé lui-même réprimande.
S'il faut trop promptement qu'un livre soit relié,
Adressez l'amateur au célèbre Fouré,
Qui, lorsqu'on est pressé, se met vite en besogne,
Bat un livre, le coud et l'endosse et le rogne,
Le termine. En un mot : c'est un faiseur de tours,
Il fait en moins de rien l'ouvrage de dix jours.
Jamais d'un vain espoir cet homme ne vous leurre;
Il dit, asseyez-vous, vous l'aurez tout-à-l'heure.

Même on dit plaisamment qu'il les met sur le gril ;
Il doit tous ses succès, dit-on, à cet outil.
Jamais de le blâmer je n'aurai la sottise ;
Chacun dans son état se distingue à sa guise.
Mais fuyez, croyez-moi, cette célérité,
Et ne vous piquez pas de tant d'habileté,
Jamais du vrai talent elles ne sont l'empreinte :
Au fini toutefois elles portent atteinte.
Il faut des soins, du temps, mille précautions :
Je vous donne en mes vers de simples notions ;
Le reste ne s'acquiert que par l'expérience.
Rarement on parvient au haut de la science.
Ne peut-on imiter Bozérian, Courteval ?
Des Duplanil, Ginain, on peut être l'égal.
Bannissez loin de vous toute crainte vulgaire ;
Tout ce qu'un homme fait un autre peut le faire :
C'est en vous pénétrant de cette vérité,
Qu'un jour près des Deseuil on vous verra monté.

    Mais sachez qu'on apprend à toute heure, à tout âge ;
Figurez-vous toujours être en apprentissage ;
Dût-on vous condamner, vous mettre au rang des fous,
Faites-vous, s'il se peut, des principes à vous,
Et n'entreprenez pas de changer ceux des autres,
Dès-lors que vous pourrez réussir par les vôtres.

    Quand on veut introduire un nouveau procédé,
De mainte objection on se voit obsédé :
Et Bozérian sans doute, en cherchant à bien faire [14 bis]
Avec peine vainquit la manie ouvrière.

Lorsque les procédés d'un art sont vicieux,
Qu'il faut les réformer, c'est difficultueux;
On choque à chaque pas la coutume établie,
Et tout nouveau principe est traité de folie.
Par-dessus tout cela, je le dis à regret,
Tel le blâme en public, le pratique en secret.
Le maniaque est là, s'il cède à l'évidence,
C'est bien rare, et souvent ce n'est qu'en apparence.
Que peuvent le savoir, le talent, la raison
Sur la vieille habitude ou la prévention?
Contre la vérité celle-ci se cramponne;
Sur tout, sans rien savoir, toujours elle raisonne;
Et souvent on a vu le plus sot ignorant
Par des mots captieux confondre le savant.
Les arts marchent ainsi d'un vrai pas de tortue.
A perfectionner que quelqu'un s'évertue,
Il se voit assailli d'un essaim de grimauds
Qui jugent sans connaître et trouvent cent défauts.
Ah! ce n'est pas ainsi que travaillait mon père,
S'écrie, en trépignant, le preux Lavéronière:
Qu'est devenue, hélas! cette solidité?
Jadis un livre était gratté, piqué, frotté. [15]
La toile en ce temps-là n'était pas en usage, [16]
Et l'on faisait pourtant alors de bon ouvrage.
Revêtu sur le dos de triples parchemins,
Un livre se fermait sans le secours des mains;
Tandis que maintenant on tient pour agréable,
Qu'un livre tel qu'il soit reste ouvert sur la table.

L'officieux poinçon arrondissait le dos, [17]
S'il cassait des feuillets, s'il faisait maints défauts,
Il en dédommageait en avançant l'ouvrage.:
D'un maniaque ancien tel est le vrai langage.

    Prétendez-vous changer quelque chose à votre art,
On vous traite en tous lieux de novateur bavard;
Il est même des gens qui, certains de mieux faire,
Ne voudraient rien changer pour un double salaire,
Et se riraient de vous et de votre leçon.
Conseillez à Fouré de quitter le poinçon, [18]
Dites-lui qu'il vaut mieux endosser à l'anglaise;
Je suis Français, dit-il, j'endosse à la française!
L'autre vous soutiendra qu'un livre ouvre aisément,
Alors qu'il est grecqué large et profondément. [19]
Selon l'un c'est abus de rogner à l'équerre,
Il ne s'en sert jamais et ne se trompe guère.
L'autre a le coup-d'œil juste, et ses livres souvent
Sont gauches des deux bouts, des dos et du devant.
L'un dit que l'on ne peut trop gratter l'endossure;
L'autre que le blanc d'œuf n'est bon pour la dorure, [20]
Que réduit à l'état de putréfaction.
Si je faisais ici l'énumération
De ce qui se soutient, contre toute évidence,
Par des gens très famés, réputés en science,
Je ne tarirais pas, j'occuperais un chant,
A défricher ce vaste et trop fertile champ;
Avec les argumens les plus irrésistibles,
On ne corrige pas les gens incorrigibles.

L'homme sage, à mon gré, doit suivre le torrent,
Dût-il sur quelques points passer pour ignorant;
Sans se montrer trop prompt à changer de méthode,
Il doit aveuglément obéir à la mode.
Chaque siècle a son goût, son genre et ses erreurs :
Conformez-vous toujours au goût des amateurs.
L'un aime la roideur et l'autre la souplesse :
A les contenter tous employez votre adresse,
Soit qu'ils aiment le luxe ou la simplicité;
Mais travaillez toujours avec solidité :
Imitez, s'il se peut, la reliure hollandaise;
Elle n'est point grecquée, et pourtant s'ouvre à l'aise,
Craint peu l'humidité, ni le ver ennemi;
Par un simple travail le dos est affermi,
De tout autre reliure en tout elle diffère,
Un livre est rarement rogné de fausse équerre,
Des marges on observe aisément l'unité;
Elle est riche, élégante, en sa simplicité :
Mais ce qui la distingue est surtout la couture :
A l'élasticité d'une simple brochure,
Le dos garni de toile et sans être frotté,
Joint la force, la grâce et la solidité.
Les feuilles par la colle ensemble sont tenues,
Jamais un vil grattoir, de ses pointes aiguës,
Ne vient égratigner, écorcher les cahiers;
Et le poinçon surtout n'y pénètre jamais.
Elle n'emprunte pas ces couleurs variées,
Dont d'autres quelquefois sont par trop chamarrées :

Elle est vierge en un mot et ne souffre aucun fard;
Bien faite, elle devient un chef-d'œuvre de l'art.
D'y réussir d'abord n'ayez pas l'espérance;
Il faut la cultiver avec persévérance.
Avant de la bien faire, un relieur aux abois,
La reprend, puis la quitte, et la reprend vingt fois.

    Fuyez ces amateurs dont l'insigne lésine [22]
Ne semble spéculer que sur votre ruine.
Quand dans un seul volume ils peuvent réunir
Ce qu'en six avec peine on ferait contenir,
Ils le font; et je crois que, par économie,
Ils feraient réunir une encyclopédie.
Adressez ces chalans à des camelotiers,
Gens envieux, jaloux, et vrais gâte-métiers,
Qui voudraient vivre seuls, et souvent dans leur rage,
Même étant sûrs de perdre, entreprennent l'ouvrage.
A moins qu'un amateur, riche ou judicieux,
Ne vous paye un volume à-peu-près comme deux;
Alors réunissez, établissez des livres,
Si l'amateur le veut, qui pèsent vingt-cinq livres;
Autrement vous perdrez vos soins et votre temps.
Pourquoi? pour contenter de petits importans,
Pour satisfaire enfin des gens dont la manie
Est de traiter l'artiste avec ignominie.

    Sur des livres sans prix n'allez pas consumer
Vos talens, votre goût, pour vous faire estimer
De quelques courtisans, de gentilles grisettes,
Qui vous feraient relier des riens ou des sornettes.

Pour avoir contenté des fous ou des enfans,
On ne parlerait plus de vous dans cinquante ans.
Pour refuser ces gens ne soyez pas timide,
Que ce ne soit jamais l'intérêt qui vous guide.
Le véritable artiste, en dédaignant Plutus,
Travaille pour la gloire et non pour les écus.
Tourmenté chaque jour du desir de mieux faire,
S'il *plaît à tout le monde, il ne saurait se plaire;*
Toujours il trouve en lui quelque imperfection,
Qui vient contrecarrer sa noble ambition.
Sans cesse il étudie, il consulte, il projette,
S'il perd un seul instant, long-temps il le regrette.
Il est tout à son art, son art est tout à lui,
Tout autre amusement lui paraît un ennui;
Et, quand il se voit prêt de finir sa carrière,
Il croit n'avoir rien fait, s'il sait qu'il reste à faire.
Il aime enfin son art, il l'aime uniquement;
Et si de quelque autre art il fait son agrément,
C'est qu'ils ont tous entre eux une forte alliance.
Qui n'en cultive qu'un, croupit dans l'ignorance.

 Quand au secours du mien j'appelle tous les arts,
En foule je les vois venir de toutes parts.
Oui, je crois qu'à l'envi chacun veut m'être utile,
Pour un seul que j'invoque il s'en présente mille,
Depuis le tisserand jusques au bijoutier,
A contribution je mets chaque métier.
Si je sors, mon art seul occupe ma pensée,
Je rapporte chez moi quelque nouvelle idée;

Je rêve à mon état, et, souvent dans la nuit,
Ou je dessine un fer, ou je trouve un granit.
Mon art est seul l'objet de ma sollicitude;
Je mets à m'y former tous mes soins, mon étude :
Il est vaste, sublime, et si grand à mes yeux,
Que je puis dire enfin que j'en suis amoureux.
J'ignore si pour lui des bornes sont prescrites,
Je suis encor bien loin d'entrevoir ses limites :
Toutefois sans orgueil et sans présomption,
Je vise avec espoir à la perfection.
Je sais bien cependant, que malgré mon envie,
Je puis chercher en vain le reste de ma vie;
Je m'en consolerai comme beaucoup d'auteurs.

Chaque siècle est fertile en de sots inventeurs.
Chacun veut inventer; s'il n'invente, il copie;
S'il trouve un procédé bien loin de sa patrie,
Il vient le présenter comme un objet nouveau,
Tout récemment sorti de son pauvre cerveau.
A l'aide d'un jargon très amphibologique
Il en impose aux sots, et brave la critique.
Tels sont les procédés des Bradel, Cabanis,
Qui charment la Province et même tout Paris.
L'un fait son cartonnage en manière allemande,
De l'autre la couture est telle qu'en Hollande,
On a toujours cousu depuis plus de cent ans :
Non que je veuille en rien rabaisser leurs talens,
Mais l'un et l'autre encor sont loin de leur modèle:
Et sans vouloir ici déployer un faux zèle,

Je dois dire, et, dût-on même s'en irriter,
Quand on imite un genre, il faut bien l'imiter.
Vous m'offririez en vain des reliures anglaises;
Si j'y vois des défauts ou des beautés françaises,
J'aimerais mieux, je crois, comme en l'original,
Y trouver pour tout dire un défaut national.
Je ne puis le nier, oui, c'est pure manie,
Dans ce monde chacun caresse sa folie,
Et tout votre clinquant n'éblouit pas mes yeux,
Calquant les étrangers si vous faites mieux qu'eux.
Imitez donc le beau, le bien fait; le durable, [24]
Pour ce qui n'est pas bien, montrez-vous intraitable;
Ajoutez, j'y consens, à la solidité;
Mais le genre en tout point veut être respecté :
Jamais il ne permet qu'en rien on ne l'altère :
Mais, tout en vous montrant à cette loi sévère,
De l'imitation connaissez le danger :
Il n'est pas toujours bon d'imiter l'étranger;
Ce qui vient d'outre-mer prend une forme aimable,
Quand ce serait moins beau, moins brillant, moins durable
Tout ce qui se fait bien s'annonce comme anglais.
Ce fut dans tous les temps le défaut des Français.
Bien qu'on revienne un peu de cette frénésie,
Qui tient moins du bon goût que de la fantaisie,
Tout semble beau, tout plaît; et, dans la nouveauté [25]
Ce qu'on méprise, ensuite est bien cher acheté.
Le public tôt ou tard s'aperçoit qu'on le berce;
De Delorme fuyez la méthode perverse : [26]

Pour imiter l'anglais. par trop d'ambition,
Il ne put conserver sa réputation.
Son affreux procédé détruisit plus d'un livre.
Vous aurez en tout temps des modèles à suivre;
Mais il faut bien choisir, non se passionner
Pour un nouvel objet sans bien l'examiner.

Il est encor un art que vous devez connaître :
C'est celui d'enseigner; on fait peu cas d'un maître
Qui, dans l'art qu'il exerce excelle au dernier point
Qui pour le démontrer souvent ne le sait point. [27]
Il faut des apprentis aider l'intelligence;
N'exigez pas en eux la même expérience
Que si depuis dix ans ils exerçaient votre art..
Souvent les facultés se développent tard.
Tel d'un caillou tout brut jaillit une étincelle,
L'homme qu'on croit inepte en lui-même recèle
Un germe de talent qui n'ose se risquer,
Qui paraît aussitôt qu'on le sait provoquer.
La nature toujours se montre en quelque indice :
Sachez donc épier, saisir l'instant propice;
Ayez soin de citer à propos devant eux, [28]
Les ouvrages, les noms des ouvriers fameux;
Vantez le bien, le beau, plus que le magnifique,
Et surtout n'exercez qu'une juste critique.
Faites naître en un cœur cette émulation,
Ce desir de bien faire, et cette ambition
De pouvoir être un jour cité pour un artiste.
C'est toujours sur ce point qu'un savant maître insiste;

C'est par-là qu'il stimule un être débruti,
Et se voit surpasser par son propre apprenti !
 Mais c'est peu qu'un artiste à bien faire s'applique,
S'il ne captive pas l'opinion publique.
Si cette opinion ne le cite en tous lieux,
Comme un homme d'honneur, intact, judicieux,
Préférant les vertus à l'intérêt sordide;
Incapable jamais de suivre un autre guide.
 Ne souillez pas vos mains par ces livres affreux,
Réprouvés à-la-fois et du sage et des dieux.
Où les vertus souvent sont au-dessous des vices:
L'homme peut-il, hélas ! avoir de tels caprices ?
Si vous vous en chargez, travaillez sans témoins ;
Et que les jeunes gens, confiés à vos soins,
N'aperçoivent jamais ces images obscènes,
Tableaux exagérés des passions humaines !
Il en est cependant que l'art édifia,
Que l'histoire elle-même au burin confia ;
Tels sont d'Herculanum les trépieds et les lampes,
Que Saint-Non fit entrer dans sa suite d'estampes;
Les compositions de l'obscène Arétin,
Qu'un Carrache anima d'un crayon libertin ;
Ou bien de d'Orléans les planches spintriennes,
Ou les douze Césars, ou les dames romaines.
La mythologie offre encor quelques tableaux
Qui pourraient égarer de trop jeunes cerveaux ;
Mais l'artiste aurait tort de s'armer d'un scrupule, [19]
Qui même aux gens sensés paraîtrait ridicule,

En ce qu'il tournerait au détriment de l'art.
Ces livres ne se font qu'une fois par hasard.
Toutefois ces objets purement historiques
Doivent être éloignés des yeux chastes, pudiques.
Ces égards-là sont dus surtout à la beauté,
Dont le cœur se corrompt avec facilité.

FIN DU DEUXIÈME CHANT.

CHANT III.

Vous êtes responsable aux siècles à venir,
Des livres qui sans cesse en vos mains vont périr.
Si vous n'êtes pas né pour cet état sublime!
Allez prendre plutôt la truelle ou la lime,
Et n'avilissez pas un art si précieux :
Sachez qu'il doit transmettre à nos derniers neveux
Les livres publiés par Didot, Baskerville,
Par Bodoni, Renouard, Crapelet, Déterville.
Et ceux qu'ont imprimés dans les siècles derniers,
Les Alde, les Étienne et les Elzéviers.
 Voulez-vous voir un jour admirer vos reliures
Par vos contemporains? que les races futures,
Citent encor vos noms, et que, dans trois cents ans,
L'amateur curieux admire vos talens?
Entre tous vos rivaux avoir la préférence?
N'épargnez pas les soins, le temps ni la dépense;
Gardez-vous de jamais faire rien au hasard;
Qu'on reconnaisse en vous l'homme épris de son art.
Devenez pour vous-même un critique sévère,
Ou vous n'obtiendriez qu'un succès éphémère;
Travaillez aisément, mais ne dédaignez pas
De souvent consulter l'équerre et le compas.

Un livre sur tous sens doit se trouver d'équerre, [31]
En tête, en queue, au dos, aux mords, à la gouttière.
Je hais un ouvrier qui, se fiant à l'œil,
Incessamment bouffi d'un insolent orgueil,
Taille, rogne toujours, ou plie à l'aventure,
Sans daigner consulter ni prendre de mesure.
Oui, vous pouvez m'en croire, à de tels mannequins
Il ne faut confier que de mauvais bouquins;
Ou, pour utiliser leurs talens trop gothiques, [32]
Ne donnez à ces gens que des livres classiques.
Tandis qu'ils relieront cent volumes et plus,
D'en établir un seul ne soyez pas confus.
L'ouvrage est toujours long quand on le veut bien faire.
Essayez de former une bonne ouvrière,
Qu'elle sache bien coudre, et couvrir et plier;
Mais gardez-vous surtout de jamais employer
Celle qui ne voulut jamais apprendre à lire,
Il en est, pour mon art, j'ai honte de le dire.
On conçoit bien qu'avec de telles OUVRIONS
On ne peut éviter les transpositions.
L'ouvrage le plus beau quelquefois en fourmille,
Et le simple ouvrier voit comme une vétille
Un cahier transposé qui, loin d'être en son lieu,
S'il doit être à la fin, se rencontre au milieu;
Ou, ce qui, selon moi, n'est pas moins détestable,
Un avertissement qui se trouve à la table.
Cependant ces erreurs se commettent souvent :
L'amateur en gémit, le riche et le savant,

Donnent, vingt fois le jour, les ouvriers aux diables,
Sans les voir pour cela devenir raisonnables.
  Si vous cherchez votre art dans ses perfections,
Dédaignez la manie et ses inventions,
Pour ne point vous tromper consultez la nature,
Ne coupez jamais rien sans prendre de mesure,
Vous n'éprouverez point d'inutiles regrets,
Et vous pourrez livrer des ouvrages parfaits;
Montrez-vous, en un mot, de votre art idolâtre!
  Quand un livre est plié, devant que de le battre,
Séparez les feuillets bien nets, soigneusement, [33]
Repliez chaque encart après séparément;
Inquiétez-vous peu comme ferait un autre :
Encartez les feuillets bien juste l'un dans l'autre :
Si le registre est bon, faites en sorte enfin,
Que chaque chiffre touche à son chiffre voisin.
Il est affreux de voir des marges en musique;
L'œil le supporte à peine en un livre classique;
Mais en un livre riche, élégant et soigné,
L'amateur ne veut pas que rien soit épargné.
Du titre égalisez la tête sur le livre, [34]
Cette méthode est simple, indispensable à suivre,
Un titre mal plié s'aperçoit aussitôt ;
Des ouvriers pourtant c'est le commun défaut,
Prenez garde en battant d'y faire quelque tache.
Soit donc qu'il tienne au livre ou bien qu'il s'en détache,
En battant mettez-le sous le premier cahier,
Ou, pour mieux faire encor, battez dans du papier.

Presque tous les batteurs se montrent très maussades,
Alors qu'on leur enjoint de battre entre des gardes :
Toujours pour s'en défendre ils ont quelque raison ;
Mais ne leur cédez pas, seul maître à la maison,
Dussiez vous même y voir mainte face ridée,
Que l'ouvrage toujours y marche à votre idée.
Surveillez-le sans cesse ; il ne faut qu'un moment,
Pour occasioner quelque désagrément.
Bien battre ne s'apprend que par un long usage ;
C'est cependant par-là qu'on fait apprentissage.
Aussi rencontre-t-on des livres précieux,
Qui fourmillent de plis, de bosses ou de creux ;
S'il ne macule pas, loin que ce soit nuisible,
Diminuez un livre autant qu'il est possible.
Mais il ne suffit pas de frapper, comme un sourd,
De grands coups d'un marteau quelquefois par trop lourd ;
Si vous laissez entre eux de trop longs intervalles,
Vos livres aux deux bouts feront des plis ovales ;
Si les coups au milieu sont trop multipliés,
Les cahiers en travers se trouveront pliés,
Intercepteront même en maint endroit les lignes.
Voulez-vous éviter tous ces défauts insignes,
Frappez également sans éloigner vos coups ;
Au contraire, ayez soin qu'ils se rencontrent tous.
Remarquez un planeur, comment il dresse un cuivre ;
Vous apprendrez de lui l'art de bien battre un livre ;
Suivez de son marteau le hardi mouvement ;
Il avance toujours, mais insensiblement,

N'allez pas confier ce soin à l'ouvrière,
Cette gent eut toujours la tête trop légère.
Ne souffrez pas non plus qu'elle lise en cousant :
Les transpositions viennent de là souvent.
L'ouvrière attentive à faire une lecture,
Ne peut suffisamment l'être pour sa couture.
De là viennent les becs, les gros mords, les larrons, [39]
Et, ce qui bien pis est, les transpositions.

Alors que vous aurez à placer des figures,
Jamais vous ne pourriez trop prendre de mesures ;
Cet objet ferait seul un immense traité,
Qui même tous les jours pourrait être augmenté,
En ce que chaque ouvrage en quelque point diffère,
Ou que pour l'arranger chacun a sa manière.
On ne peut donc donner que de simples avis,
Qui par beaucoup de gens ne seront pas suivis.

Les figures qu'on nomme ordinairement plates, [40]
Se placent aisément ; mais les plans et les cartes,
Les tableaux en raccord, les planches de détail,
Exigent quelquefois un pénible travail ;
S'ils sont multipliés en un même volume,
Les trois quarts des placeurs ont l'affreuse coutume
De séparer le texte et de tout surjeter ; [40]
Ils craignent ne pouvoir jamais se trop hâter.
A tous les connaisseurs si vous desirez plaire,
Gardez-vous d'adopter jamais cette manière ;
Au livre le surjet est si pernicieux,
Que je ne connais rien qui soit plus dangereux.

Emargez au compas, à l'équerre, à la règle,
Religieusement observez cette règle :
Collez chaque figure avec précaution,
Qu'elle soit en regard de l'explication,
Tel que l'ouvrage enfin l'exige, le commande;
Et, s'il s'en rencontrait quelqu'une de trop grande,
Dans le cadre du livre il la faut renfermer :
Calculez bien les plis que vous devez former;
Leur multiplicité souvent est très nuisible;
Il faut faire toujours le moins de plis possible,
Que rien ne soit forcé, qu'une planche aisément
Retombe dans ses plis tout naturellement.
Gardez que le couteau dans les plis n'aille mordre;
Faites attention que le numéro d'ordre
Reste toujours visible : on ne peut supporter
D'ouvrir plusieurs tableaux pour un à consulter.
Ne fixez pas non plus votre papier serpente. [41]
L'amateur studieux gémit, s'impatiente,
En lisant de tourner et retourner vingt fois
Un importun papier presque impalpable aux doigts.
Il n'est pour l'arrêter qu'un unique prétexte :
En des livres remplis de figures sans texte,
Ou bien dans des recueils de plans ou de dessins,
C'est alors que l'on doit fixer les papiers fins;
En rien ils ne pourront entraver la lecture.
Soignez sur tous les points, surveillez la couture,
Cousez sur quatre nerfs ou sur six tout au plus; [41 bis]
Les nerfs multipliés sont au moins superflus;

Je crois même qu'au livre ils portent préjudice.
De coudre à trois cahiers n'ayez pas l'avarice;
Cousez au plus à deux votre ouvrage commun,
Pour l'ouvrage soigné n'en cousez jamais qu'un.
Je vous entends crier, c'est la chose impossible!
A l'endossure au moins ce serait très nuisible;
Un livre en cahiers fins qu'on coudrait tout du long,
Ferait par trop de mords, le dos serait trop rond;
Jamais on ne pourrait endosser à l'anglaise;
On coud pourtant ainsi la reliure hollandaise;
Elle s'endosse bien, s'ouvre on ne peut pas mieux,
Tout cahier se coud seul, ou très rarement deux,
Presque jamais le dos se déforme ou s'enfonce.
N'employez pas du fil à deux ou trois sous l'once.
Servez-vous de fil fin, en trois, mais peu retors,
Et vos livres jamais ne feront trop de mords;
Vos dos en demi-rond conserveront leur forme :
Et n'allez pas marchant sur les pas de Delorme,
Dans l'appréhension qu'un livre soit trop rond,
Le rogner par le dos, cousez donc tout du long :
Oui, d'une autre méthode embrasser la défense,
Ce serait là s'armer contre toute évidence,
De la droite raison se montrer ennemi,
Croire tout dogme faux, ou tout crime permis.

 Quand un livre est cousu, préparé de la sorte,
Enduisez bien le dos de bonne colle forte,
Afin que les cahiers ne puissent varier.
Quand vous ferez les mords, avant que d'endosser,

Détortillez les nerfs jusques à leur racine,
Ayez soin de leur faire une pointe très fine.
Des nerfs bien épointés sont secs en un moment,
Et l'on passe en carton vite et facilement.

Mais, avant d'adapter votre carton au livre,
Il le faut raffiner; quand le marchand le livre,
Il est souvent rempli de bosses et de trous,
Ou de corps étrangers qu'il faut extirper tous;
Renforcer au besoin dans la moindre faiblesse,
Le battre comme il faut, le rogner à la presse,
Le blanchir d'un papier, puis le rebattre encor; [43]
Ayant soin de ne pas trop comprimer le mord,
Qui doit rester intact, carré, juste d'équerre;
Jamais un mord mal fait ne peut bien se refaire; [44]
Le livre le plus beau qui pèche en cet endroit,
Me décèle un artiste indolent, maladroit;
Un vrai camelotier, qui ne regarde un livre
Que comme un vil objet qui doit le faire vivre.

Lorsque vous aurez fait ces opérations, [45]
Au livre vous pourrez adapter les cartons.
On les y fait tenir au moyen de ficelles,
Qui sur les bords du dos se trouvent parallèles;
On les passe en deux trous percés non loin des bords,
Du dehors en dedans, du dedans en dehors.
A trois lignes ensuite à-peu-près on les coupe.
Collez, aplatissez, battez bien chaque étoupe,
De sorte que le livre étant couvert, fini,
Même à l'endroit des nerfs, le cuir soit bien uni.

Passez en parchemin, puis faites l'endossure.
Si cette expression vous paraît un peu dure,
Je dois à ce sujet ici vous avertir
Que vous auriez souvent en vain à discourir.
Avec peine on détruit la manie ouvrière,
C'est à tort qu'on s'obstine à lui faire la guerre.
Ne vous épuisez pas en d'inutiles soins,
Chaque art a son jargon impropre plus ou moins.
Ce qu'on nomme à bon droit le coussin, les clavettes,
Se dit vulgairement (cossin, et chevillettes.)
On serait ridicule en disant autrement,
Et vous ne le pouvez sans paraître pédant;
Tel est dans tous les arts le pouvoir de l'usage,
Ce qu'il a consacré nous doit paraître sage.
Ne le choquez donc pas si vous aimez la paix,
Toute discussion s'oppose à vos succès.
Bien qu'en vous écoutant d'une bouche béante,
L'ouvrier se rend peu quoi qu'on lui représente;
Et je suppose encor qu'il vous donne raison,
Payant du temps perdu son approbation,
Ce n'est pas moins sur vous que tombe la férule;
L'or ne se couche pas où votre charbon brûle,
Ou bien pour vous répondre un livre est mal rogné,
L'ouvrage en général en est plus mal soigné.
Tranchons donc sur le terme, et pour vos endossures
Laissez les entre-deux, servez-vous de membrures,
Mettez séparément chaque livre en paquet; [46]
Cette opération est plus longue en effet;

Mais, si l'on réunit dix volumes ensemble,
Quel moyen d'être exact lorsque le paquet tremble?
Que dans le porte-presse il est prêt à tomber,
Ou qu'en serrant les vis vous le faites bomber?
Mille inconvéniens se présentent sans cesse,
Alors que l'on desserre ou qu'on serre la presse.
A quoi bon se piquer d'un vain et sot orgueil?
Eh! n'est-on pas plus sûr en effet du coup-d'œil,
En mettant en paquet volume par volume?
Quand on vise à bien faire, on nargue la coutume.
Sans cependant jamais rien donner au hasard,
On s'essaie à franchir les bornes de son art.
Un ouvrier craintif, dans la peur de mal faire,
Fait tout comme faisaient son aïeul et son père.
Des procédés communs il craint de s'écarter,
Et reste bien souvent un chétif ouvrier :
Toute innovation à ses yeux est frivole.

Quand vos paquets sont faits, chargez vos dos de colle,
Aux deux bouts, sur le dos, baissez le parchemin;
Et, sans laisser tremper jusques au lendemain,
Frottez une heure après; suivez cet exercice,
Jusqu'à ce que le dos soit rond, droit et bien lisse,
Que les cahiers unis semblent faire un seul corps,
Et qu'insensiblement recourbés sur les mords,
Les cartons en dessous demeurent invisibles.
Ces opérations sont longues et pénibles,
Pour quiconque en son art cherche à se distinguer.
Mais, en frottant par trop, n'allez pas fatiguer [47]

Les mords de vos cartons, les nerfs ou la couture.
On peut faire aisément d'excellente endossure,
Avec le seul secours des bras et du frottoir,
Sans jamais employer ni poinçon ni grattoir.

Quel démon inventa, poussé d'une furie, [48]
Le grattoir assassin, et la grecque ennemie?
Le surjet dévorant, le poinçon dangereux,
Que l'ignorance croit de grands présens des cieux,
Tandis que l'enfer seul les vomit dans sa rage!
Moi, je ne les crois bons qu'à massacrer l'ouvrage.
Maudits soient à jamais tous leurs sots inventeurs!
N'admettez pas chez vous ces outils destructeurs,
Que la grecque surtout en soit presque bannie.
Des livres je la crois la plus grande ennemie.
Tout livre mal plié que l'on grecque est perdu,
Pourtant de s'en servir il n'est pas défendu :
Bien que cette méthode à mon sens soit affreuse,
Bien qu'au livre elle soit souvent pernicieuse,
Les ouvrages communs iraient trop lentement;
Mais il faut s'en servir très peu, modérément,
Et ne pas imiter ces enragés insignes,
Qui grecquent quelquefois de trois ou quatre lignes,
Et qui dans leur erreur soutiennent hardiment
Qu'un livre bien grecqué s'ouvre plus aisément..
Mon sang, à ces pensers, de fureur se transporte!

Quand vos dos sont bien secs, passez en colle forte;
Qu'ils sèchent de nouveau jusques au lendemain;
Ensuite examinez si quelque parchemin

Se serait en séchant dérangé de sa place;
S'il frise, s'il boursouffle ou fait quelque grimace;
Vous feriez en ce cas quelques petits ragrets :
Redressez bien les mords, défaites vos paquets,
Détachez avec soin vos livres des membrures,
Évitez qu'aux cartons il reste des ordures;
Avec un plioir mince écarrissez les mords,
Qu'ils soient vifs en dedans, et bien nets en dehors:
Près des nerfs évitez qu'il reste rien de rude,
Mettez à cet objet beaucoup d'exactitude,
Collez au papier blanc le papier de couleur;
Mais ne lui procurez qu'une faible moiteur.
Pour le mieux conserver uni, brillant et lisse, [49]
Prenez garde en collant que le papier se plisse;
Mettez le livre en presse et pressez fortement :
Bien qu'une heure suffise habituellement,
Croyez-moi, qu'il y passe une journée entière; [50]
La rognure en sera bien plus facile à faire,
Et les dos affermis pourront être bercés,
Sans courir risque en rien, ou d'être fracassés,
Ou de perdre leur forme en dorant la gouttière :
Un dos devenu plat ne se répare guère,
A le bien rétablir on ne doit plus penser;
Le plus sûr est, je crois, de tout recommencer.

FIN DU TROISIÈME CHANT.

CHANT IV.

Dans tout livre la marge est ce qui plaît aux yeux.
Pour les marges soyez presque religieux.
Un livre trop rogné jamais ne se répare;
Ne vous montrez donc pas de votre temps avare,
En rognant à deux fois vous rognez d'autant moins,
Et vous êtes plus sûr de laisser des témoins.
Pour vous diminuer le prix des couvertures,
N'imitez pas ces gens qui visent aux rognures;
Sachez qu'en certain livre une ligne de plus
Peut rehausser son prix de dix ou vingt écus,
Des savans Elzeviers l'Horace ou le Virgile,
Courts se vendent cent sous, larges en valent mille.

Ce livre, direz-vous, que l'on vient d'imprimer,
A coup sûr n'est pas rare, eh pourquoi l'abîmer?
Mais direz-vous encor, c'est un livre classique :
Votre observation vous semble sans réplique,
Et vous m'apostrophez de sot ou d'importun :
Quand un livre paraît, certes il est commun;

Admettons qu'on le tire à deux mille exemplaires,
S'ils sont distribués chez deux, trois cents libraires,
Ou s'il en passe un mille et plus chez l'étranger.
Par ce simple aperçu je vous laisse à juger,
Si ce livre commun, au sortir de la presse,
Se trouvera vingt ans encore à son adresse.
Il peut devenir rare, et le grand amateur
En quadrupler le prix s'il est d'un bon auteur;
Un exemplaire alors, relié de main de maître,
Après un siècle ou deux centuplera peut-être.
Redoublez donc de soins, que tout livre à vos yeux
Devienne tel qu'il soit un livre précieux;
A moins qu'il soit atteint de fortes moisissures,
N'enlevez qu'à regret de trop larges rognures.
Et que l'index, portant sur le bout du couteau,
Le force de marcher bien droit et de niveau.
Avant que de rogner tracez juste à l'équerre, [53]
A l'aide d'un poinçon, une marque légère;
Du fus tournez la vis imperceptiblement, [54]
Que votre couteau marche horizontalement;
Évitez avec soin qu'il ne forme des ondes,
Des endroits élevés ou des hoches profondes.
Que la tranche soit lisse, exempte d'aucun saut,
Car c'est dans la rognure un bien vilain défaut.
L'amateur sur ce point ne vous ferait pas grâce.
Quand la tête est rognée, ajustez bien la châsse; [55]
Pour en déterminer sagement la hauteur,
Du livre consultez la force et la grandeur;

Il doit régner en tout une exacte harmonie;
Tout ne peut s'expliquer, votre seule industrie
Doit vous faire aisément juger si chaque objet·
Concorde avec un autre, et si tout est bien fait.
  Quand les bouts sont rognés bien droits, justes d'équerre
Bercez entre deux ais et rognez la gouttière. [56]
Faites attention que sa concavité
Égale en tout le dos en sa convexité,
Et vous conserverez l'unité de vos marges. [57]
Il est affreux d'en voir d'étroites et de larges.
Des ouvriers communs c'est l'ordinaire écueil,
En ce qu'ils comptent tous par trop sur le coup-d'œil;
Que par mauvaise honte ou par pure paresse,
Ils dédaignent, avant que de serrer la presse,
De se bien assurer si les cercles décrits,
Se sont rapetissés ou se sont agrandis,
Si les ais à bercer ont bougé de leur place.
Sans ces précautions c'est en vain qu'on compasse;
On ne doit point prétendre à réussir jamais.
  La dorure sur tranche exige peu d'apprêts;
L'assiette à coucher l'or peut être très légère.
Un seul blanc d'œuf battu dans deux verres d'eau claire
Peut suffire à coucher cent tranches, même plus,
Et le bol d'Arménie à présent ne sert plus.
Jadis on employait le savon, la sanguine,
Joints au sucre candi, le sang de bœuf, l'urine,
Cent drogues qui vraiment ne signifiaient rien,
Et rarement encore on réussissait bien.

L'or souvent s'en allait par petites parcelles.
Les tranches maintenant restent plus long-temps belles.
Vous pourrez réussir au gré de vos souhaits,
En assujettissant le livre entre deux ais,
Puis le serrant en presse autant qu'il est possible,
Pourtant sans la forcer; rien n'est indestructible.
Ratissez votre tranche avec un bon ressort;
Il faut la bien polir avant d'y coucher l'or;
Ne vous lassez jamais, frottez long-temps les tranches,
Servez-vous pour cela de rognures très blanches;
Puis passez-y l'eau-forte et frottez de nouveau,
C'est le seul frottement qui doit dessécher l'eau;
N'y laissez aucun trait, rendez la tranche nette;
Quand elle est bien polie, étendez-y l'assiette,
Couchez l'or par-dessus, laissez-le bien sécher,
Et tâchez, s'il se peut, de n'y point retoucher. [59]
Lorsque votre or est sec, brunissez à l'agate.
Mais de bien réussir c'est en vain qu'on se flatte,
Si l'on n'a pris le soin de défriser les plis,
Dont les livres anciens sont trop souvent remplis;
Il faut à la dorure un appui ferme et stable,
Le plus léger des plis est préjudiciable;
S'ils sont multipliés, ils foncent sous la dent;
Vous remettez en vain de l'or et du mordant;
Au lieu de se brunir, l'or frise ou se guilloche;
Ou l'agate en passant y forme quelque hoche,
Qu'on tenterait en vain de vouloir réparer.
Il vaudrait mieux, je crois, simplement la marbrer,

CHANT IV.

Que présenter aux yeux une hideuse tranche,
Dorée en des endroits, en d'autres toute blanche.
Ou des feuillets unis, dix, douze par paquets.
L'amateur studieux fuit ces colifichets :
Il maudit la dorure, il tonne, il peste, enrage,
De tourner dix feuillets pour une simple page ;
Encor si ce n'était qu'en un livre ennuyeux,
Peut-être l'amateur rendrait-il grâce aux dieux
De ce qu'un ouvrier, toutefois condamnable,
Abrégea des trois quarts un livre détestable.
Mais quand il lit des vers bien faits, sonores, beaux,
Tels que ceux de Racine, Horace et Despréaux,
Et que pour désunir la maudite dorure,
Il faut à tout instant suspendre la lecture,
Fût-il même un modèle en modération,
Il ressent en ses nerfs une crispation
Qui détruit l'intérêt de ce qu'il vient de lire ;
Oui, de tous les défauts c'est peut-être le pire.
La dorure ne plaît vraiment à l'amateur
Que lorsqu'elle remplace une simple couleur,
Et que tous les feuillets se détachent sans peine,
Sans le secours de l'ongle ou même de l'haleine.
Surtout que la gouttière à chaque extrémité,
Ne présente jamais nulle difformité.
Cet embellissement plaira dans tous les âges :

    Quelquefois sur la tranche on peint des paysages.[59]
Des miniatures même et mille autres sujets,
Qui ne sont apparens qu'en courbant les feuillets ;

Mais on cultive peu ce charmant art en France :
On peut dire qu'il n'est encor qu'à son enfance.
Tandis que les Anglais ont depuis quarante ans,
Dans cet art difficile exercé leurs talens,
On les regarde ici comme des phénomènes.

 Quand on veut imiter des reliures anciennes; [60]
On gauffre aussi la tranche en diverses façons,
On forme des carrés, des losanges, des ronds,
Quelques dessins confus, ou quelques arabesques,
Des compositions souvent des plus grotesques;
Tout cela donne au livre un caractère ancien,
Qui, sans charmer les yeux, ne leur déplaît en rien.
Mais il faut observer que toute la reliure,
Essentiellement le marbre et la dorure
Doivent être d'accord et ne pas présenter
Deux objets réunis qui doivent s'éviter;
En gauffrant une tranche, il serait ridicule
Qu'un livre fût sans nerfs; mais on peut sans scrupule
Les doubler si l'on veut : un nerf fendu, bien fait,
Fait toujours sur un dos un excellent effet.
Toutefois dans ce genre on ne réussit guère,
Si l'on ne peut saisir la teinte et la manière.
Là, le vrai savoir gît à ne pas trop lustrer;
C'est prouver son talent que de n'en pas montrer.
Tel, en ces châteaux neufs de gothique structure,
L'art difficilement contrefait la nature,
Les outrages du temps, l'antique vétusté
S'imitent rarement d'un air de vérité.

Pour peu qu'un amateur se connaisse en ouvrage,
Il sépare aisément l'or fin de l'alliage,
Si son illusion n'est complète en tout point,
En vain on se replie, on ne lui plaira point :
S'il fait exécuter quelque ouvrage gothique, [61]
Il veut qu'il ait en tout une tournure antique.

Quand la tranche est dorée, ou bien mise en couleur,
Tranchefilez le livre au goût de l'amateur;
Ce petit ornement qu'on nomme tranchefile,
Maintient la coiffe ferme, au livre est très utile;
Adapté sur le dos, à chaque extrémité,
Il ajoute beaucoup à sa solidité;
Il brille plus ou moins, suivant ce qu'on emploie,
On tranchefile en fil, on tranchefile en soie,
Le luxe est quelquefois poussé plus loin encor :
On en fait en argent mêlé de soie et d'or.
Le goût seul peut guider dans ces sortes d'ouvrages;
On y fait rarement de longs apprentissages.
Mesdames Bozérian, Thouvenin, jusqu'ici, [62]
Dans cet art délicat ont le mieux réussi;
Leurs tranchefiles sont élégantes, bien faites;
Tout est bien prononcé, chapiteaux et chaînettes :
Ce que touchent leurs mains est d'abord embelli;
Le plus léger détail n'est pas mis en oubli.
Mais malheureusement ces célèbres artistes
Ne comptent de nos jours que peu d'antagonistes,
Et beaucoup d'ouvriers nonchalans sur ce point,
Les font faire très mal, et souvent n'en font point;

Leur lésine au grand jour tôt ou tard se dévoile : [63]
 Pour rendre un dos solide, on le revêt de toile,
Sur cette même toile on y colle un papier;
Pour que le dos soit lisse, enfin plus régulier,
Passez un fort plioir sur toute sa surface;
Ensuite remettez la tranchefile en place.
Si l'effet du plioir la faisait déranger,
Plus tard ce défaut-là ne peut se corriger;
Et le livre conserve une triste tournure.
Aux deux bouts des cartons faites une échancrure, [64]
Ils joûront d'autant mieux, tomberont sans efforts,
Et la peau rarement cassera dans les mords;
Au livre cette faute est souvent très fatale.
Conservez aux cartons une épaisseur égale.
Lorsque vous les battez sur le marbre ou le liais, [64 bis]
Évitez que les bords se forment en biais;
Frappez à petits coups et d'une main bien sûre.
A l'aide d'un compas marquez la rabaissure, [65]
Rabaissez à la presse et jamais autrement,
Vos cartons en seront rognés plus uniment :
Cette opération, faite avec une pointe,
Est cause que souvent le livre boite ou pointe. [66]
Ce vice en la reliure est un des plus mauvais :
Remettez votre livre en presse entre des ais;
Qu'il y reste le temps qu'on fera la parure,
Ou qu'on préparera toute la couverture,
Vous le verrez fermer plus hermétiquement:
 Trempez et ratissez vos peaux soigneusement. [66 bis]

CHANT IV.

Tirez-les sur tous sens sur quelque grande table,
Coupez-les par morceaux de grandeur convenable,
Parez-les sur la pierre avec dextérité.
La parure offre encor quelque difficulté:
Un ouvrier habile, en visant à bien faire,
Commet de temps en temps quelque faute légère,
Alors qu'il serait même ancien dans son état;
Ayez soin de tenir la pierre en bon état,
De rognures souvent frottez bien sa surface,
N'y laissez point toucher nulle matière grasse;
Parez la couverture à six lignes des bords, [67]
Que votre couteau pare aisément, sans efforts,
Repassez-le sitôt qu'il a la moindre brèche;
Au frais tenez la peau, gardez qu'elle ne sèche; [68]
C'est en lui conservant cette utile moiteur,
Qu'en séchant elle acquiert ce degré de blancheur
Tant favorable au marbre, au granit, à l'écaille;
Sans la blancheur parfaite on ne fait rien qui vaille.
Le marbre le plus beau prend toujours un ton brun,
Ce qui souvent arrive avec le veau d'alun,
Alors qu'on le croirait être de bonne sorte,
Il prend, étant mouillé, la couleur feuille morte;
L'acide le plus fort ne le fait point blanchir;
Le veau qu'on nomme en croûte est ce qu'il faut choisir,
Tanné par trop long-temps il est dur, coriace,
Sous l'effort du couteau souvent même il se casse;
Les plus hardis pareurs le parent en tremblant.
Mais il se polit mieux, il est plus doux, plus blanc,

Pour toutes les couleurs il est bien plus propice.
A l'eau forte; à l'alun pour peu qu'on le blanchisse,
Du beau veau fauve ancien il prend bien la couleur,
Et conserve long-temps sa première fraîcheur.

 Si l'on pare aisément les veaux et la basane,
Il n'en est pas ainsi des peaux de truie et d'âne, ⁶⁹
Sous la main du pareur même le plus savant,
Le meilleur couteau bronche et rebrousse souvent.
Mais il revient bientôt à sa vigueur première, ⁷⁰
Lorsqu'on le sait passer avec fruit sur la pierre.

 Quand vous devez couvrir un livre en maroquin, ⁷¹
Coupez toujours la peau dans le bon sens du grain;
Il doit être en travers de votre couverture;
Ce sens plaît plus à l'œil, sied mieux pour la dorure.
Dans la reliure on tient pour un très grand défaut,
Quand le grain se rencontre être du bas en haut.
Alors des amateurs on obtient les risées.
Cette parure encore n'est pas dès plus aisées;
Si l'on pare trop mince, on détruit tout le grain;
La même chose arrive en parant le chagrin.
Vers les pates, la tête, il se trouve par places
Souvent des endroits gras ou durs et coriaces;
C'est là que vous devez parer avec douceur,
Et conserver partout une égale épaisseur. ⁷²

 Quand vous aurez taillé, paré vos couvertures, ⁷³
Ajustez vos faux dos et vos fausses nervures.
Les nerfs étaient cousus au livre anciennement :
Mais, depuis que l'on tient pour un grand agrément,

Que les livres communs, comme les livres riches,
Soient faits à dos brisés, on met des nerfs postiches;
On les fait soit en veau, basane ou maroquin.
Étant mal disposé, cela paraît mesquin.
Si vous en voulez faire un objet de parure,
Conservez avec soin entre chaque nervure
Une distance égale, et qu'enfin trente dos
Présentent tous leurs nerfs alignés, bien égaux.
Vous y réussirez en prenant la coutume
De les ajuster tous sur le même volume.
Pour bien faire, parez la carte sur les bords,
Elle se collera d'autant mieux sur les mords.
Quand un livre est couvert et qu'un mord se détache,
L'amateur mécontent vous traite de ganache;
Et même, s'il est riche, il prend un très haut ton;
Il exige, il prétend que le mord du carton, [74]
Ne forme qu'un seul mord avec celui du livre;
S'il est grand connaisseur, alors qu'on le lui livre,
C'est le premier objet qu'il inspecte d'abord,
Tant tout le monde tient à l'unité du mord.

Entretenez toujours la peau bien souple et molle,
A l'aide d'une brosse imbibez-la de colle;
Placez votre faux dos et le livre au milieu,
A peu près cependant, mais qu'ils diffèrent peu.
Contre les deux cartons levez la couverture;
Cette méthode est longue, elle est aussi plus sûre.
Mais lorsqu'auprès du livre on place le faux dos,
S'il bouge tant soit peu, l'un des mords est trop gros.

Ce vice abominable à nul effort ne cède :
Je doute que jamais on y trouve un remède.
Pour bien unir la peau, servez-vous d'un plioir;
Sur le dos, sur les plats, nul pli ne doit se voir.
Tout ce qui passe ensuite au pourtour du volume,
En dedans se remplie ; or prenez la coutume,
De toujours commencer par les bords du devant,
Évitez sous la peau qu'il ne reste du vent.
Lavez souvent vos mains pour faire la couvrure,
Gardez bien que les doigts ne touchent la dorure.
Pour être sûr encor de ne la point souiller,
Il est un bon moyen, c'est de l'entortiller.
Alors on ne craint pas d'y faire aucune tache,
Ni que contre un corps dur la dorure s'arrache.
Quand un livre est couvert, emboîté tout-à-fait,
Coupez chacun des coins en un angle parfait ;
Dérobez, s'il se peut, la jointure à la vue,
Qu'au dedans, qu'au dehors la peau soit bien tendue,
Au-dessus de la coiffe, amenez votre veau, [75]
La coiffe aux deux cartons doit être de niveau.
Passez dans chaque mord le plioir un peu ferme,
Ensuite et pour toujours le livre se referme.
Vérifiez la châsse et les coins tour-à-tour;
Les châsses doivent être égales tout autour.
Que les coiffes jamais ne se montrent camuses,
Sur ces principaux points on n'admet pas d'excuses.

 Le livre étant couvert, ne le quittez jamais [76]
Sans le bien ficeler de suite entre deux ais.

Que vos ais soient polis, lisses et sans gerçures ;
Quand c'est un livre à nerfs, on fouette les nervures ;
Mais en fouettant les nerfs, ne tirez pas trop fort,
Évitez que la peau se ride près du mord.
Bref, que sur tous les points les nervures soient franches;
 Quand les livres sont secs, placez les pièces blanches. [77]
Mettez à cet objet beaucoup de propreté,
Faites preuve en cela de votre habileté.
Des pièces on ne doit jamais voir nulle trace ;
Bien mises, vous devez n'en pas trouver la place ;
Si vous y parvenez, vous serez très heureux ;
Pourtant de n'en pas mettre il serait beaucoup mieux.
Si l'amateur en voit sur un livre en veau fauve,
De sa critique amère alors rien ne vous sauve.
Vous passez à ses yeux, malgré votre talent,
Pour un homme sans goût, au moins pour nonchalant.
Il vous traite tout net d'ouvrier de bricolle.
 Dans quelque pot verni délayez de la colle, [78]
Enduisez-en le veau, les endroits bas de fleur
Seront mieux disposés à prendre la couleur.
Battez légèrement les livres sur la pierre, [79]
Que leur surface soit et lisse et régulière.
Remettez-les sous presse encore une heure ou deux,
Ils seront plus unis et fermeront bien mieux.

FIN DU QUATRIÈME CHANT.

CHANT V.

Protectrices des arts, daignez me secourir;
Il me reste un champ vaste encore à parcourir.
De votre feu sacré réchauffez mon génie,
Doctes sœurs, vous surtout, ô divine Uranie!
Dont j'adorai toujours les célestes appas,
Daignerez-vous encor me prêter un compas?
Pour l'art que je chéris, qui seul fait mes délices,
Muses, quelques instans demeurez-moi propices.
Pour prix de ma constance inspirez-moi des vers,
Dignes de faire aimer mon art de l'univers!

Vous avez vu comment et par quelle manœuvre,
Pris en feuilles, conduits de main-d'œuvre en main-d'œuvre
Les livres sont pliés, battus, rognés, couverts;
Sachez comment on doit marbrer, pousser des fers.
Bien qu'on apprenne mieux quand soi-même on travaille,
Je vous dirai comment on imite l'écaille,
Les marbres, les granits de diverses façons;
Amateurs, ouvriers, écoutez mes leçons.

C'est peu que de savoir arranger un ouvrage,
Pour qu'on puisse à son gré le lire, en faire usage,
Il faut savoir aussi l'embellir, le parer,
Et surtout, de nos jours, le savoir bien dorer.

S'immiscer quelquefois en bibliographie, [73 bis]
Des divers amateurs contenter la manie :
L'un veut un dos flexible; un autre, un dos bien dur;
L'un aime le veau fauve, et l'autre un marbre obscur.
Enviez-vous l'honneur de briller et de plaire,
Il faut y joindre encor le desir de bien faire.
En vain vous étalez les plus riches couleurs,
Dont Flore en nos jardins pare au printemps les fleurs;
Puissiez-vous imiter une pierre très fine,
L'agate, calcédoine ou bien l'aventurine;
Le public se rira de tous vos vains efforts,
Si vos livres ne sont bien libres dans les mords,
Ou s'ils sont mal pliés, rognés de fausse équerre :
Je ne puis sur ces points vous faire trop la guerre;
Pour voiler des défauts avantageusement,
Ne comptez que très peu sur l'embellissement.
De Rousset, Dalendon, l'élégante dorure, [80]
Ne répare jamais un défaut d'endossure;
Un filet poussé droit qui tombe dans un creux,
En dépit du doreur, paraîtra gros, pâteux;
Avec l'intention très souvent de bien faire,
Peuvent-ils réparer un livre faux d'équerre?
Cependant la plupart des ouvriers relieurs
Comptent sur la dorure et les belles couleurs.
Le bien fait est pour eux un travail par trop rude,
Et l'embellissement fait toute leur étude.
On ne peut concevoir tout ce que je ressens ;
Ils embellissent même en dépit du droit sens,

CHANT V.

Pourvu que l'or paraisse, et qu'il paraisse en masse,
Qu'importe que les fers ne soient pas à leur place,
Et leurs livres remplis de sinuosités,
N'offrent sur tous les points que monstruosités?
Par ces prestiges vains, à l'amateur vulgaire,
Un ouvrier chétif a le bonheur de plaire;
Et, sans respect pour l'art, l'expéditif Fouré,[81]
Au vétilleux Purgold est souvent comparé.

 L'art de mettre en couleur exige une habitude
Qui jamais n'est le fruit d'une éphémère étude :
Tel excelle à relier qui souvent marbre mal.
Mais, sans être au niveau des Simier, Courteval,[82]
Contre lesquels en vain Saint-Hilaire croasse,
On peut n'être pas mis à la dernière place.
Apprenez qu'en cet art, comme en celui des vers,
Il est, pour s'illustrer, mille chemins divers;
De Bozérian, le Fèvre ou Fauché les racines
Semblent faites, vraiment, par quelques mains divines.
L'un fait bien le porphyre ou le marbre allemand,
L'autre les fonds unis, le jaspe ou le veau blanc;[83]
Pour plaire aux amateurs, chacun a sa manœuvre.
L'industrieux Simier enfante des chefs-d'œuvre;
Ses plans sont bien conçus, mûris, bien concertés,
Tous ses compartimens sont bien exécutés,
Ses marbres sont bien faits, sa dorure est brillante;
Le clinquant change en or dans cette main savante;
Et même en le gaufrant, du plus beau maroquin
Le veau prend la couleur, et le lustre et le grain.

La gaufre est un talent où peu de gens excellent.
Le chétif ouvrier comme le bon s'en mêlent ;
Je puis le dire ici sans détour et sans fard,
Bozérian, Thouvenin sont maîtres dans cet art.
Courteval et Simier en font de très jolies ;
On ne gaufre jamais que des couleurs unies,
Gris, vert, terre d'Égypte, ou rouge, ou jaune, ou brun,
On n'y réussit guère avec le veau d'alun.
Il est creux, les couleurs y sont rarement belles,
Et jamais les deux plats ne sont bien parallèles ;
Alors qu'on gaufre un livre, il faut qu'il soit bien fait, [84]
Ou la gaufre produit un détestable effet.

L'artiste industrieux que rien ne décourage,
De cent marbres divers embellit son ouvrage :
Il fait preuve en cet art d'imagination,
Les trois règnes sont mis à contribution.
Chacun d'eux est pour lui d'un secours efficace,
L'or, l'argent et le fer, l'étain et la potasse,
L'insecte qu'au Levant a nourri le nopal,
Le bois de Fernambouc, le fustet le copal,
Les uns traités au froid, les autres par l'eau chaude :
Le vitriol, l'alun, la garence et la gaude ;
L'indigo, le pastel, la graine d'Avignon ;
Le safran, le Brésil, l'orseille de Lyon.
Il faut de chaque objet bien connaître la dose
Que l'on doit employer pour telle ou telle chose ;
Connaître les degrés des ébullitions,
Et comment on procède aux dissolutions ;

Des divers dissolvans connaître la puissance,
Suspendre ou rétablir, calmer l'effervescence;
Sans être trop craintif, être prudent, soigneux,
Se défier de maints gaz, traîtres ou dangereux,
Qui pourraient affaiblir, même éteindre la vue:
C'est ainsi que Sayet, le marbreur, l'a perdue.
Cet artiste, rival et vainqueur des Anglais,
Excitera long-temps de bien justes regrets.
Cependant pour son art il a tant d'aptitude,
Qu'il marbre encor lui-même, et que par habitude
Il compose, il prépare, il jette ses couleurs,
Et l'emporte toujours entre tous les marbreurs;
Il peut même en son art passer pour un grand maître.

Ce que vous employez, il faut le bien connaître:
Consulter au besoin, il vaut mieux demander
Ce dont on n'est pas sûr, que de rien hasarder.
De parvenir au but, conservez l'espérance.
Tel on voit un savant propre à toute science, [65]
Un véritable artiste est propre à tous les arts;
Il rassemble en un tout des procédés épars,
Il sait les adapter au seul art qu'il exerce :
Tous les arts ont entre eux un traité de commerce,
Un seul en soutient vingt; cet autre tous les jours,
De vingt arts différens emprunte le secours.
Mais enfin, direz-vous, pour établir un livre,
Faut-il donc qu'à vingt arts un ouvrier se livre,
Qu'il soit incessamment en méditations?
Non, mais sur tous les arts, ayez des notions.

Essentiellement sur les soutiens du vôtre.
Vous croyez que je veux faire le bon apôtre :
Eh bien, vous vous trompez, je ne sais rien à fond ;
Mais je sais qu'à cet art où l'esprit se confond,
Rarement on acquiert assez d'expérience,
Pour de tout ce qu'on fait être bien sûr d'avance,
Que l'homme très expert et le simple ouvrier
Peuvent également l'un et l'autre oublier.

 Je vous le dis encor, cultivez la chimie ;
Elle est de tous les arts ou la mère ou l'amie.
Méditez les écrits de ces hommes savans
Dont les noms braveront les outrages des temps,
Lavoisier, Vauquelin, Thénard, Bouillon-Lagrange.
Si de quelques couleurs vous faites un mélange,
N'est-il pas précieux, préférable en effet
D'en connaître d'abord le résultat, l'effet ?
Tandis qu'un ouvrier qui fait tout par routine,
Ce qu'on ne lui dit pas, il faut qu'il le devine.
Quelquefois le hasard peut le favoriser ;
Mais plus souvent encore il le peut abuser.
Tel un très grand effet naît d'une faible cause ;
Un grand succès souvent tient à très peu de chose ;
Certain d'un procédé, mettez-le par écrit ;
Cette méthode est sûre et soulage l'esprit ;
Elle offre tous les jours de nouveaux avantages :
Ne consultez donc pas d'éphémères ouvrages,
Vulgairement nommés recueil de grands secrets,
La plupart mensongers, impossibles, abstraits.

Laissez cette ressource aux relieurs des provinces :
Mais vous, qui travaillez pour les rois et les princes,
Pour les grands amateurs, les universités,
Ils attendent de vous de sublimes beautés.
Vous devez pour leur plaire enfanter des merveilles.
Consacrez-leur vos soins, vos talens et vos veilles,
Variez votre ouvrage au gré de leurs desirs,
Vous renouvellerez tous les jours vos plaisirs;
De ceux qu'on leur prépare on jouit par avance. [86]
   Des simples, des métaux, connaissez la puissance,
Des sels, des alcalis, connaissez les effets,
Par eux vous obtiendrez les plus heureux succès;
Vous changerez le noir en vert, en blanc, en rose,
Ou vous imiterez les veines du potose.
Vous changerez vos peaux en granit, en lapis,
Vous les embellirez des couleurs de l'iris.
Que toutes vos couleurs soient vives, éclatantes,
Qu'elles fassent l'effet de pierres chatoyantes.
Soit que l'on marbre ou non avec simplicité,
Chaque marbre est brillant de sa propre beauté.
Jadis nos bons aïeux, simples dans leurs manières,
Employaient pour marbrer des éponges grossières; [87]
Le vitriol, l'eau-forte en faisaient tous les frais;
Et ces marbres grossiers ne s'altéraient jamais.
Aujourd'hui même encore l'amateur les admire.
Quand vous les honorez d'un dédaigneux sourire,
Que vous croyez avoir droit de les insulter,
Nul de vous cependant ne peut les imiter.

Votre savoir se borne à faire une racine [88]
Que créa le bon goût, que perdit la routine ;
Encor vous regardez comme de grands exploits,
D'en faire assez souvent douze ou quinze à-la-fois.
Et ce marbre jadis qu'on trouvait admirable,
Devenu trop commun, paraît désagréable.
On l'estime si peu qu'il est maint amateur,
Qui ne le peut souffrir s'il n'est mis en couleur,
Le buis ou l'acajou sont maintenant de mode.
Pour les colorier chacun a sa méthode :
Gardez-vous sur le coût de lésiner jamais,
La dépense n'est rien comparée au succès.
Voulez-vous imiter la rose ou la jonquille,
Prodiguez le safran ou bien la cochenille ;
N'allez pas pour du jaune employer le fustet,
Ce jaune en quelques mois se passe tout-à-fait.
Le stil de grain de même, employé sur les tranches,
Ne fait qu'un jaune faux ; bientôt elles sont blanches.
Tous les vrais connaisseurs ont en aversion
Les livres coloriés par cette mixtion.
Le carmin, le safran, le vermillon, le crosne,
Doivent seuls vous servir pour le rouge ou le jaune.

 Pour faire la racine ou le marbre allemand,
Glairez la couverture une fois seulement ;
Légèrement glairée, elle est moins spongieuse,
La racine en devient d'autant plus sinueuse,
Les marbres allemands en sont mieux prononcés ;
Ces marbres doivent être ou clairs ou très foncés,

CHANT V.

Qu'ensemble les couleurs jamais ne se confondent,
Sur leurs bords respectifs pourtant qu'elles se fondent;
Mais de manière enfin qu'on discerne toujours
Leur naissance, leur chute et leurs divers contours.
Il faut qu'habilement ce marbre-là se fasse :
Le bleu de vitriol, le fer et la potasse,
L'eau-forte mitigée aux neuf dixièmes d'eau,
Dispensés avec art, font un marbre assez beau.
Alors qu'on veut y joindre et du rouge et du jaune,
Le marbre s'embellit des couleurs de Pomone.
Même il présente aux yeux tant de variétés,
Il est si chatoyant, si rempli de beautés,
Que souvent on le voit surpasser la nature.
La racine en son genre est plus simple et plus pure.
L'eau, qui semble jetée avec profusion,
Doit être répartie avec précaution;
Puis on jaspe le noir, mais par gouttes très fines.
La dépense n'est rien pour faire les racines :
Le fer et la potasse en sont les seuls mordans;
Elles offrent parfois de jolis accidens,
Où l'œil surpris croit voir une tête, une plante;
Mais vous seriez souvent trompé dans votre attente,
En voulant provoquer ces effets du hasard,
Que n'imitent jamais les grands talens, ni l'art.

 Pour faire le granit, le jaspe, ou le porphyre,
Il est mille détails qu'on ne saurait décrire,
Mille soins imprévus qu'il faut pourtant avoir.
Presque toujours leur base est le rouge ou le noir.

Quant à les varier, chacun a ses recettes :
L'un fait sur son granit des taches violettes,
L'autre avec trois couleurs fait un jaspe très fin,
Ou, sur un fond uni d'un beau rouge sanguin,
Tacheté d'outre-mer, de blanc d'argent, d'eau-forte,
On forme des granits de mainte et mainte sorte.
Avec quelques couleurs des brosses, des pinceaux, [89]
Vous pourrez imiter les marbres les plus beaux.
 De deux seules couleurs l'écaille se compose.
Le noir s'obtient du fer ou de la couperose.
Pour le rouge on l'obtient du bois de Fernambourc.
L'écaille ainsi posée [9] est un marbre assez lourd ;
On l'éclaircit ensuite à l'acide nitrique [90]
Le rouge, qui d'abord paraît couleur de brique,
Frotté ferme à la serge, enduit de glaire d'œuf,
Devient plus clair, plus vif, paraît enfin plus neuf,
Prend où l'acide tombe une teinte rosée ;
De toutes les couleurs elle est la plus aisée ;
Si ce n'est le veau brun, le marbre soupe au lait. [91]
Ce dernier est surtout de tous le plus tôt fait,
Et pour les paresseux ce marbre est très commode.
Maintenant il n'est plus d'usage ni de mode.
Mais Courteval, qui sait perfectionner tout, [92]
En a fait un granit d'un délicieux goût,
Un granit qu'on recherche et que tout le monde aime.
Jaspant d'abord du noir d'une finesse extrême,
Il y joint la potasse en dissolution,
Qu'il jaspe en grains plus forts, mais sans profusion,

Y jette un peu d'eau-forte, avec art la ménage,
Et fait par ce moyen un charmant cailloutage.

 Quand sur tous ces objets vous voulez renchérir,
Vous le pouvez encor, vous avez à choisir.
Il en est de cet art comme de la dorure.
On peut à l'infini varier la marbrure.
Si vous exécutez quelque compartiment,
Compassez-le surtout géométriquement ;
Evitez en traçant de faire des gerçures :
A l'équerre, au compas, prenez bien vos mesures.
Un compartiment plaît quand il est bien d'accord.
On y peut pratiquer un marbre, un granit d'or.
Les ouvriers en font un important mystère;
Et rien, à mon avis, n'est plus facile à faire :
Deux mots expliqueront ce sublime secret;
Jaspez de l'eau sur l'or, et votre marbre est fait.
Vous n'avez pas besoin de caustiques, de gommes,
Ni de sucre candi, de suc d'ail ou de pommes,
De mille ingrédiens, d'innombrables apprêts,
Qui chez les ignorans passent pour grands secrets.
Le blanc d'œuf seul suffit pour fixer la dorure;
Elle s'écaille moins, elle est aussi plus pure;
De même, pour fixer telle ou telle couleur,
Un procédé vulgaire est souvent le meilleur.

 Mais tous ces beaux granits, bien que très agréables,
Au veau fauve jamais ne seront préférables.
Des embellissemens c'est le nec plus ultrà,
Pasdeloup dans ce genre à jamais s'illustra. [93]

Depuis on aima mieux le blanchir davantage,
Et l'on n'en recueillit qu'un bien faible avantage.
La couleur vraiment fauve est belle assurément;
Mais que cette fraîcheur passe rapidement!
Elle est comme une rose, on en jouit à peine!
Elle ne peut souffrir le toucher ni l'haleine:
Dès-lors qu'elle ressent la moindre humidité,
Elle perd son éclat, sa fraîcheur, sa beauté,
Mais n'en reste pas moins en possession de plaire;
Au marbre le plus beau l'amateur la préfère.

Pour faire du veau fauve et bien clair et bien blanc,
Il faut choisir le veau d'essavures exempt:
Encor que la main-d'œuvre en tout point soit la même,
Il faut d'un bout à l'autre avoir un soin extrême.
On ne peut en parant être trop scrupuleux.
Eloignez tout objet gras ou ferrugineux.
Evitez qu'un coup d'ongle, un plioir, des ordures,
Ne fasse à votre veau quelques égratignures.
Couvrez habilement, et sans trop tâtonner.
Le veau tout frais encore il le faut aluner;
Aux temps froids, pluvieux, qu'il sèche auprès d'un âtre,
Mais devant un feu doux; il deviendrait noirâtre,
Si trop spontanément on le faisait sécher.
Apportez tous vos soins à ne le point tacher.
Si des vrais connaisseurs vous craignez la critique,
Blanchissez tous vos dos à l'acide nitrique.
Quand ils seront dorés, vous blanchirez les plats.
Pour les in-folio, pour tous les grands formats,

Afin d'être certain d'éviter les souillures,
Ne blanchissez qu'un plat, poussez-en les dorures;
Ensuite, blanchissez, dorez l'autre côté,
Vous maniez le livre avec facilité;
Sans crainte d'effacer, vous poussez les roulettes.
Mais avant de dorer, placez les étiquettes.
Cet objet-là n'est rien aux yeux de bien des gens,
Et quelques ouvriers le livrent aux enfans.
L'ouvrier, curieux de soigner ses ouvrages,
Et qui veut du public mériter les suffrages,
Dans l'appréhension que ce soit trop mal fait,
N'ose à qui que ce soit confier cet objet.
J'approuve ce scrupule; une pièce mal mise,
Par les marbres ni l'or jamais ne se déguise.
Parez, ajustez-les vous-même sur les dos,
Et vous éviterez d'innombrables défauts.
Prenez votre mesure en partant de la queue; ⁹⁴
Un ouvrage aurait-il la longueur d'une lieue,
Les pièces en tous sens doivent être d'accord;
Et surtout ne jamais passer en rien les mords;
Soyez plus attentifs que ne l'étaient vos pères.

Aux livres précieux on y met des charnières.
Cet embellissement, qui n'est rien en effet,
Termine la bordure et fait un bel effet.
La plupart des relieurs en font un vain fantôme,
Et pour mal l'expliquer vous dicteraient un tome.
Pour moi, je n'y vois rien qui ne soit très aisé.
Que le livre soit fait ou non à dos brisé,

Alors qu'il est bien sec et prêt pour la dorure,
Ecarrissez les mors, qu'ils forment la rainure,
Que les mors confondus se montrent carrément,
Qu'enfin on n'aperçoive aucun enfoncement;
Les inégalités, même les plus légères,
Pourraient faire plisser, boursouffler les charnières,
Et ce n'est vraiment beau que lorsque c'est bien fait.
Pour que le maroquin produise un bon effet,
Que le grain tout autour se montre parallèle,
Il est tel ouvrier qui dans ce genre excelle, [95]
Qui, voulant amincir par trop le maroquin,
Attaque l'épiderme, efface tout le grain.
Tous avant d'endosser, ajustent leur charnière;
S'ils faisaient autrement, ils croiraient très mal faire.
Pour moi, je suis d'avis de la placer après;
Les mors en sont plus vifs, le maroquin plus frais,
Le grain mieux conservé cadre avec la bordure,
Et fait mieux ressortir, paraître la dorure. [95 bis.]

FIN DU CINQUIÈME CHANT.

CHANT VI.

La dorure sur cuir, si difforme en naissant,
Se faisait à-peu-près comme l'a fait Naissant, [96]
Pour dorer un missel ou quelque antiphonaire,
On se borna d'abord au simple nécessaire.
En ce temps-là les cuirs à peine étaient parés,
Les titres sur les dos souvent étaient dorés [97]
Sans différencier en rien les étiquettes,
On poussait sur les plats de grossières roulettes,
Souvent même sans or, ou de triples filets,
Qui, perdus dans le cuir, n'étaient rien moins que laids :
Grolier, cependant grand amateur et riche [98]
Sans trop prodiguer l'or, ne s'en montra pas chiche,
De la bonne reliure amateur à l'excès,
Il sut la cultiver lui-même avec succès.
Les dorures qu'il fit ou celles qu'il fit faire,
De la simplicité portent le caractère ;
Ou bien, s'il s'en éloigne une fois par hasard,
C'est pour développer les ressources de l'art,
Et prouver qu'un artiste, en tout ce qu'il veut faire,
Peut toujours s'élever au-dessus du vulgaire.

C'est lui qui le premier dans cet art tout nouveau,
Sut figurer en or un fût, un chapiteau,
Qui changea des filets la gothique ordonnance,
Et prouva qu'on peut tout par la persévérance.
　Mais la simplicité déplut aux amateurs,
Le gothique trouva de zélés novateurs.
On vit paraître alors ces roulettes énormes,
Ces gros bouquets confus sans dessin et sans formes,
Tous ces fers de rapport souvent mal rapportés;
Se gênant l'un par l'autre, ou bien trop écartés.
C'est ainsi que l'on vit, chez l'art typographique;
Le simple et l'élégant chassés par le gothique;
De nos jours on se rit de ces productions;
L'imprimeur Simon Vostre, en ses impressions,
De cartouches grossiers embarrassa les marges,
De sphinx, moines, démons ou de mauvaises charges;
Ce pernicieux goût infestant tous les arts,
Comme celui des vers chacun eut ses Ronsards.
Tout tendit au gothique, et cette maladie
Pesa long-temps sur eux comme une épidémie :
On quitta le gothique, on le reprit vingt fois,
Mais toujours le bon goût sut ressaisir ses droits.
Maintenant tous les arts cèdent à son empire. [99]
　La dorure s'apprend, mais ne peut se décrire;
On peut au jeune artiste indiquer, le chemin;
Mais jamais, quoi qu'on fasse, on ne guide sa main.
S'il n'apporte en naissant cette heureuse aptitude,
Qui lui fait de son art aimer, chérir l'étude;

S'il ne paraissait pas pleinement assuré
Que nul art ne peut être à son art comparé;
Si le desir du gain à son travail préside;
Bref, s'il n'a d'autre but qu'un intérêt sordide,
Qu'il jette là mon livre et coure avec Baret
S'enivrer jusqu'au soir au prochain cabaret;
Qu'ensuite, se croyant digne de grands éloges;
Il dore, dans sa nuit, quatre cents eucologes;
Ou que, l'estomac plein de punch ou de liqueur,
Il s'obstine à rogner ou bien mettre en couleur.
Ce n'est pas à ces gens, privés d'yeux et d'oreilles;
Que je veux consacrer le tribut de mes veilles,
Ils me traiteraient tous de sot ou de bavard.
C'est à vous, ouvriers, amateurs de votre art,
Amans de la justesse et de l'exactitude,
Que j'offre ces essais, fruits d'une douce étude.
N'allez pas concevoir sur moi de faux soupçons;
Loin de prétendre ici vous donner des leçons,
Apprenez que jamais je n'écrivis deux pages,
Sans consulter vingt fois vos immortels ouvrages.
Chez les Chardin, Grabit, les Renouard, les Neveux,
J'eus souvent le plaisir d'en repaître mes yeux!
Quiconque veut s'instruire en ces doctes écoles,
Apprend d'un seul coup-d'œil plus qu'en mille paroles
Qu'on lui débiterait souvent mal à propos.
Je me bornerai donc aux avis généraux.
Si quelques entêtés les traitaient de sophismes,
D'autres y pourront voir épars maints aphorismes,

Qui leur rappelleront les principes d'un art
Où toujours on échoue en marchant au hasard.

    Voulez-vous du public gagner la bienveillance,
Apportez en cet art, soins, temps et patience,
Servez-vous de blanc d'œuf, frais, clair, bien préparé; [100]
La dorure sur cuir est un art séparé
Qui naturellement en deux arts se divise.
Sur l'or ne souffrez pas que l'on économise;
Faites coucher vos dos pleins, jusque sur le mord,
Bien qu'il soit précieux, ne ménagez pas l'or.
Laissez les Laferté, les Noël, les Leprince,
Dans leur économie imiter la province.
Mais pour vous qui devez en tout vous distinguer,
Prodiguez jusqu'à l'or s'il faut le prodiguer.
Laissons cette lésine à la race bigote [101]
Ou bien aux ouvriers qui font la camelote;
Sur ces drogues sans doute il faut bien ménager;
Mais ce qui de bon droit peut les faire enrager,
C'est que l'économiste, ainsi que son ancêtre,
Va souvent terminer ses vieux ans à Bicêtre,
Et ne lègue à son fils, comme lui nonchalant,
Que sa détresse affreuse et son maigre talent.

    La dorure demande une longue habitude.
Bien des gens sont surpris de voir la promptitude
Avec laquelle l'or s'attache sur la peau;
Ce grand secret n'est rien, et loin d'être nouveau,
Il n'a point varié depuis son origine.
Quand on enduit les cuirs de colle de farine, [102]

Ainsi que je l'ai dit, pour les mettre en couleur,
Alors le blanc d'œuf reste au niveau de la fleur;
Les livres autrement seraient ternes et louches,
Quand même du blanc d'œuf on doublerait les couches.
On les glaire deux fois habituellement;
Le veau fauve se glaire une fois seulement;
L'alun que l'on y passe, aussitôt la couvrure,
Suffirait presque seul pour fixer la dorure.
Quant au beau maroquin, on se borne à glairer [103]
Bien juste les endroits que l'on prétend dorer;
Les ouvriers fameux sont même dans l'usage
De couper leur blanc d'œuf, d'autres pour maint ouvrage
Font coucher l'or à l'eau; certes on a grand tort
De soutenir que l'eau ne saurait ternir l'or;
Servez-vous, pour coucher, d'une huile blanche et claire. [104]
L'huile de noix nouvelle est celle qu'on préfère;
Elle est très siccative, elle tache moins l'or;
Maintenant sur ce point tout le monde est d'accord.
Échauffés à propos, poussés d'une main sûre,
Aussitôt que les fers posent sur la dorure,
Le blanc d'œuf se calcine et l'or tient à l'instant;
Les drapeaux et la serge enlèvent le restant.
Je suis loin de vouloir m'en faire un grand mérite,
Voilà tout le secret : quant à la réussite,
C'est inutilement qu'on y vise d'abord;
Il faut s'accoutumer à voir, à toucher l'or,
A manier les fers, à pousser des roulettes,
A composer des coins, des fleurons, des rosettes;

A pousser hardiment, pourtant sans rien presser,
A bien marquer ses fers sans trop les enfoncer.
   Pour qu'en tous ses détails elle soit nette et pure,
D'un linge usé, bien fin, on frotte la dorure;
Mais on l'altérerait si l'on frottait trop fort;
Vous-même, s'il le faut, sachez coucher votre or.
Une femme en cet art est toujours plus savante,
Si vous couchez six dos, elle en couchera trente.
Vous devez cependant tenir à le savoir;
Je dirai même plus; pour vous, c'est un devoir.
Que je hais un doreur qui demeure à rien faire,
S'il est quelques instans privé d'une ouvrière;
Tous les jours éprouvant son indocilité,
Il ne doit plus compter sur son activité.
L'orgueilleuse bientôt, pour lui faire la nique,
Prétextera sans cesse ou migraine ou colique.
Même, au fort de l'ouvrage en s'absentant toujours,
Retardera les trains de douze ou quinze jours,
Fera mécontenter l'amateur, le libraire;
Soyez indépendant : alors qu'il sait tout faire,
Un artiste chez lui peut commander en roi;
L'ouvrière jamais ne lui fera la loi.
Si vous utilisez cette gent indocile,
Prenez garde surtout qu'elle mette trop d'huile.
Si peu que l'on en met, on en met toujours trop,
Une habile coucheuse évite ce défaut.
Elle a soin que son or soit exempt de fêlures,
Elle le couche net, hardiment, sans gerçures;

Sur l'or, quand il le faut, halte tout doucement,
Et d'un coton cardé le presse mollement.
Sur ces points l'ouvrière est toujours très soigneuse,
Quand de se distinguer elle est ambitieuse.
 Pour les filets des mords, afin qu'ils soient bien droits,
Poussez-les hardiment contre une règle en bois ; [105]
Essuyez en dehors le peu d'or qui dépasse,
Et gardez qu'en dedans surtout rien ne s'efface.
Marquez sur votre dos les filets au compas ; [106]
Les fers étant poussés, qu'on n'aperçoive pas
Près de chaque palette un trou désagréable ;
De pousser sur les points, certes il est préférable.
Poussez tous les filets de vos divisions ;
Mettez à cet objet mille précautions ;
Ayez l'esprit présent, la moindre inadvertance [107]
Aux yeux de l'amateur passe pour nonchalance.
Que les filets poussés horizontalement,
Se trouvent placés tous au même alignement.
De sorte qu'un ouvrage étant sur la tablette,
Tous les filets, bien joints semblent une roulette.
Ils ne plaisent à l'œil que lorsqu'ils sont d'accord : [108]
Que jamais les filets ne dépassent le mord.
Poussez tous les fleurons, les coins et les palettes,
Évitez d'en placer sur les deux étiquettes.
Quand cela vous arrive, il vaut mieux les changer.
Que le titre jamais n'offre rien d'étranger.
 Si vous poussez des fers relatifs aux ouvrages,
Appropriez-les bien à leurs divers usages.

Un masque, des grelots à coup sûr n'iraient pas
Sur un livre d'histoire ou bien sur un atlas.
Dès qu'un fer analogue à l'entre-nerf s'applique,
Je veux que de lui-même il me parle, il s'explique;
Ou que de la matière il m'instruise à peu près.
Si vous poussez un vase ombragé d'un cyprès
Sur un livre amusant, sur une anthologie,
Que pousserez-vous donc sur une latomie?
Irez-vous y placer des flèches, un carquois,
Un instrument quelconque, une lyre, un hautbois,
Des oiseaux, un reptile, ou quelque quadrupède,
Qui doivent signaler Buffon et Lacépède?
N'employez donc ces fers qu'avec ménagement;
Employez-les surtout avec discernement.
Qu'ils soient pour l'amateur autant d'hiéroglyphes;
Ils ne servent à rien s'ils ne sont qu'apocryphes.

 Faites faire silence et pour bonne raison,
Tâchez de l'imposer aux gens de la maison,
Dussiez-vous à leurs yeux passer pour rigoriste.
Possédez votre langue, et, sans être puriste,
N'allez pas sur un dos, en artiste borné,
Inscrire ineptement PLANCHES ILLUMINÉ [109]
J'ai remarqué souvent cent sottises pareilles,
Que ne souffriraient pas les moins chastes oreilles.

 J'aime à voir sur un dos un titre en son entier.
S'il ne peut y tenir, il faut l'abrévier.
Mais en abréviant, restez intelligible,
Et qu'un titre toujours soit bien net et lisible;

Que convenablement les mots soient espacés,
Et qu'au premier aspect ils semblent compassés.
Évitez d'être obscur pour être laconique.
Le nom seul de l'auteur de lui-même s'explique,
Quand c'est un nom connu, tel Plutarque, Sully,
Tite-Live, Salluste, Anquetil ou Velly;
Un nom sonore enfin, tel que Virgile, Homère,
Horace, Cicéron, Boileau; Milton, Voltaire;
Voilà de ces grands noms que l'univers connaît!
Mais quant à Martignac, Tarteron, du Souhait,
Noms obscurs qu'on peut joindre aisément à dix mille,
On prend pour les inscrire une peine inutile.
Pour connaître l'auteur, il faut le feuilleter;
Ainsi donc sur le titre il vaut mieux consulter;
L'un voudrait qu'il contînt presque en entier la table,
L'autre, s'il n'est concis, le trouve détestable.
Je conclus qu'il vaut mieux consulter l'amateur : [110]
L'ordre qu'il établit est toujours le meilleur.
Les savans sont surtout de sévères arbitres,
Et ne peuvent souffrir de fautes sur les titres.
Pour eux n'omettez pas une apostrophe, un point,
Vous les trouverez tous rigides sur ce point.
Au titre l'on ne peut jamais trop prendre garde,
C'est le premier objet que l'amateur regarde;
S'il y trouve une faute, ou qu'il soit mal poussé,
Il vous traite aussitôt de braque ou d'insensé;
S'il est riche, incivil, les noms de sot, d'inepte,
Vous sont donnés de suite avec mainte épithète.

Lorsque le titre est fait, on peut dorer le bord : [111]
Pour le pousser plus juste, on doit le couvrir d'or.
Poussez un filagramme, une perle légère,
Même un simple filet, voilà ce qu'on préfère.
Les coiffes et les bords, souvent si dédaignés,
Par un savant doreur doivent être soignés;
Dans ces petits détails on reconnaît l'artiste.
Sur de légers objets quand l'amateur insiste,
C'est qu'il connaît l'ouvrage, et qu'en le payant bien,
Il veut qu'il soit bien fait et qu'il n'y manque rien.
Ne les traitez donc pas comme des bagatelles;
Poussez-vous des filets ou de riches dentelles? [112]
Laissez régner autour un filet privé d'or,
L'inhabile ouvrier pousse toujours au bord.
Pour pousser droit et juste, il n'est pas de recette;
Mais ayez toujours l'œil fixé sur la roulette,
Qu'il en suive la course et tous les mouvemens,
Et sachez l'arrêter surtout quand il est temps.
C'est souvent en cela que les doreurs échouent; [113]
Défiez-vous des gens qui sans cesse vous louent.
Préférez l'amateur vétilleux et sincère
Qui dit, ce n'est pas mal, mais on pourrait mieux faire;
Remarquez ce filet, il tremble, il va trop loin,
C'est trop chaud, c'est trop froid, c'est brouillé dans ce coin
Ou, je desirerais qu'au bout de vos roulettes,
Vos coins fussent fermés par de belles rosettes,
Cela me semblerait plus correct, mieux d'accord;
Il n'est point ébloui par les marbres ni l'or,

C'est ainsi que sont tous les amateurs sévères.
Les livres précieux où l'on met des charnières, [114]
Les livres, en un mot, richement établis,
Sont presque tous doublés de moire ou de tabis,
Quand la moire est dorée elle est plus agréable,
Le blanc d'œuf desséché, mis en poudre impalpable,
Sert à dorer la moire ainsi que le velours;
Jadis on y poussait des fers massifs et lourds;
On y pousse aujourd'hui de très belles roulettes.
Pour cela les doreurs ont diverses recettes;
Chacun voit son moyen comme le plus aisé,
Les gommes, le blanc d'œuf, l'alun pulvérisé,
Pour dorer ces objets remplacent la glairure;
Tout corps un peu gommeux est propre à la dorure,
Le tout est de savoir l'employer à propos
Sur le velours, la moire, ou les diverses peaux.
On apprend tout cela par la seule pratique.

  Mettez dans votre casse un ordre méthodique,
Rangez vos doubles fers et vos coins deux à deux,
Et souvenez-vous bien du nom de chacun d'eux.
Que leur place vous soit présente à la pensée;
La palette en la casse au même endroit placée
Se retrouve aisément quand on veut s'en servir;
Mais sur de tels objets c'est par trop discourir:
L'usage dans les arts est un excellent maître,
Et l'ordre est toujours bon quand on peut s'y connaître.

  Les outils à dorer se nomment tous des fers,
Toutefois comme ils ont des usages divers,

Chacun d'eux prend un nom tout caractéristique,
Qui toujours d'un seul mot de lui-même s'explique,
Indique clairement son genre, ses rapports,
Et s'il est destiné pour les dos ou les bords,
Pour composer des coins, des milieux, des bordures,
On peut en cent façons varier les dorures.

 Tel un auteur hardi, fertile en fictions,
Là, le doreur s'égaie en mille inventions;
Tous les jours de ses fers il agrandit l'usage,
Il voit à chaque instant embellir son ouvrage;
Pour peu que le bon goût le guide dans son art,
Il ne pousse jamais un seul fer au hasard;
Il dédaigne l'emploi trop commun des grotesques, [115]
Il compose à son gré de riches arabesques,
Raphaël et Percier, viennent à son secours,
Il crée, il renouvelle, il change tous les jours,
Il brave tout obstacle, il franchit toute entrave,
Et n'est pas d'un graveur le copiste ou l'esclave.

 Aimez les petits fers, ils conviennent à tout,
De l'amateur fantasque on contente le goût;
Tel fer bien composé qu'il trouve détestable,
Tourné d'autre façon, lui paraît agréable;
Leur privilège est tel, qu'avec dix petits fers,
On compose à l'instant trente dessins divers.
Ne faites rien graver qui ne vous soit utile,
Cent petits fers bien faits valent mieux que deux mille.
Il est un heureux choix de fers harmonieux,
Qui, placés avec art, forment un tout heureux;

Mais il en est aussi dont le goût ridicule.
Est digne de Letang ou Rousseau, son émule.
Avec de petits fers, délicats, simples, beaux,
Vous créerez chaque jour quelques dessins nouveaux,
Faites choix d'un graveur industrieux, habile,
Qui joigne savamment l'agréable à l'utile ;
Il en est pour briller qui font un vain effort,
Et leurs fers trop confus ne montrent que de l'or ;
Tout graveur ne fait pas ce genre de gravure, [116]
Mais Culembourg, Hérou, Kilcher et Lefébure,
Sont ceux qui, dans cet art, ont su se distinguer.
C'est en vain chaque jour qu'on vient les fatiguer
Pour avoir de leurs fers, comme par préférence,
Il faut leur demander cinq ou six mois d'avance.

 Mais c'est peu cependant que d'avoir de beaux fers.
S'ils sont poussés trop chauds, trop froids ou de travers,
S'ils ne forment entre eux un accord agréable,
La dorure devient un objet détestable.
N'imitez pas ces gens qui se disent doreurs,
Et sont tantôt glaciers et tantôt rôtisseurs ;
En vérité leur main semble être une girouette,
Ils vont toujours poussant, haut, bas, à gauche, à droite.
On dirait un cheval pressé des éperons ;
Ils poussent au hasard, carrés, losanges, ronds ;
D'ornemens entassés la mauvaise ordonnance
Souvent passe à leurs yeux pour bon goût et science,
Tel qui depuis trois mois a la palette en main,
Déjà croit surpasser Bozérian, Thouvenin,

Chacun d'eux pense avoir l'invention heureuse.
Avec de jolis fers leur dorure est affreuse,
Ils poussent vingt filets de la même chaleur,
A chaque fer poussé l'or change de couleur;
Ils n'osent s'arrêter, un moment prendre haleine,
Aux derniers coups de fer leur or ne tient qu'à peine,
Tandis que les premiers s'enfoncent dans la peau,
L'or reste dans les fonds en passant le drapeau;
C'est un vrai margouillis plutôt qu'une dorure,
Qu'achève de gâter souvent la polissure.

Prenez mieux votre temps, ne précipitez rien;
Qu'importe d'être long quand on réussit bien?
Étudiez des fers la chaleur convenable,
Un fer poussé trop chaud me semble détestable;
Trop froid, c'est encore pis, l'or tombe en essuyant,
Et le peu qu'il en reste est rarement brillant.
Plongez un fer à l'eau le moins souvent possible,
Il n'est pour l'y plonger nulle raison plausible.
Quand on l'ôte du feu, qu'on le juge trop chaud [117]
Laissez-le refroidir; un fer qui sort de l'eau,
Dans ses tailles recèle une vapeur humide,
Qui donne à la dorure une teinte livide;
Vergetez votre fer, frottez-le sur la main,
Ne le poussez jamais sans un mur examen;
S'il est poussé trop chaud, c'est en vain qu'on enrage,
Il vaut mieux se brûler que de brûler l'ouvrage.
Voulez-vous acquérir quelque célébrité,
Vous ne pouvez avoir trop d'assiduité;

CHANT VI.

Cultivez la dorure, elle est comme une belle,
Alors qu'on *la néglige, elle devient rebelle.*
   Des ouvriers communs évitez les défauts,
Que deux fers, tout au plus, paraissent sur vos dos.
Je connais maints doreurs qui, dans chaque nervure,
Pensent se distinguer en changeant de dorure.
Prodiguant sur tous sens grotesques, médaillons,
Donnent à tous leurs dos un air d'échantillons.
Fuyez de ces doreurs *l'abondance stérile.*
Le recherché déplaît quand il est puérile.
De mille fers divers ne chargez pas vos dos,
Variez, mais sachez varier à propos.
Plutôt qu'un livre soit trop chargé de dorure;
Que de simples filets soient toute sa parure,
Mais qu'ils soient poussés droit, d'équerre, de niveau,
Qu'on dise: c'est bien fait, plutôt ah que c'est beau!
Commencez par bien faire, embellissez ensuite,
Et vous pourrez compter sur votre réussite.
   Quand vous saurez dorer un livre de tous points,
Dorez élégamment, et même à mille points;
A bien faire d'abord c'est en vain qu'on s'efforce,
Par de nombreux essais consultez votre force;
Le pointillé n'est pas l'ouvrage d'un moment,
Tout s'y place avec art, et symétriquement;
Tous ces ouvrages sont d'une longueur immense,
Il faut beaucoup de soins, beaucoup de patience.
Il faut que chaque point semble mis au hasard,
Que rien ne soit confus, c'est le secret de l'art.

Pour faire une dorure exacte en cette espèce, [118]
Il faut que tous les fers paraissent d'une pièce ;
Que l'œil le plus perçant ne puisse deviner,
L'endroit, où deux fers joints, l'un s'est dû terminer :
Ainsi le pointillé se fait, marche, et s'ordonne :
Peu de gens le font bien et chacun en raisonne ;
L'un sans raison l'abhorre ou bien l'estime trop,
L'autre voudrait le faire en courant le galop ;
Dépourvu de talent, n'ayant pas la main sûre,
En tous lieux celui-ci blâme cette dorure,
S'imaginant que tout doit être pointillé ;
Cet autre pour du beau donne du barbouillé,
Et croit faire souvent une chose admirable ;
Entre tous ces excès, l'artiste raisonnable,
Pour plaire aux amateurs, prend un juste milieu,
Et sait mettre toujours chaque chose en son lieu.
Dorcurs, que le bons sens vous guide, vous gouverne,
Alliez rarement le gothique au moderne,
Adaptez le gothique aux ouvrages anciens,
Pour les livres nouveaux, apportez tous vos soins
A vous former un genre indépendant de l'autre,
Qui, tout en variant, reste toujours le vôtre.
Que du premier coup-d'œil, que sans nul examen,
L'amateur reconnaisse aussitôt votre main.
Imitez Padeloup, et Desseuil et Derome ;
Qu'un livre d'eux paraisse, aussitôt on les nomme ;
Leur ouvrage sans fard, sans superfluité
Me semble empreint du sceau de l'immortalité.

Ces artistes fameux n'étaient point en usage,
Quelque savans qu'ils soient, de signer leur ouvrage ;
Ils n'avaient pas encor cette présomption
Qui tient lieu chez les sots de réputation :
Oui, tout mon sang bouillonne et se presse en ma veine,
Quand, au-dessus d'un nom, que je lis avec peine,
Je vois des fers confus ou poussés à l'envers,
Un titre barbouillé, des filets de travers ;
N'est-ce pas avouer qu'on est un imbécille ?
Sans chercher bien long-temps j'en rencontrerais mille,
Qui décèlent au moins des êtres rabrutis,
Ou que désavoûraient les derniers apprentis.

Il est encor un genre où le doreur s'exerce,
Mais qui s'est introduit très peu dans le commerce ;
Il consiste à savoir disposer à propos
Dans des compartimens, sur les plats, sur les dos,
Des fers noirs ou sans or, en place de dorures,
Et même à petits fers on forme des bordures ;
Le difficultueux est de bien réussir
Dessus de beau veau fauve et ne le point noircir,
Ce n'est jamais le fait d'un ouvrier novice ;
Mais ces colifichets qu'enfante le caprice,
Sur l'or dans aucun temps, ne sauraient prévaloir.
En vieillissant, le cuir devient presque tout noir,
Tandis qu'un fer sans or par la suite grisaille.
Avec beaucoup de peine on ne fait rien qui vaille.
Par ce genre, et malgré sa grande habileté,
Thouvenin n'irait pas à l'immortalité

S'il n'imprimait à tout une grâce infinie,
Qu'il doit moins à son art qu'à son propre génie,
Qui fait que cet artiste, en tous temps, en tous lieux,
Servira de modèle à nos derniers neveux.

    Quand un livre est doré l'on y colle la garde, [119]
La garde est un objet purement de parade;
Mais il cesse de l'être et devient essentiel,
Pour qui ne traite pas son art au matériel.
Il faut, en la collant, ménager la dorure,
Que la garde jamais ne masque la bordure,
Cela souvent arrive à l'inepte ouvrier
Qui ne prend pas le soin d'accourcir son papier.
Évitez bien surtout qu'il plisse, qu'il grimace,
Ou qu'en l'allongeant trop, dans le mord il se casse;
Tirez-le cependant, il doit vous obéir;
Tout près de la bordure il doit juste venir.
Ou, si vous voulez mettre entre eux un intervalle,
Que toujours le papier soit à distance égale,
De bien vous distinguer si vous êtes jaloux,
Repassez dans les mords un plioir mince et doux;
Croyez-moi, contractez de bonnes habitudes,
Que les mords soient l'objet de vos sollicitudes;
A leur inspection on connaît l'ouvrier.
Quand ils sont presque secs, au travers d'un papier,
Frottez-les de nouveau, qu'aucun pli ne paraisse :
Fermez le livre ensuite et mettez-le sous presse;
Qu'il y passe une nuit avant de le polir.

    Étendez un tapis pour ne point le salir.

CHANT VI.

Voulez-vous éviter qu'un livre ne se raye,
Suivez bien le chemin qu'en ces vers je vous fraye,
Tâchez de conserver le poli de vos fers ;
Ils le conserveront s'ils chauffent à l'envers,
Ou vous verriez bientôt leur surface garnie
D'une croûte très dure et souvent mal unie :
Soyez bien attentif, la trop grande chaleur,
Calcine le blanc d'œuf et ternit la couleur.
Quand elle est une fois éraillée, affaiblie,
Elle ne peut jamais être bien rétablie ;
Que le fer sur le livre, avec force passé,
Lui donne un bruni clair sans être trop foncé.
Polissez vivement ; dès qu'un fer reste en place,
Il cause maint défaut que jamais rien n'efface.
Que votre peau soit lisse et telle qu'un miroir,
Qu'elle en fasse l'effet et qu'on puisse s'y voir.
Souvenez-vous enfin que de la polissure
Dépend ou la mauvaise ou la bonne tournure.

Quand vous avez poli votre livre en dehors,
Savoir, le dos, les plats, même jusques aux bords,
Polissez le dedans ; quand la garde est polie,
La reliure en paraît une fois plus jolie.
Cela cambre un carton tout naturellement,
Le livre clôt toujours plus hermétiquement [120].

Bénévole lecteur, d'une plume craintive,
J'effleure les objets, qu'un autre les décrive.
Mon ouvrage trop loin de la perfection,
Ne saurait bien long-temps fixer l'attention.

Mais je m'estime heureux si j'ai pu vous instruire
A mieux savoir votre art, que je n'ai pu décrire,
Cinquante procédés abstraits, minutieux.
N'allez pas vous montrer assez ambitieux
Pour vouloir envahir, au moins tout entreprendre.
Lorsqu'on exerce un art, il faut s'y bien entendre;
Étudier le genre où l'on veut s'attacher;
Quand on le connaît bien, on n'a plus qu'à marcher.
L'aveugle ambition fait que plus d'un artiste
Des mauvais ouvriers s'en vient grossir la liste.
Incapable souvent de savoir faire un choix,
Il se croit obligé de conduire à-la-fois,
Le commun et le beau, l'élégant, le sublime.
A réussir en tout, c'est en vain qu'on s'escrime.
Le commun et le beau sont ennemis jurés.
Ne faites qu'un seul genre et vous réussirez;
Vous pourrez d'autant plus garantir vos ouvrages;
C'est au moins le parti que prennent les gens sages.
Rarement dans un genre on se rend très-fameux,
Plus rarement encore on en réunit deux.

 Tel dans le sublime art des Lebrun, des Apelle,
Chaque artiste a son genre, en ce genre il excelle.
L'un peut peindre les fleurs, les fruits, ou les oiseaux,
L'autre à peindre une ruine exerce ses pinceaux,.
Celui-ci peint les champs, les bois, les paysages;
Un autre se complaît dans des sites sauvages.
Et tel dans la reliure on voit Bradel, Meslant,
Imiter assez bien un ouvrage allemand.

Rosa, Fuel et Janet, savent mieux que personne,
Le grand art d'embellir une étrenne mignonne.
Le rustique Naissant de sa nerveuse main
Relie et ferre au mieux un livre de lutrin.
Jusqu'au sang Fuel suerait pour faire un tel ouvrage,
Et ce n'est pour Naissant qu'un simple badinage.
Les Derome, Bradel, les Chaumont, Deboisseau,
Ajustent aisément trente nerfs au niveau.
Leur méthode est toujours celle de leurs ancêtres,
Et dans le genre ancien ils sont tous de grands maîtres.
Tessier, quand il le veut, fait fort bien les atlas,
Il ferait mieux encore s'il ne surjettait pas,
Et si de son carton réparant les crevasses,
Il ne lui laissait point faire mille grimaces.
Bozérian et Simier, Courteval, Thouvenin,
Excellent à relier un livre en maroquin.
Leur reliure élégante ou simple est bien finie,
Ils semblent animés par le même génie,
Et prouvent tour-à-tour qu'un artiste français,
Inspiré par son art, peut vaincre les Anglais.
En deux heures Fourré confectionne un livre,
On dit qu'aucun relieur n'a tenté de le suivre,
Il faut être équitable, et moi je suis certain
Qu'on lui peut comparer le preux Caillibothin.

 Mais dira maint lecteur, vous, un si bon apôtre,
Que savez-vous bien faire, et quel genre est le vôtre ?
Je crois qu'on pourrait dire, et sans rien hasarder,
Que votre grand talent est de bien bavarder.

Mon livre, je le sais, n'est rien moins qu'éphémère.
Mais, si je ne fais bien, je vous montre à bien faire.
Et tel un directeur faillible comme vous,
Qui fou passe pour sage en dirigeant des fous,
La route que j'indique est longue mais plus sûre.
Mes principes sont tous puisés dans la nature.
Ce n'est qu'en épiant maint défaut ennemi,
Que j'ai su réussir à bien faire à demi.
Je ferai mieux un jour, j'en conçois l'espérance.
Si vous me précédez, je suis payé d'avance
D'un travail qui pour moi certes était peu facile.
Mais après tout pourquoi me remuer la bile ?
Quand j'entends maints censeurs contre moi murmurer
Et dire qu'à bon droit on devrait me murer ;
Qu'à mes descriptions que nul ne saurait suivre,
On ne voit pas comment je veux relier un livre.

   Je veux qu'un livre soit bien plié, bien battu,
Bien pressé, rebattu, repressé, bien cousu ;
Et que, sans se piquer d'une folle vitesse,
Avant de le rogner il reste un jour en presse ;
Que le cuir soit uni sans être trop paré ;
Que les deux mords soient vifs, le livre bien carré.
Ce n'est pas tout enfin qu'un livre soit d'équerre,
Je veux encor qu'il soit bien perpendiculaire ;
Que le dos se présente horizontalement ;
Que deux dos joints le soient bien hermétiquement.
Qu'un livre n'ait pas l'air monté sur des échasses.
Sachez à sa grosseur proportionner les chasses.

CHANT VI.

Que le dos soit bien ferme et qu'il s'ouvre aisément;
C'est surtout à ce point qu'on connaît le talent.
Que l'endossure soit d'un solide élastique;
Qu'il soit enfin bien fait, plutôt que magnifique.
 Je veux que les cartons, vers le dos renversés,
Tombent exactement l'un sur l'autre fixés,
Et que dans cet état les gardes immobiles
Ne lèvent pas du tout; les ouvriers habiles
Doublent d'activité, doublent d'attention,
Soignent sur tous les points cette opération.
Oui, de quelques défauts vous obtiendrez la grâce,
Si cet objet est fait avec soin, avec grâce.
Celui qui le néglige est un vrai nonchalant;
Ou bien un routinier dénué de talent.

FIN DU SIXIÈME ET DERNIER CHANT.

NOTES.

NOTES

DU PREMIER CHANT.

[1] *Page 25, vers 1ᵉʳ.*

En naissant la reliure était un vil état,
Dénué d'agrément, gothique et sans éclat.

L'origine de la reliure, comme celle de tant d'autres arts, est très incertaine. On ne peut avoir sur cet objet aucune donnée sûre. Ce que l'on peut raisonnablement présumer, c'est qu'aussitôt qu'on a écrit sur du parchemin, dont l'invention peut être regardée comme antérieure à celle du papier, dès qu'on a réuni quelques cahiers, on a sans doute relié. Les manuscrits reliés dans les douzième et treizième siècles, peuvent donner une idée de ce qu'était la reliure dans son origine. Toutes ces reliures, aussi bien que celles établies jusque bien avant dans le quinzième siècle, sont extrêmement grossières; mais d'une solidité qui depuis n'a toujours été qu'en dégénérant.

[2] *Page 25, vers 5.*

Entre des ais en bois les livres fagotés,
Par les vers destructeurs étaient bientôt gâtés.

Les anciens étaient encore plus curieux des livres que nous ne le sommes. Ils les avaient en petit nombre, et par conséquent ils veillaient avec un soin extrême à leur conservation. Mais malheureusement, ce qu'ils croyaient qui devait les conserver éternellement entraînait souvent leur ruine. Je veux parler des ais en bois dont ils se servaient en place de cartons. Quand ces ais n'étaient pas de bonne qualité, ils étaient bientôt attaqués des vers, et les livres en souffraient horriblement. Cette méthode s'est pourtant continuée jusque bien avant dans le quinzième siècle, et il est très rare de rencontrer des livres de ce temps bien conservés. Les anciens avaient cependant une excellente méthode qui a été abandonnée dès que les livres sont devenus communs ; ils garnissaient le dos de chaque cahier d'une bande de parchemin, afin que le grattoir et le frottoir n'altèrent pas le papier : j'en parlerai plus au long à l'article de la couture.

[3] *Page 26, vers 7.*

Gascon parut alors, et des premiers en France,
Sut mettre en sa reliure une noble élégance.

Je pense que cet ouvrier, qu'on nommait Gascon ou Gâcon, relia une partie de la bibliothèque de Henri II, de Diane de Poitiers, et de celle de Grolier, qui se plaisait à le diriger dans la bonne confection de ses reliures et des compartimens ingénieux qu'il y faisait exécuter.

[4] *Page 26, vers 9.*

Une solidité que Desseuil imita,
Et que de surpasser personne ne tenta.
Pasdeloup le suivit, puis le fameux Derome,
Pasdeloup si connu que partout on renomme,
Et dont l'ouvrage encor aujourd'hui si vanté,
Par les grands amateurs, sera toujours cité.

Desseuil fut celui qui, après Gascon, ajouta beaucoup à la solidité de la reliure et à son embellissement. Il mettait assez fréquemment, à ses reliures soignées, des gardes en maroquin de la même couleur que celui qui recouvrait le livre; et à l'élasticité près, ses reliures valaient bien nos belles reliures modernes.

Pasdeloup et Derome étaient contemporains : ils travaillaient très solidement et très élégamment dans le goût de leur temps. On cite encore souvent leurs ouvrages dans les ventes publiques, on les citera probablement encore longtemps; car les livres qu'ils ont établis semblent l'être pour durer des siècles, aussi le rédacteur de la notice sur Goutard s'explique ainsi : *Les livres décrits dans ce catalogue sont en partie reliés par le célèbre Derome, le phénix des relieurs.* Mais je ne puis me dispenser de dire un mot ici sur l'admiration que l'on a pour les ouvrages de ces célèbres anciens : quand les amateurs rencontrent des livres reliés par ces mains habiles, ils s'extasient et disent : *On ne travaille plus comme cela.* Non sans doute, on ne travaille plus comme cela; eh pourquoi ? Parce que les amateurs eux-mêmes ne veulent plus que l'on travaille ainsi. Ils ne veulent pas prendre la peine de tenir leur livre en lisant; il leur faut des livres à dos brisés, des livres qui se tiennent ouverts sur la table. Peu de relieurs ont trouvé le moyen de réunir la solidité à cette élasticité, tant estimée aujourd'hui. Les Courteval, Bozérian, Lefèbvre, Simier, Thouvenin, et un très petit nombre avec eux, ont assez bien réuni ces deux extrêmes; mais la plupart ne s'attachent qu'à l'embellissement souvent mal entendu, et à donner de l'ouverture à leur livre. De là est venue la mode presque universelle des reliures à la grecque, méthode très abréviative et pernicieuse, qui gâte presqu'autant de livres qu'on en relie, et j'affirme que si la reliure ne subit pas une réforme, si l'on continue de grecquer les livres ainsi qu'on le fait aujourd'hui pour les livres les plus précieux, dans deux cents ans les bibliothèques publiques et particulières ne posséderont plus de livres du quinzième siècle, si ce n'est dans un pitoyable état.

⁵ *Page 26, vers 17.*

Leurs ouvrages soignés en étaient même lourds ;
Ils ne prodiguaient pas la moire et le velours.

Ce n'est que vers la fin du dix-huitième siècle qu'on est devenu en quelque sorte prodigue de velours, et surtout de moire. Ce n'est pas que, bien employée, bien dorée, la moire ne produise un très joli effet. On double rarement en moire sans mettre des charnières pareilles au cuir qui couvre le livre, ce que l'on nomme, en terme de l'art, mettre des mords. Les livres doublés de moire, et sans charnières, sont presque toujours raides dans les mords, parce que, pour être employée proprement, la moire doit être collée sur un papier mince, et que cette double épaisseur de moire et de papier rend les mords un peu grossiers; cependant, avec quelques soins, on parvient à donner aux cartons un jeu raisonnable en arrachant une partie de l'épaisseur du papier qui double la moire au moment que l'on colle la garde. Le papier qu'on emploie pour doubler la moire doit être mince et collé; mais imbibé de colle on le dédouble facilement, et le mords est moins grossier.

⁶ *Page 26, vers 22.*

L'art pour beaucoup de gens devint trop malaisé ;
La paresse inventa bientôt le dos brisé.

Les parchemins, les nerfs parurent inutiles,
On osa supprimer jusques aux tranchefiles;
La souplesse tint lieu de la solidité,
On sacrifia tout à l'élasticité.

Bonne ou mauvaise, quand une opinion est reçue par le plus grand nombre, elle se maintient long-temps. Souvent même une mauvaise opinion s'accrédite de plus en plus, et ne se détruit que bien insensiblement. Il en est de même dans les arts, relativement aux mauvais procédés. On a employé très long-temps des ais en bois aux livres en place de carton. On en emploierait encore aujourd'hui, si l'on ne s'était aperçu que le bois se mangeait aux vers, et que les livres en souffraient considérablement. On a trouvé plus agréables les reliures à la grecque et à dos brisé; les relieurs ont adopté cette méthode avec avidité, parce qu'elle est très commode aux inattentionnés qui aiment à travailler en aveugles, et cette méthode se perpétuera long-temps, parce qu'elle dispense l'ouvrier d'une infinité de mains-d'œuvre et de soins qu'exige la reliure à véritables nerfs, pour que ces nerfs se rapportent bien auprès les uns des autres, et à des distances égales dans un nombre considérable de volumes, ou même seulement dans trois ou quatre. On n'abandonnera jamais entièrement cette méthode de grecquer les livres et de les coudre à deux ou trois cahiers, parce qu'un livre grecqué est beaucoup plus aisé à coudre que celui qui ne l'est pas, en ce que les trous pour passer l'aiguille sont tous faits, et que, si une ouvrière peut coudre trois cents cahiers sans être grecqués en les enlignant et les cousant tout du long ou en entier, étant grecqués, elle peut en coudre quinze cents en cousant à deux ou trois cahiers, et en sautant un nerf à chaque passe comme la plupart des ouvrières en ont l'habitude, malgré même qu'on leur recommande de ne point le faire. Cela diminue cette main-d'œuvre des quatre cinquièmes; et certes, c'est quelque chose pour les gens qui ne sont point curieux de leur ouvrage, ou qui travaillent à bas prix; il n'y a plus aujourd'hui que les bons ouvriers qui passent les livres en parchemin; encore ne passent-ils que la tête et la queue, et rarement au milieu; les bandes de parchemin passent en dedans du carton, et sont collées sur le dos qu'ils consolident extrêmement. Anciennement, en collant la garde de papier sur le carton, on y collait aussi ce qui passait de parchemin en dedans; cela donnait une telle solidité au livre, qu'il arrivait quelquefois que les nerfs étaient tous cassés, et que les cartons tenaient encore au livre, et y tenaient même encore long-temps. Aujourd'hui, le peu d'ouvriers qui passent en parchemin, coupent ce qui passe en dedans des cartons au moment qu'ils collent les gardes, afin de donner plus de jeu aux cartons. Je laisse à penser ce que deviendront ces reliures quand les nerfs faits le plus souvent de petite ficelle, appelée grecque, viendront à se casser.

[7] *Page 26, vers 27.*

Delorme effrontément supprima la couture.

Delorme, contemporain de Pasdeloup, à l'imitation de quelques mauvais ouvriers anglais, rognait les livres par le dos, les passait en colle forte, et s'abstenait par là de les coudre; en reliant de nouveau de tels livres dont les feuillets se divisent très difficilement, on est obligé d'enlever encore tant soit peu de la marge du fond pour redresser le dos et les surjeter ensuite par cahiers, pour les pouvoir coudre; il est aisé de juger ce que deviendrait un livre qui serait relié cinq ou six fois de la même manière. Le plus grand papier finirait par ne plus avoir de marge dans le fond.

[8] *Page 27, vers 3.*

Les amateurs, outrés de tant de nonchalance,
Envoyèrent long-temps leurs livres hors de France ;
Et chez nous ce bel art retombait au néan,
Alors que s'établit le fameux Bozérian.

C'en était fait de l'art, si Bozérian l'aîné n'eût ramené le bon goût en France. Dès qu'il fut connu, les amateurs cessèrent de faire relier leurs livres en Angleterre ; peu-à-peu sa méthode s'est répandue ; peu de relieurs cependant adoptèrent d'abord ses principes ; il n'y en a même encore aujourd'hui que très peu qui les suivent ponctuellement. Courteval, qui s'établit presque dans le même temps, fut celui qui les sut le mieux apprécier, il n'y a même pas de doute qu'il s'en est fait qu'il serait précieux de connaître ; ce qu'il y a de certain, c'est que très peu d'ouvriers ont su réunir comme lui la solidité, l'élégance, la grâce, la justesse que l'on trouve presque toujours dans ses ouvrages ; il est bien rare d'y trouver quelques défauts essentiels. On voit que cet artiste n'existe que pour son art.

[9] *Page 27, vers 26.*

S'il n'était survenu le soigneux Courteval.

Courteval fut à-peu-près, de son temps, ce que Thouvenin est aujourd'hui ; si Thouvenin l'emporte sur tous ses contemporains, Courteval l'emporta sur presque tous les siens. Dans le temps qu'il s'établit, les Bozérian fleurissaient, alors il y avait peu d'amateurs distingués qui ne voulussent avoir des reliures de Courteval. Les anciens amateurs le font toujours travailler, et ne l'estiment pas moins qu'ils ne l'estimaient il y a vingt ans. Les jeunes amateurs et les jeunes ouvriers le tournent en ridicule; passionnés pour le goût du temps, pour le genre qu'ils ont inventé, qu'ils exploitent avec ou sans succès, ils sont incapables, pour la plupart, d'apprécier le travail de Courteval, ils le ridiculisent : il est plus facile de dénigrer une méthode que de l'approfondir.

¹⁰ *Page 28, vers 19.*

De Bozérian le jeune et l'élève et l'émule,
En naissant, ses travaux sont des travaux d'Hercule.

Ce n'est, pour l'ordinaire, que progressivement qu'un ouvrier parvient à se faire un nom. En faisant de mieux en mieux, il acquiert de la célébrité. Thouvenin, au contraire, est devenu célèbre en s'établissant; ses premiers ouvrages valaient presque ceux qu'il fait aujourd'hui; élève de Bozérian le jeune, les amateurs distingués lui confièrent des livres précieux, il ne trompa pas leur attente, et Thouvenin fait autant d'honneur à Bozérian que ses propres ouvrages lui en font à lui-même; mais on ne peut se dissimuler que, si les Bozérian n'eussent ouvert le chemin, les bons ouvriers, tant renommés aujourd'hui, n'existeraient probablement pas.

Cependant Thouvenin est un de ces hommes extraordinaires qui, semblables à ces corps lumineux que l'on est convenu d'appeler comètes, paraissent une fois en un siècle. Si, plus ambitieux de gloire que de fortune, il continue à se surveiller; si, moins ouvrier qu'artiste, il s'occupe sans relâche du perfectionnement de la reliure, il fera époque dans son

NOTES.

art comme ces grands hommes que nous admirons font époque dans la littérature.

¹¹ *Page 29, vers 13.*

Quand un livre est couvert, avant de le dorer,
C'est là de point en point qu'il le faut censurer.
Devenez amateur, ne soyez plus artiste.
Faites de vos défauts la scrupuleuse liste,
Essayez, s'il se peut, de n'y plus retourner,
Sans cesse occupez-vous de perfectionner.

Je puis dire même que c'est avant de le mettre en couleur qu'il faut l'examiner scrupuleusement, car les couleurs et la dorure font disparaître bien des défauts, et je regarderais comme un chef-d'œuvre un livre sans aucune couleur ni dorure, qui serait géométriquement juste. Il y a peu d'ouvriers capables de faire de ces sortes d'ouvrages; ceux même qui y réussissent le mieux n'aiment pas à s'y livrer; ils savent de quels secours sont les marbres et la dorure, ils savent que c'est ce qui captive l'œil d'abord, et que bien peu d'amateurs sont capables d'apprécier le genre simple qui présente plus de difficulté qu'aucun autre; je ne puis cependant que témoigner mon étonnement de ce que MM. Thouvenin et Simier, qui réussissent si bien en toutes choses, n'aient point exposé au Musée aucune reliure en veau fauve, sans aucune autre dorure que le titre.

¹² *Page 29, vers 27.*

De toutes ces couleurs l'inutile assemblage
Sert souvent à marquer les défauts de l'ouvrage.

Les accidens les plus fâcheux, les maladresses les moins pardonnables, les défauts les plus choquans, sont souvent déguisés par les marbres et plus particulièrement par la dorure : j'ai dit, et cela est trop vrai, que ce sont les livres dorés sur tranche qui, pour la plupart, sont le plus mal confectionnés, ou qui présentent plus de défauts quant à la justesse de toutes leurs parties. Les accidens les plus graves sont : Qu'il casse souvent plusieurs nerfs, et quelquefois tous, on les couvre comme si les nerfs étaient intacts, quelquefois on en rajoute, on les rapetasse, quelquefois les livres sont couverts sens dessus dessous, et l'on ne s'en aperçoit que lorsqu'ils sont dorés et qu'il est question d'y apposer le titre, parce que celui qui, en le couvrant, a mis le faux dos sens dessus dessous, ne s'est pas vanté de cette faute.

Alors on le déboîte, c'est-à-dire qu'on coupe tous les nerfs et qu'on retourne le livre, on le replace dans sa couverture, soit en collant le dos en plein, ce moyen est le moins mauvais. Mais si l'on veut conserver au livre une apparence de dos brisé, on se contente de coller le dos sur le bord du mord, et au moyen de ce que les livres ne sont pas passés en parchemin, la reliure ne résisterait pas long-temps pour peu qu'on fasse usage du livre ; mais pour se prémunir contre l'usage qu'on aurait envie d'en faire, souvent à de tels livres on fait une dorure élégante, on les décore de belles plaques ; l'amateur les regarde, les touche avec une sorte de respect religieux, et ces reliures, toutes mauvaises qu'elles sont, durent plus long-temps qu'elles ne dureraient si elles étaient moins belles ; mais un temps viendra que ces défauts paraîtront au grand jour.

[13] *Page* 30, *vers* 9.

Mais un livre en veau fauve et bien claire et bien net,
Dans sa simple élégance et me charme et me plaît.
Pour un autre il serait le beau sujet d'une ode,
Partout, dans tous les temps, on le verra de mode.

Presque toutes les reliures en veau, des quinzième et seizième siècles, étaient fauves. On a, dans tous les temps, imaginé cent sortes de couleurs, de compartimens divers, mais on est toujours revenu au veau fauve; l'amateur, blasé par tous les marbres, finit par le préférer, et souvent par ne plus vouloir d'autre reliure. Il en est de même des papiers pour gardes, cet embellissement varie beaucoup; les marbreurs s'évertuent à composer des marbres magnifiques; Sayet en fait qui sont plus beaux que ce qu'a jamais produit la nature. Eh bien, on revient toujours aux couleurs unies, dans lesquelles Engrand excelle.

14 *Page 32, vers 1er.*

Chardin passe surtout parmi les amateurs,
Pour le plus vétilleux de tous les connaisseurs.

La bibliothèque de M. Chardin était, il y a vingt ans, une des plus belles de Paris. Celle de M. Firmin Didot pouvait seule lui être comparée. Ce sont ces deux amateurs dont les belles bibliothèques n'existent plus, qui ont stimulé les ouvriers à bien faire : le nombre des amateurs s'est considérablement accru, ainsi que celui des bons ouvriers.

NOTES DU DEUXIÈME CHANT.

14 bis *Page 34, vers 27.*

Et Bozérian sans doute, en cherchant à bien faire,
Avec peine vainquit la manie ouvrière.

Bozérian fut sans doute long-temps à vaincre la manie ouvrière; il faut tout le courage qu'inspire un art que l'on chérit pour résister aux plaisanteries, aux observations ridicules des ouvriers et des maniaques; heureusement que cela est tout-à-fait indifférent pour celui qui cherche à bien faire : eh combien d'arts seraient demeurés bien au-dessous de ce qu'ils sont aujourd'hui, si quelques artistes ne se fussent écartés de la route commune, s'ils ne s'en étaient frayé une eux-mêmes, et s'ils n'eussent bravé les préjugés et la manie!

[15] *Page* 35, *vers* 22.

Jadis un livre était gratté, piqué, frotté.

C'est ainsi que l'on endossait les livres autrefois, et qu'on les endosse encore aujourd'hui chez la majeure partie des ouvriers. Les livres sont mis en paquets de dix, douze ou quinze volumes, suivant leur grosseur ou suivant l'ouverture de la presse à endosser, qui est proportionnée à la longueur des vis. Quand ils sont serrés et liés, on retire le paquet de la presse pour pouvoir en faire d'autres, on trempe les dos de colle de pâte; on les laisse ainsi tremper trois ou quatre heures, ou même toute une journée ou toute une nuit; puis, avant de frotter les dos pour les arrondir, on les retrempe de nouveau de colle : quand ils sont médiocrement frottés, on les gratte avec un grattoir en fer dont la forme est concave ainsi que celle du frottoir, mais armé de pointes aiguës; quelques ouvriers grattent souvent jusqu'à ce qu'ils voient les fils de la couture dans toute sa longueur. Pour achever l'œuvre, on pique le dos avec le même grattoir, dont les pointes entrent de près de deux lignes dans le dos, puis on refrotte de nouveau; la colle entre dans ces innombrables cavités; le dos n'est plus, proprement dit, qu'un carton. Les cahiers d'un livre fait ainsi sont presque indivisibles sans se déchirer. Ajoutez à cela l'effet de la grecque et du poinçon à endosser, et vous aurez une idée juste de ce que peut être un livre fabriqué de la sorte; il est presque perdu, et je considère que c'est un vol manifeste fait à la postérité.

¹⁶ *Page 35, vers 23.*

La toile en ce temps-là n'était pas en usage,
Et l'on faisait pourtant alors de bon ouvrage.

Sans doute les livres étaient solides, et ceux dont l'endossure n'était pas poussée à l'excès, comme je l'ai expliqué dans la note précédente; ceux que l'on passait en plein en parchemin, ceux dont le desséchement ne se faisait ni à l'ardeur d'un trop grand feu, ni à celle d'un soleil brûlant; ceux-là, dis-je, étaient solides, et, en suivant les mêmes principes, on pourrait espérer pouvoir les relier autant de fois que le cas l'exigerait sans déchirer les cahiers, sans être obligé de mettre des fonds à la plus grande partie des premières feuilles des cahiers, ou, comme il arrive quelquefois, de rogner le livre par le dos, et de le surjeter quand ce n'est pas un livre précieux où les frais ne pourraient se retrouver ni pour l'ouvrier ni pour le propriétaire.

L'usage de la toile qu'ont introduit en France les Bozérian et Courteval, à l'imitation des Hollandais, des Allemands et des Anglais; l'usage de la toile, dis-je, appliquée à la colle demi-forte est bien préférable; elle tient le dos ferme, et lui procure une élasticité que n'avaient pas les reliures anciennes. Cette toile tient très bien sur les dos; elle s'en détache avec peine; mais, s'il est question de relier de nouveau un livre ainsi établi, en humectant simplement la toile avec une éponge, elle s'enlève facilement. Qu'on laisse sécher le dos un quart d'heure, et l'on peut ensuite séparer les cahiers sans leur causer aucun dommage. Mais cependant l'usage de la toile n'exclut pas celui des parchemins, particulièrement pour les gros livres, les parchemins, bien plus que les nerfs, font tenir le carton au livre; il est excellent de réunir ces deux moyens de consolidation pour les livres faits à la grecque ou même à nerfs, qui sont cousus à deux cahiers, ou qui ne doivent pas être à dos brisé; mais pour ceux qui doivent s'ouvrir facilement, les parchemins seuls ou la toile suffisent, pourvu qu'ils soient bien collés à la colle-forte, et que la couture soit faite tout le long de chaque cahier. Je développerai ailleurs leur degré d'utilité : je dirai seulement ici combien les anciens étaient rigides sur ce point; les statuts et réglemens des relieurs, édition de 1750, portent, art. 30 : *Seront tenus les maîtres relieurs de coudre les livres, au plus à deux cahiers avec ficelles et vrais nerfs, de les endosser avec parchemin et non papier; et, en cas de contraventions, lesdits livres seront refaits aux dépens des contrevenans, qui seront en outre condamnés à une amende de trente livres par chaque volume.* On voit par cet article que, dès ce temps, on cousait déjà à trois cahiers; que l'on mettait de faux nerfs, et que, comme aujourd'hui, on s'abstenait de passer en parchemin.

[17] *Page* 36, *vers* 1er.

L'officieux poinçon arrondissait le dos;
S'il cassait des feuillets, s'il causait des défauts,
Il en dédommageait en avançant d'ouvrage :
D'un maniaque ancien voilà le vrai langage.

Le poinçon à endosser est un outil en fer, long de six à huit pouces, emmanché par une queue pointue dans un fort manche de lime; il est cylindrique dans toute sa longueur et de la grosseur d'une petite tringle ; au bout il est plus gros, et se termine en forme d'olive oblongue et aplatie. Cet outil sert à arrondir les dos en l'introduisant obliquement et alternativement en tête et en queue entre les premiers et les derniers cahiers du livre, en le faisant tourner dans une main, tandis que de l'autre on frappe à côté avec un petit marteau ; on fait prendre au dos la forme demi-ronde qu'il doit avoir : les trois quarts des livres endossés par cette méthode, sont cassés, quelquefois criblés de trous à la marge du fond. Heureux quand, dans des livres dont la marge est étroite, il ne s'en trouve pas dans l'impression. Le poinçon perce souvent deux ou trois cahiers à-la-fois ; il n'y a pas d'amateur, ne possédât-il que cinquante volumes médiocrement reliés, qui, avec un peu d'attention, ne soit à même de se convaincre de cette triste vérité. Ce qu'il y a de particulier, c'est que par cette méthode, plus un livre est soigné, plus le poinçon y fait de ravage. Aujourd'hui tous les relieurs qui travaillent dans ce genre, font faire leur couture très libre, très peu rabaissée ; la grosseur des dos est énorme, les mords sont saillans, affreux. Ceux qui soignent un peu leur ouvrage pour ce qui est de la batture, la mise en presse et la couture, endommagent davantage les livres avec le poinçon, en ce que le livre étant très serré, il faut d'autant plus de force pour y introduire le poinçon et pour l'y faire mouvoir, tourner en tous sens comme il faut faire pour parvenir à arrondir le dos. Cependant, bien qu'on soit persuadé que le poinçon crève, endommage les cahiers, ou tout au moins y imprime des marques désagréables qui ne s'effacent jamais entièrement, on s'en servira long-temps encore, car il y a beaucoup d'ouvriers et même des jeunes gens qui ne peuvent pas, ou, pour mieux dire, qui ne veulent pas endosser autrement.

[18] *Page 36, vers 10.*

Conseillez à Fouré de quitter-le poinçon,
Ditez-lui qu'il vaut mieux endosser à l'anglaise;
Je suis Français, dit-il, j'endosse à la française.

Fouré a sa manière de travailler, et n'en changera probablement pas. Elle est extrêmement expéditive; il y gagne sa vie; il contente beaucoup de gens en peu de temps. Dût-il gagner le double, je crois bien qu'il ne voudrait pas oublier la méthode que son maître lui a enseignée. Nous avons bien des Fouré.

[19] *Page 36, vers 19.*

L'autre vous soutiendra qu'un livre ouvre aisément,
Alors qu'il est grecqué large et profondément.
Selon l'un, c'est abus de rogner à l'équerre,
Il ne s'en sert jamais et ne se trompe guère.
L'autre a le coup-d'œil juste, et ses livres souvent
Sont gauches des deux bouts, du dos et du devant.

Les grecques sont de petites encoches que l'on pratique sur le dos du livre pour y loger les ficelles ou nerfs sur lesquels on coud les livres; les ficelles entrent jusqu'au fond de ces encoches, et le livre perd de la marge du fond toute la profondeur de la grecque. Voilà qui est assez évident pour être compris par la personne la moins initiée dans la manutention de l'art; cependant il y a des gens qui soutiennent qu'un livre grecqué s'ouvre mieux que celui qui ne l'est pas, et qui, croyant que plus il est grecqué profondément, mieux il doit s'ouvrir, grecquent à trois ou quatre lignes de profondeur; cela se rencontre plus particulièrement dans les livres classiques, et surtout dans les dictionnaires qui n'ont déjà que très peu de marge dans le fond, et qui, joint à la mauvaise pliure, n'en ont presque pas dans de certains endroits, et sont grecqués jusqu'à la lettre.

Quant à l'usage de l'équerre, on rencontre encore plus de gens obstinés sur cet article que sur celui de la grecque; car sur cent maîtres relieurs, il y en a tout au plus cinq à six qui veulent permettre à un ouvrier de se servir d'équerre, et au plus deux qui le leur enjoignent; encore ne s'en servent-ils pour la plupart que lorsque le livre est rogné pour vérifier s'il est bien d'équerre; s'il ne l'est pas, on le reprend, si peu qu'il faille en enlever pour le redresser, on diminue toujours sa marge. Ne vaut-il pas mieux tracer à l'équerre avant de rogner, que de s'exposer à rogner deux ou trois fois? Mais parmi les ouvriers, on attache une sorte de déshonneur à se servir d'instrumens qui précisent les opérations, et l'on perd souvent beaucoup plus de temps à rectifier les bévues, qu'on en aurait employé à bien prendre ses mesures.

[20] *Page 36, vers 20.*

L'autre que le blanc d'œuf n'est bon pour la dorure
Que réduit à l'état de putréfaction.

Quelques anciens ont avancé que plus le blanc d'œuf est vieux, plus il est propre à la dorure, et comme la plupart des ouvriers poussent tout à l'extrême, il y a des gens qui en conservent en bouteilles pendant six ou huit mois et plus; c'est une infection quand on les débouche. Si par hasard on en cassait une dans l'intérieur d'une maison, on parviendrait bien difficilement à chasser la mauvaise odeur que cela y répandrait. Les gens qui ne sont pas accoutumés à toujours voir par les yeux des autres, se sont aperçus que le blanc d'œuf, bien séparé du jaune, bien battu et clarifié pendant deux ou trois jours, valait le vieux blanc d'œuf pourri recommandé essentiellement pour la dorure sur tranche ; mais il y a encore de vieux maniaques, et même des jeunes gens, qui seraient bien fâchés de se servir de nouveaux blancs d'œuf, persuadés qu'ils sont que les anciens ne pouvaient pas se tromper.

L'erreur en vieillissant passe pour vérité.

C'est ainsi que l'on s'est imaginé que le carton anglais et le cuir de Russie préservaient les livres de l'attaque des vers ou des mites ; une première impression ne s'efface jamais bien. Sans doute les reliures anglaises sont moins attaquables aux vers que ne le sont les nôtres ; mais elles doivent cet avantage bien moins au carton qu'à la colle-forte. Je suis porté à croire qu'il en est de même des bonnes reliures faites en Russie ; car je suis obligé d'avertir que j'ai vu des livres reliés en cuir de Russie qui étaient attaqués des vers. Tant que nous nous servirons de colle de pâte, les préservatifs extérieurs seront inutiles. Nous renfermons l'ennemi en dedans ; la colle mise en abondance sur les dos, la colle que nous forçons même de pénétrer dans les cahiers, y introduit le principe qui donne la vie aux insectes destructeurs. Je ne puis trop le répéter, employons la colle-forte à tout ce qu'elle pourra être employée.

[21] *Page* 37, *vers* 11.

Imitez, s'il se peut, la reliure hollandaise ;
Elle n'est point grecquée, et pourtant s'ouvre à l'aise,
Craint peu l'humidité, ni le ver ennemi ;
Par un simple travail le dos est affermi.

La reliure hollandaise diffère en tout des reliures françaises et étrangères; sa description ferait un traité à part qui pourrait être assez considérable. Son principal mérite réside dans la couture; et, comme je l'ai adopté pour ma méthode de perfectionnement, il est inutile de dire ici ce que je ne pourrais me dispenser de répéter ailleurs. (Voyez le mémoire à la fin des notes.)

[22] *Page 38, vers 7.*

>Fuyez ces amateurs dont l'insigne lésine
>Ne semble spéculer que sur votre ruine.
>Quand dans un seul volume ils peuvent réunir
>Ce qu'en six avec peine on ferait contenir,
>Ils le font; et je crois que, par économie,
>Ils feraient réunir une encyclopédie.

L'habitude qu'ont prise beaucoup d'amateurs de faire réunir plusieurs volumes ensemble, est extrêmement préjudiciable à la bonne confection de la reliure. Dans le commencement de cette méthode, les ouvriers, qui réunissaient rarement plusieurs volumes en un seul, ne firent pas de différence pour le prix de la reliure; les particuliers s'aperçurent qu'ils y gagnaient beaucoup, et firent souvent réunir. L'ouvrier, à son tour, s'apercevant qu'il ne gagnait pour ainsi dire rien, n'apporta plus autant de soins à ses ouvrages, et prit par la suite l'habitude de ne rien soigner. Les gens injustes feignirent de croire qu'il n'en coûte pas plus à l'ouvrier en temps et dépenses pour réunir deux ou trois volumes en un seul, et ne voulurent rien ajouter au prix. Qu'ils sachent que, quand on veut travailler solidement, la dépense et les soins qu'il faut apporter à l'ouvrage font une différence considérable; et que, si un particulier débourse un franc de plus pour faire réunir deux volumes ensemble, ce qui porte une reliure de 2 fr. 50 c. à 3 fr. 50 c., l'ouvrier honnête et curieux de son ouvrage n'y gagne rien; tout le bénéfice est du côté de l'amateur qui, par cette réunion, économise toujours la moitié du prix d'une reliure.

Tandis que nous passons en revue les causes de la décadence de l'art, il ne sera pas déplacé de divulguer aux amateurs un monopole qu'exercent certains libraires, qui est également préjudiciable aux amateurs, aux ouvriers, et à la reliure en général.

Il n'est pas déplacé, il est même très raisonnable que le libraire bénéficie sur les reliures qu'il fait établir pour son magasin. Ce sont des fonds qu'il avance, et tous fonds avancés doivent profiter; mais à ce bénéfice honnête, beaucoup de libraires en joignent un qui, selon moi, n'est pas très délicat pour une classe d'hommes qui, par son état, semble être au-dessus des autres classes marchandes. Expliquons-nous donc sans détours, au risque de déplaire à bien des gens qui ne me plaisent guère. Certains libraires proposent avec empressement et d'un air désintéressé, aux amateurs, de leur faire relier leurs livres aux mêmes prix qu'ils paient. Ce sont rarement de grands amateurs qui acceptent ces offres qui, bien qu'obligeantes, sont toujours tant soit peu suspectes; mais les faibles amateurs s'y laissent prendre facilement. Le libraire se charge donc de faire relier trois ou quatre cents volumes pour un ou plusieurs amateurs : s'il peut y gagner de quinze à vingt-cinq centimes ou même davantage par volume, suivant la beauté des reliures, il le fait, tout en assurant qu'il ne gagne rien; mais ce qu'il y a de plus fort, c'est qu'il y a de ces gens qui cèdent les reliures à meilleur compte qu'ils ne les paient aux relieurs, et qui cependant y gagnent encore. Cela paraît extraordinaire; mais voici comment :

En livrant l'ouvrage aux amateurs, le libraire en reçoit le prix; et, ne comptant avec les relieurs qu'au bout de cinq ou six mois, il leur fait encore des billets de six, huit, dix mois, et même plus longs encore ; l'intérêt de l'argent, fût-il son seul bénéfice, il gagnerait beaucoup s'il faisait faire régulièrement pour 1,000 à 1,200 liv. de reliures par mois; un libraire adroit, c'est-à-dire un intrigant, pourrait avoir annuellement dans les mains dix à douze mille fr. qu'il ferait fructifier dans son commerce au détriment de pauvres ouvriers qui, pour avoir de l'argent en échange de ces longs billets, sont obligés de s'adresser à d'honnêtes escompteurs qui ne leur prennent, au terme moyen, que 18 à 20 pour 100 d'escompte; c'est à-peu-près le prix que demandent aux ouvriers quelques éhontés, qui leur proposent de leur escompter sur-le-champ les billets qu'ils viennent de leur faire. Ne sont-ce pas là des vampires qui s'engraissent de la sueur des malheureux ? Lecteurs, vous pensez peut-être que j'exagère; demandez aux relieurs, ils vous diront que je n'ai pas encore tout dit.

Que s'ensuit-il de là? que le relieur, loin de gagner sur son ouvrage, y perd souvent plus que le libraire n'y gagne, et que ceux qui travaillent pour ces sortes de gens, sabrent l'ouvrage, le font en dépit du bon sens, traînent et terminent toujours leur vie misérablement; que les amateurs ont des reliures qui font pitié, et qu'ils auraient eu meilleures s'ils eussent pris la peine de s'adresser directement à des relieurs. Je sens que je me suis un peu trop étendu sur cet article, et cependant je dois dire que ce n'est pas ma cause que j'ai défendue; mais bien celle des amateurs et de mes confrères, qui se tromperaient fort s'ils croyaient que ce que je dis est dans la vue d'envahir beaucoup d'ouvrage; je leur déclare que je n'en ai jamais manqué, sans jamais en avoir quêté; et quant aux personnes qui seront étonnées que je m'explique si ouvertement, tant sur les libraires que sur les ouvriers de mon état, je dois leur apprendre moi-même un secret, que ne manqueraient pas de divulguer et de répandre dans le public quelques charitables confrères, c'est que, n'ayant jamais eu aucun maître, n'ayant point fait d'autre apprentissage que chez moi, je n'ai jamais travaillé chez aucun relieur, et que, par conséquent, je ne suis lié d'intérêt ni d'obligation avec aucun d'eux. Quant aux libraires, il n'en est pas ainsi; je travaille pour tous ceux qui veulent bien me donner de l'ouvrage; mais le peu de libraires pour lesquels je travaille sont des hommes probes, judicieux, qui me paient bien et de bons prix, qui ne me font faire que des ouvrages soignés, et qui enfin ne sont pas du tout de la classe de ceux que j'ai esquissés plus haut.

[23] *Page* 39, *vers* 21.

Quand au secours du mien j'appelle tous les arts,
En foule je les vois venir de toutes parts.
Oui, je crois qu'à l'envi chacun veut m'être utile,
Pour un seul que j'invoque il s'en présente mille.
Depuis le tisserand jusques au bijoutier,
A contribution je mets chaque métier.

Les arts utiles à celui du relieur sont sans nombre; il me serait difficile de les nommer tous; je vais cependant essayer d'inscrire ici ceux qui me paraissent lui être plus particulièrement utiles. Le menuisier proprement dit, et le menuisier mécanicien, le serrurier, le taillandier, le tailleur de pierre, le marbrier, le mécanicien en métaux, le cordier, le tisserand, le papetier, le cartonnier, le parcheminier, le tanneur, le corroyeur, le maroquinier, le passementier, le fabricant de papier marbré, uni et maroquiné, le fabricant de couleurs, le batteur d'or, le fondeur, le tourneur, le graveur en cuivre, le graveur en bois, le bijoutier; voilà plus de vingt arts qui sont d'une nécessité absolue pour celui du relieur; parmi eux il en est dont il est indifférent de connaitre les procédés d'exécution ; mais il en est qu'il est important de connaître ; je suis assez de l'avis de Lalande, qui dit dans quelque endroit, qu'il faudrait pour bien faire que les artistes prissent au moins quelques connaissances sur la fabrication des matières premières qu'ils emploient, il ne tomberaient pas aussi souvent dans des erreurs qui leur sont quelquefois bien préjudiciables.

²⁴ *Page 41, vers 11.*

Imitez donc le beau, le bien fait, le durable ;
Pour ce qui n'est pas bien, montrez-vous intraitable.
Ajoutez, j'y consens, à la solidité ;
Mais le genre en tout point veut être respecté ;
Jamais il ne permet qu'en rien on ne l'altère.

On trouvera, sans doute, mon opinion un peu outrée ; mais les amateurs curieux seront de mon avis, quand ils considéreront que, lorsqu'ils font faire des reliures, soit anglaises, hollandaises, allemandes, italiennes ou espagnoles, surtout quand ce sont des livres étrangers qu'ils font relier, il serait plus agréable que ces reliures portassent un caractère national, pour que leur illusion fût parfaite ; il faudrait qu'un étranger pût s'y méprendre ; mais je suis en même temps d'avis que c'est une grande folie de vouloir copier les étrangers dans leurs défauts même, dans la reliure de livres français ; par exemple, les Anglais ne parent point ou parent très peu leurs peaux en général. Au travers de la garde collée sur le carton, on aperçoit souvent les contours très inégaux qu'elle y empreint ; ces bosses que forme le cuir font un effet très désagréable. J'approuverais, j'exigerais même ce défaut dans une reliure faite sur un livre anglais qui soutiendrait son caractère dans la dorure, dans le marbre, la disposition des nerfs et des étiquettes, dans toute sa façon en général ; mais sur un livre français, cela me semble très déplacé. Quant à ce vilain effet que les Anglais laissent faire à leurs peaux, lorsque quelques amateurs délicats le remarquent dans les ouvrages des ouvriers français, s'ils s'en plaignent, ceux-ci répondent gravement : c'est le genre anglais, les Anglais font ainsi, les Anglais ne font pas autrement; sottise à laquelle il semble qu'il n'y ait rien à répondre. Il serait tout-à-fait ridicule d'imiter une reliure étrangère, jusque dans sa mauvaise confection; car de tel genre que soit une reliure, il est possible de la rendre solide et de lui conserver un caractère national. Les reliures étrangères diffèrent entre elles, pour la plupart, par la dorure, les marbres; d'autres se reconnaissent à la manière d'endosser, aux mords, à la division des nerfs ou des filets, si ce sont des reliures simplement à la grecque. Il faudrait être bien faible connaisseur pour ne pas reconnaître les reliures anglaises, hollandaises, allemandes, italiennes et espagnoles, à la seule inspection des dos; un véritable amateur s'y trompe rarement.

C'est ici le lieu de faire mention des cartonnages allemands, qu'en France on nomme à la Bradel, parce que Bradel fut un des premiers relieurs qui se mit à en faire, et parce qu'il les fait assez bien quant à l'extérieur. On peut dire des cartonnages allemands ce qu'Ésope disait des langues : *Rien n'est meilleur et rien n'est plus mauvais.* En effet, un cartonnage bien fait conserve le livre dans toute sa pureté, il est simple; mais il a quelque chose d'agréable, d'élégant même; mal fait, il est extrêmement préjudiciable au livre. Je vais essayer de donner une idée de ce que doit être un bon cartonnage.

L'unique but d'un cartonnage allemand ou français non rogné est de conserver le livre dans le même état que s'il avait été simplement broché; c'est-à-dire, qu'en supprimant le cartonnage on puisse y substituer telle reliure que l'on juge à propos, sans qu'il reste d'apparent ni de caché aucune trace du cartonnage. Il a encore pour objet de pouvoir placer convenablement le livre dans une bibliothèque, et de le pouvoir lire ou consulter au besoin.

Ce but est donc absolument manqué, si l'on n'apporte pas à ce cartonnage tout le soin qu'il exige; car si, parce que ce n'est qu'un cartonnage, on ne se donne pas la peine de plier ou replier le livre aussi scrupuleusement que si l'on avait l'intention de le bien relier, et que, pour le coudre, on le grecque, il arrive que, quand on veut relier le livre en définitive, après l'avoir replié avec attention, il se trouve souvent des marques de la grecque apparente sur la marge du fond; de plus, le livre devient plus court tant en tête qu'en queue. Quand pour le lire il a été coupé par l'amateur, l'ajustement des encars les uns dans les autres et des chiffres sur les chiffres occasionent ce désagrément, qui entraîne dans un autre non moins préjudiciable au livre; c'est que les feuilles étant très inégales entre elles, on est obligé de rogner quelquefois beaucoup plus qu'on ne l'aurait fait en reliant le livre primitivement, et s'il n'avait pas été mal cartonné. Je passe encore une infinité de désagrémens qu'un mauvais cartonnage occasione; le plus grand est la multiplicité des grecques qui jamais ne se trouvent aux places requises. Il en est de même du placement des figures; elles doivent être pliées, émargées et placées avec le même soin que si on reliait le livre en définitive. Quant à la batture, elle ne peut être faite qu'en proportion du laps de temps qui s'est écoulé depuis l'impression. Une chose très essentielle par exemple, et qui est trop souvent négligée, c'est l'ébarbage; on ne doit ébarber un livre que l'on cartonne, que jusqu'à la bonne marge et même laisser une ligne ou deux de fausse marge, si la dimension du papier le permet. On voit par cet exposé qu'un cartonnage exige beaucoup de temps et de soins, et que, mal fait, il est très préjudiciable à la conservation intacte du livre. Je serais donc d'avis qu'on ne grecquât pas les livres que l'on cartonne ainsi ; je conseillerais même de les coudre comme on coudrait une brochure où l'on voudrait faire cinq ou six chaînettes. J'en ai fait ainsi qui étaient très solides et qui s'ouvraient incomparablement mieux que tous ceux faits par d'autres procédés, sans même en excepter les véritables cartonnages allemands. *

Ce genre de reliure, tant en vogue, a considérablement dégénéré du côté de la solidité et de l'agrément. Les envieux de Bradel ont perdu ce genre qui certes est cependant recommandable. Je ne puis me dispenser de faire encore un reproche au commun des ouvriers qui font ces sortes de cartonnages : les Allemands négligent, pour la plupart, d'amincir sur les bords et de battre la portion de carte qui forme le faux dos, et qui est collée en dedans des cartons. Le cartonnage terminé présente tout le long du mords en dedans une épaisseur surabondante déjà désagréable à l'œil, et plus désagréable encore en ce que cette épaisseur se loge dans celle du livre et paraît souvent à trois ou quatre cahiers. Les ouvriers français, à leur imitation, ont la même négligence pour cet article, et se gardent bien de copier les Allemands dans ce qu'il y a de bon, de bien fait dans ce genre de reliure ; je veux parler de cette jolie rainure qui règne en dehors du

---

* C'est aussi de cette manière qu'il faut coudre les reliures molles ; cette espèce de reliure ne se fait guère que sur des livres extrêmement minces, que l'on veut porter en voyage. On y emploie, en place de carton, une seule épaisseur de veau ou de basane, et l'on recouvre le livre d'une peau de veau, comme on fait des autres reliures. Cette reliure est très simple, et peut être roulée au besoin comme un cahier de papier. Courteval y réussit très bien, et peu d'ouvriers ont su l'imiter.

livre le long du mords; la profondeur de cette rainure doit
être égale à l'épaisseur du carton, le papier y doit être collé
jusqu'au fond, et non pas comme dans la plupart de nos cartonnages, pouvoir être crevé en y appuyant la moindre chose.
Encore une fois, imitons l'étranger dans ce qu'il fait de bien,
d'élégant, de solide; mais ne copions ses défauts que sur des
reliures de livres étrangers.

[25] *Page* 41, *vers* 25.

Tout semble beau, tout plaît et dans la nouveauté,
Ce qu'on méprise ensuite est bien cher acheté.

Nous en avons une preuve toute récente. Un inventeur s'é-
tait ingéré d'adapter à la reliure un procédé appartenant autant à la ferblanterie qu'à la tabletterie. Il vernissait des reliures qu'il faisait sécher au four ou dans une étuve. Ce
procédé parut une découverte importante aux amateurs de
nouveautés; mais bientôt on s'aperçut que ces reliures très
raides, dépourvues de toute élasticité, se cassaient principalement dans les mords. Le charme que l'on trouvait dans la
dorure qui, toute recherchée qu'elle paraissait être, était à
mon avis très grossière, ce charme, dis-je, disparut; on
abandonna presque aussitôt cette reliure et on laissa son inventeur vernir ses porte-mouchettes, ses lampes et ses pla-
teaux. Aujourd'hui presque tous les bons ouvriers vernissent
leur reliure; le vernis qu'on emploie le plus communément,
a pour base la gomme laque et l'alcohol; mais ce vernis donne
à la dorure une teinte rougeâtre, surtout quand il est trop
épais ou employé en trop grande abondance; il déplaît même
à certains amateurs quand les livres ont l'aspect d'une taba-
tière vernie; ils aiment que leurs livres soient propres et bien
polis, ils aiment même qu'ils soient vernis, parce qu'ils sont

moins susceptibles de se ternir; mais ils n'aiment pas un brillant qui leur semble ne pas devoir appartenir à la reliure.

Il en fut presque de même à l'égard des reliures en papier maroquiné que souvent on faisait dorer sur tranche, tandis que maintenant elles sont presque oubliées, méprisées même de ceux qui aiment le solide et le vrai beau; on n'emploie plus guère ce papier que pour des cartonnages; ce n'est pas qu'il n'ait son agrément quand il est bien travaillé. Presque tous les papiers maroquinés, excepté celui de Strasbourg, se dorent mal. Il est difficile de concevoir la négligence des fabricans de la capitale qui, à ce qui paraît, n'ont pas seulement cherché à imiter ce papier qui se dore aussi bien que le maroquin, et qui a la propriété de pouvoir être lavé avec une éponge médiocrement imbibée d'eau, si par malheur il s'y est fait quelques taches en l'employant, ou en le dorant, et de reprendre, étant sec, son éclat primitif.

Page 41, *vers* 28.

De Delorme fuyez la méthode perverse,
Pour imiter l'Anglais, par trop d'ambition,
Il ne put conserver sa réputation.
Son affreux procédé détruisit plus d'un livre.

Delorme, contemporain de Pasdeloup et de Derome, s'était ingéré, à l'imitation de quelques mauvais ouvriers anglais, de rogner les livres par le dos, de les enduire de colle forte, et de se dispenser par là de les coudre; son but était, je crois, de rendre le livre égal d'épaisseur sur tous les points. L'intention était bonne, excellente même, mais le résultat était très mauvais; heureusement que ce procédé n'a pas été adopté, car il aurait entraîné la ruine de quelques milliers de livres précieux. Il est trop vrai qu'en copiant servilement les étrangers on s'égare; les Bozérian le jeune, les Courteval en sont une preuve évidente, et plus encore ceux qui sont venus après eux; les Simier et Thouvenin, pour avoir cherché à calquer les doreurs anglais, sont tombés trop souvent dans le gothique; la seule chose qu'il y avait de bon à copier dans leur reliure, c'était la bonne façon des mords et la justesse des filets, des encadremens; quant au reste, ils ont une reliure nationale; ayons la nôtre aussi, ne sommes-nous pas Français?

²⁷ *Page 42, vers 10.*

Qui pour le démontrer souvent ne le sait point.

Il y a d'excellens ouvriers qui sont incapables d'enseigner, de démontrer leur art; il y en a d'autres qui démontrent mieux qu'ils n'exécutent eux-mêmes; ceux qui réunissent les deux qualités sont très rares. Les frères Bozerian sont ceux qui paraissent avoir été jusqu'ici les plus habiles dans l'art d'enseigner; car presque tous les bons ouvriers en réputation sont sortis de chez eux, et surtout de chez Bozérian le jeune, qui démontrait très bien et très patiemment son art, quand il le voulait.

²⁸ *Page 42, vers 21.*

Ayez soin de citer à propos devant eux
Les ouvrages, les noms des ouvriers fameux.

Les ouvriers distingués se sont multipliés et par conséquent les beaux ouvrages le sont aussi. On peut cependant citer comme des reliures remarquables pour le temps, la patience qu'ils ont nécessités, les dépenses qu'ils ont occasionées, le beau Polybe de première édition, relié par Bozerian le jeune, pour les MM. Debure, qui a passé dans la bibliothèque de M. Firmin Didot; les Décrétales reliées par Thouvenin pour M. Chardin; plusieurs exemplaires de divers formats du Paul et Virginie, reliés par ce dernier; quelques beaux livres mis aux expositions de 1819 et 1823, par Simier et Thouvenin, dont on trouve la liste dans les catalogues des expositions.

[29] *Page* 43, *vers* 27.

> Mais l'artiste aurait tort de s'armer d'un scrupule,
> Qui même aux gens sensés paraîtrait ridicule.

Je ne sais si cette dernière période du second chant paraîtra une capucinade, comme elle a paru l'être aux yeux de quelques personnes; mais je crois que, sans faire le capucin, on peut ne pas aimer à relier les livres obscènes, et que fût-on même un peu plus que dévot, il y aurait du ridicule à refuser de se charger des objets d'arts, tels qu'ils soient.

NOTES DU TROISIÈME CHANT.

[30] *Page* 45, *vers* 11.

> Voulez-vous voir un jour admirer vos reliures
> Par vos contemporains? que les races futures
> Citent encore vos noms, et que, dans trois cents ans,
> L'amateur curieux admire vos talens;
> Entre tous vos rivaux avoir la préférence?
> N'épargnez pas les soins, le temps, ni la dépense.

J'ai ouï dire qu'un célèbre artiste a pour opinion que la durée d'une reliure doit être la même que celle de la vie de l'ouvrier qui l'a établie ; je me garderai bien de nommer cet artiste qui, d'ailleurs, jouissait d'une réputation méritée, parce que, d'abord, je ne me permettrai jamais de personnalités préjudiciables à qui que ce soit ; ensuite, c'est que je crois qu'il n'est jamais prudent de saper l'idole du public, et surtout une idole colossale. Ce qu'il y a de malheureux, c'est que cette opinion est celle qui prévaut maintenant, non-seulement dans la reliure, mais encore chez les ouvriers en général ; si cette mauvaise opinion avait été reçue dans tous les temps, les livres anciens, déjà très rares, le seraient encore davantage ; et il y a tout à présumer que nous n'en posséderions pas du quinzième siècle ; en effet, trois cent soixante ans se sont à peu près écoulés depuis l'invention de l'imprimerie : en accordant à chaque ouvrier soixante à soixante-dix ans d'existence, en admettant qu'il aurait exercé son art trente-cinq ou quarante ans (ce qui n'est guère probable), les premiers livres imprimés auraient été reliés neuf ou dix fois au moins ; et, pour peu qu'ils aient passés, deux ou trois fois seulement, par quelques mains maladroites, à coup sûr il ne nous en serait pas parvenu avec des témoins et aussi bien conservés qu'on en rencontre quelquefois. S'il en était ainsi, que deviendraient nos pauvres éditions, la plupart imprimées sur du papier quatre fois plus mince que celui des éditions anciennes ? Je doute fort qu'elles parviennent au vingtième siècle. Heureusement tous les anciens ouvriers ne pensaient pas ainsi, et les livres que leurs reliures nous ont conservés nous le prouvent évidemment ; ils apportaient au contraire tous leurs soins à la conservation des livres et à la solidité des reliures.

Plus on remonte vers l'origine de l'art, plus on trouve de solidité ; en ces temps presque tous les libraires étaient aussi relieurs, ils avaient généralement de l'instruction, et par conséquent cherchaient à conserver à la postérité les chefs-d'œuvre d'un art destiné à augmenter et étendre les connaissances humaines. J'ai vu des manuscrits reliés dans les siècles antérieurs à l'imprimerie, et même des livres du quinzième siècle, pour lesquels on avait porté la précaution jusqu'à garnir chaque cahier, à l'extérieur ou à l'intérieur, et quelquefois à l'un et à l'autre, d'une bande de parchemin à-peu-près de la largeur d'un doigt, afin qu'à l'intérieur les fils ne coupassent pas le papier, et qu'à l'extérieur le grattoir, le frottoir n'usassent pas les premiers feuillets de chaque cahier, comme il est inévitable, quand on ne se sert pas avec modération de ces dangereux outils, et surtout du grattoir qui, comme je l'ai dit à son article, est armé de dents aiguës, qui, en passant avec force sur le dos du livre, arrachent, écorchent ou usent au moins les feuillets des livres, et par cela seul les conduit à leur destruction. Ils garnissaient aussi les livres de coins en cuivre, de bossettes et de clous de même métal, afin que la reliure ne frottât pas sur les tables ou pupitres; ils y mettaient enfin des fermoirs pour que la poussière ne pénétrât pas à l'intérieur. J'ai vu de très gros livres sous lesquels on avait mis des roulettes; cette méthode était excellente, mais aujourd'hui que les livres sont bien moins pesans qu'autrefois, elle est devenue presque inutile. Je serais cependant d'avis qu'on en usât encore pour les grands in-folio, dont le cuir, tel fort qu'il soit, est bientôt totalement rongé sur les bords de la queue. Le sentiment des amateurs est bien partagé sur la préférence que l'on doit accorder aux reliures anciennes et modernes que tel ou tel amateur prise plus ou moins, suivant qu'il préfère l'un ou l'autre genre. Il n'en est pas de même des ouvriers, en général ils préfèrent le genre de leur temps; ils n'ont pas assez souvent sous les yeux des objets de comparaison, et d'ailleurs la plupart dédaignent de s'arrêter à ces détails. Quant à moi, sans entrer dans aucune discussion à ce sujet, je me contenterai de dire ce que j'en pense. Je ne crois pas plus à l'infaillibilité des anciens qu'à celle des modernes, je suis autant admirateur des anciens que je dois l'être; je veux dire que je leur accorde ce qui leur est dû, et ne suis pas de ces gens qui vantent incessamment le temps passé, et l'élèvent au détriment de celui dans lequel ils vivent : ce raisonnement, il me semble, tient plus souvent au radotage qu'à l'esprit. Je dirai donc que l'on reliait très bien autrefois, qu'on relie encore fort bien aujourd'hui quand on veut en prendre la peine, et que, si les anciens eussent ajouté à la solidité de leurs reliures la magnificence des nôtres, je doute fort que nous les ayons, non-seulement surpassés, mais même atteints. Ajoutons donc, nous, à notre élégance leur solidité; et bien que les arts aient sans doute encore à gagner dans les siècles à venir, celui de la reliure ne pourra que rester au point de perfection où nous l'aurons porté, quant à la solidité.

Mais comment parvenir à cette perfection? quand toutes les passions s'y opposent, quand la jalousie, la cupidité et surtout la nonchalance font que la plupart des ouvriers accélèrent l'ouvrage au point de négliger, ou même de ne point faire les opérations les plus essentielles ; c'est surtout pour les livres anciennement reliés, et que l'on fait relier de nouveau, que l'on apporte quelquefois une lésine qui leur est très préjudiciable. Il y a des gens qui, pour avoir plus tôt fait, en s'exemptant les trois quarts de façon, se contentent, pour ces sortes d'ouvrages, de changer les cartons, les gardes, de dorer la tranche ou la mettre en couleur, et recouvrent ensuite sans prendre la peine (bien que souvent les nerfs se trouvent en mauvais état) de démonter les livres, les rebattre, les presser, les coudre. Si ce sont des livres à nerfs grossiers, comme ceux qu'on faisait autrefois, pour ne pas conserver à ces reliures un caractère trop ancien, ils fendent les fils qui recouvrent ces nerfs, en extirpent les ficelles, rabattent, collent ces fils sur le dos, font tenir tout ce galimatias à force de colle-forte, de grattoir, de frottoir, de parchemin, de toile, et font disparaître toutes les sinuosités que produit un tel travail par une forte carte ou faux dos garni de faux nerfs, c'est-à-dire, qu'à quelque chose de bon ils substituent ce qu'il y a de plus mauvais; ils y font ensuite une dorure élégante et mettent impudemment leurs noms sur de tels ouvrages : mais ces gens ne pensent pas que tout doit avoir un terme, que rien n'est indestructible, et qu'enfin il viendra un temps où il faudra relier ces livres de nouveau. Que diront les ouvriers du temps ? ne se riront-ils pas de nous, à bon droit, d'avoir été dupes de tels charlatans? c'est cependant ce qui doit à coup sûr arriver. Les bibliothèques publiques, ces monumens éternels de la magnificence des souverains, seront peut-être les premières à offrir ces objets de dérision. Mais pourquoi gémir sur ce qui arrivera, puisque ce n'est que la répétition de ce qui arrive tous les jours. Delorme nous offre une preuve évidente qu'une infinité d'artistes, travaillent d'abord à se faire un renom, en fascinant les yeux du public par un luxe, par des dehors éclatans, font bien d'abord et se négligent ensuite quand ils savent que le public a mis en eux une confiance aveugle; mais si cependant des gens qui aiment à examiner les choses de près viennent à s'apercevoir des négligences, des gaucheries, des lésineries de ces artistes prônés en tous lieux, alors le charme disparaît, le voile se déchire, et ces réputations colossales tombent, ou plutôt s'écroulent avec fracas avec ceux qui les avaient si injustement acquises : heureux si elles ne meurent pas avant eux, car alors le mépris succède à l'admiration. Ces hommes, qui pendant quelque temps, réunissant tous les suffrages, avaient été en quelque sorte divinisés, n'excitent plus qu'un rire sardonique qu'inspirent des charlatans; l'espoir d'une renommée indéfinie s'éteint; bafoués de leurs contemporains, ils n'emportent dans le tombeau que les regrets de n'avoir pas mieux fait lorsqu'ils pouvaient mieux faire.

[31] *Page 46, vers 1.*

Un livre sur tous sens doit se trouver d'équerre,
En tête, en queue, au dos, aux mords, à la gouttière.

C'est la chose la plus difficile, et celle à laquelle les ouvriers pour la plupart réussissent le moins. Pour qu'un livre soit parfaitement rogné d'équerre, il faut apporter une infinité de soins aux opérations préalables à celle de la rognure; il y en a même que l'usage seul peut apprendre; c'est surtout de la facture des mords que dépend la majeure partie du succès.

[32] *Page 46, vers 9.*

Ou pour utiliser leurs talens trop gothiques,
Ne donnez à ces gens que des livres classiques.

Je suis loin de conseiller de ne pas soigner les livres classiques; ces sortes de reliures sont même trop négligées. A en juger par leur mauvaise confection, on croirait que les libraires en paient le prix à regret, ou que les relieurs sont payés pour les mal faire, afin que, les livres durant moins long-temps, ils en vendent davantage. C'est surtout du côté de la couture qu'elles sont le plus maltraitées. Quant à l'embellissement, elles n'en ont pas besoin; et pour ces livres on peut se borner à l'utile. Je suis loin d'être maniaque, ni anglomane, mais j'approuve fort les reliures que font les Anglais à beaucoup de leurs livres classiques ; non parce que ce sont les Anglais qui le font, mais parce que je trouve que cela est bien ; ils les couvrent assez ordinairement d'une toile enduite de colle forte, ou plutôt d'une espèce de cirage; cette reliure, assez laide d'ailleurs, convient bien aux livres classiques ; elle les soutient assez, elle est souple et peut facilement supporter tous les efforts qu'il plaît aux enfans de leur faire supporter. Quelques Lycées de France ont adopté cette méthode ; on a même perfectionné la méthode anglaise en coupant les quatre angles des cartons : cela fait, qu'en tombant, la reliure s'écorne moins. Je préférerais cependant que les coins fussent arrondis en quart de cercle plutôt que coupés carrément ; mais cette reliure n'est bonne qu'autant que le livre est cousu solidement. Ma méthode de perfectionnement, trop dispendieuse pour tous les livres classiques, pourrait être adoptée pour les dictionnaires qui, par ce moyen, pourraient suffire à un jeune homme pour toutes ses études, tandis que, périssant par la mauvaise confection de la reliure, les parens sont obligés de les renouveler souvent.

[33] *Page* 47, *vers* 11.

Séparez les feuillets bien net, soigneusement,
Repliez chaque enquart après séparément;
Inquiétez-vous peu comment ferait un autre :

Que de gens me gloseront sur cette double façon qui tient quatre fois plus de temps que de plier simplement comme on le pratique habituellement, mais que ceux qui trouveront mon moyen ridicule s'examinent eux-mêmes impartialement; ils se convaincront qu'on ne parvient jamais à plier une feuille parfaitement juste ; il n'y a pas d'autre moyen, je ne dis pas pour arriver à la perfection (on ne l'atteindra jamais dans cette partie), mais pour faire autant bien qu'il est possible. C'est plus particulièrement encore dans les livres en papier fort qu'il est impossible de bien réussir. Cependant comme cette main-d'œuvre est très dispendieuse par le temps qu'elle demande, et qu'il serait ridicule de la part d'un amateur de l'exiger pour un ouvrage d'un prix ordinaire, je conseille de la mettre au moins en usage pour les premiers cahiers des livres, quand le titre et le faux titre font corps avec lui; sans cette précaution il est impossible de s'assurer de la bonne pliure du titre.

54 *Page 47, vers 21.*

Du titre égalisez la tête sur le livre.

Le cadre du titre est toujours, ou doit être le même que celui du livre auquel il appartient. En le pliant juste, en ajustant la tête sur celle du livre, dût-il ne pas être rogné de la queue, ou n'être qu'effleuré de la tête, on est sûr de l'unité de la marge : j'ai cependant vu des ouvrages dont le cadre du titre est beaucoup plus grand que celui du livre, mais le nombre en est très petit, et cela peut passer pour une maladresse d'imprimeur; avec tout le talent possible le relieur ne peut jamais donner de la grâce à son livre. Pour avoir une idée du désagréable effet que cause ce défaut, il suffit à l'amateur curieux de voir les diverses éditions du Code de Commerce, imprimé aux archives du droit français, chez Clament frères. Les Allemands tombent très souvent dans ce défaut; les Anglais, au contraire, rétrécissent les titres; en France, où certaines gens portent tout à l'extrême, et adoptent facilement une méthode bonne ou mauvaise quand elle vient de l'étranger; quelques imprimeurs ont fait les titres de certains livres si étroits qu'ils en sont extrêmement ridicules, et je puis dire que généralement les titres sont mal tirés, principalement quand ils ne font pas partie de la première feuille, et que, si la pliure des titres est la chose à laquelle manquent tous les relieurs, leur bonne confection est celle à laquelle manquent tous les imprimeurs. Il y a des titres si mal imprimés qu'il est impossible de les bien plier et de faire concorder ensemble le faux titre; et le titre de telle manière qu'on s'y prenne, l'un ou l'autre se présente toujours de travers, à moins qu'on ne se donne le soin de le couper dans le fond, et de le redresser à l'équerre, en fixant une des branches de celle-ci sur la ligne la plus longue du titre et du faux titre.

[35] *Page 49, vers 21.*

> L'ouvrier, attentif à dresser sa battée,
> Cinq ou six fois au moins veut qu'elle soit coupée,
> Pour unir le foulage, et que chaque feuillet,
> D'un marteau frappé droit ressente bien l'effet.

Les livres bien battus présentent de grands avantages, tant pour l'amateur que pour l'ouvrier; mais ces avantages sont méconnus de la plupart des relieurs qui y gagnent cependant beaucoup. Ils sont généralement mieux faits. L'ouvrier qui bat bien ses livres retrouve sur l'emploi du cuir dont il les recouvre, et sur celui de l'or, un dédommagement considérable pour le temps qu'il a passé en plus. Toute la manutention est plus facile, et les livres terminés en ont infiniment plus de grâce. La batture est une des opérations les plus essentielles de la reliure; un livre mal battu ne se relie jamais bien, et pour avoir lésiné sur une seule opération, toutes les autres deviennent plus difficultueuses, surtout la rognure de la gouttière qui se berce difficilement, très inégalement même, et fait souvent des sauts, surtout quand quelques cahiers sont lissés par l'effet du marteau, ce qui arrive toujours quand on a battu sans gardes. Peu d'ouvriers veulent s'assujettir à cette précaution qui est le seul préservatif contre le lissage ; cela leur paraît beaucoup plus long, en ce que par pure lésine presque tous les maîtres ne font mettre qu'une double feuille de papier dessus et dessous la battée, dans laquelle double feuille il faut, pour la rendre invariable, encarter le premier et le dernier cahier, et que l'on est obligé de recommencer cette opération à chaque fois que l'on coupe la battée ; aussi les bons ouvriers, pour accourcir cette main-d'œuvre, font de petites battées et souvent ne les coupent pas : alors dans un livre de quarante cahiers, il n'y a que six ou huit cahiers qui se ressentent bien de l'effet du marteau. Il est cependant facile de remédier à tous ces inconvéniens, en plaçant dessus et dessous la battée un cahier entier de papier blanc, de quatre ou même de huit feuillets encartés les uns dans les autres ; ces cahiers se tiennent aussi fermes que ceux du livre ; ils n'apportent aucun retard à la batture, et l'on peut les utiliser pour les gardes des livres en les renouvelant toutes les fois qu'on a battu trois ou quatre volumes. Je dois même dire ici qu'on est trop économe sur cette fourniture : on ne met pour l'ordinaire que deux feuillets à la fin et au commencement des livres, quelques ouvriers même n'en mettent pas à la fin ; je serais bien d'avis qu'on y mît pour le moins un cahier de papier blanc formant huit feuillets, les livres s'en conserveraient plus long-temps intacts. Le plus beau veau, le plus beau maroquin même, communiquent au papier des rousseurs qui se prolongent quelquefois assez loin dans le livre ; les anciens avaient tellement reconnu cette vérité ; ils se montraient si peu avares de papier blanc, que j'ai quelquefois trouvé à des livres du quinzième siècle, jusqu'à dix ou douze feuillets de papier fort, au commencement et à la fin des livres. Nous ferions très bien d'adopter cette méthode, toute dispendieuse qu'elle est, particulièrement pour les beaux livres. Les mords carrés *dits à l'anglaise* donnent une très mauvaise tournure aux premiers et derniers cahiers. Consultez sur cet objet la lettre d'un relieur français, à la suite des notes. Je serais encore d'avis, qu'indépendamment du papier blanc on mît au commencement et à la fin des livres anciens un ou deux feuillets de papier roux; à-peu-près de la teinte du livre, car il est tout-à-fait désagréable de voir près d'un titre roux, une garde extrêmement blanche. J'ai souvent pratiqué cette méthode à la satisfaction de bien des amateurs: et même pour les livres nouveaux, il est essentiel que la teinte des gardes s'accorde avec le papier du livre, surtout pour les beaux papiers vélins, auxquels on a toujours tort de mettre du papier ordinaire, et souvent azuré.

[36] *Page 50, vers 3.*

Je suis même d'avis que chacun des cahiers,
Pour être mieux pressé soit mis entre des ais.

Si l'on voulait mettre chaque cahier entre des ais, il en résulterait une grande perte de temps, parce que une grand'presse tiendrait à peine trois ou quatre volumes in-8°, ainsi divisés. Pour obvier à cet inconvénient on se sert de cartons en place d'ais; cette méthode est très bonne, mais elle devient mauvaise quand on en abuse. Si l'on ne se sert que de cartons sans mettre un ais d'une bonne épaisseur de distance en distance, c'est-à-dire de dix cahiers en dix cahiers au plus, les cartons cédant à l'effort de la presse prennent tous le même pli, et les cahiers bien unis, pris séparément, ne le sont pas étant réunis. Il en est de même des livres que l'on fait satiner; les satineurs avares de place ne mettent un ais que toutes les deux ou trois cents feuilles, et ces feuilles bien que très unies voilent toutes dans le même sens surtout quand elles ont été satinées trop fraîches.

[37] *Page 50, vers 13.*

La reliure en veau fauve et le cuir de Russie,
L'une deviendrait noire et l'autre trop unie.

L'emploi de ce cuir pour lequel les amateurs ont une prédilection outrée, nécessite des précautions qu'ignorent beaucoup d'ouvriers. Il faut le faire raturer d'abord bien également, mais pas au même degré que le veau; le cuir de Russie, déjà très cassant de sa propre nature, le deviendrait encore davantage s'il était trop mince, mais ce raturage en fait disparaître ces innombrables bosses et creux dont il est couvert. Jadis, comme je le l'ai dit, c'était une beauté de convention de le voir raboteux; on le mettait même en presse encore un peu humide avec des ais machurés, afin de lui procurer plus d'inégalités qu'il n'en avait par lui-même; la seule raison a indiqué qu'il était préférable de le voir uni comme du veau, la parure doit être prudemment dirigée surtout vers les coins et les coiffes; c'est particulièrement ces dernières qui doivent être, avec la conservation des échancrures, l'objet de la constante sollicitude des relieurs. Pour éviter que le cuir ne se casse dans les mords près des échancrures, il est bon de les bien dégager au moment de la couvrure, quand on ferme le livre pour la dernière fois; et lorsque la peau est aux trois quarts sèche, il faut renverser les deux cartons comme si l'on collait les gardes, et les laisser dans cet état jusqu'à dessèchement parfait. Par ce moyen le cuir ayant encore un peu d'humidité ne se casse pas dans les mords; mais si l'on attend jusqu'au lendemain, et que les livres soient secs entièrement, il est trop tard.

[58] *Page* 50, *vers* 15.

> Quand vous rétablissez des ouvrages anciens,
> Cette reliure-là demande tous vos soins,
> Cette partie exige une très longue étude.

Plusieurs choses sont à observer en démontant des livres anciens que l'on veut relier de nouveau ; il faut d'abord prendre garde de ne point endommager le dos en enlevant les anciens nerfs, comme aussi de ne rien déchirer au fond des cahiers, en les détachant les uns des autres ; cela arrive souvent quand celui qui défait un livre quelconque, même une brochure, prend la mauvaise habitude de tenir l'index dans le milieu du cahier qu'il sépare du livre ; on doit encore bien défriser les feuilles, et ne pas y laisser la plus petite corne, n'aurait-elle qu'une demi-ligne ou même moins, car plus les cornes sont petites, plus il est essentiel de les faire disparaître ; ces petites cornes multipliées sont extrêmement préjudiciables à la dorure de la tranche, comme au bruni de la marbrure ou des autres couleurs.

Il est encore très essentiel de ne supprimer aucun feuillet blanc au commencement ou à la fin, ou dans le milieu des livres, avant de bien considérer si ces feuilles entièrement blanches n'appartiennent pas au livre ; cette attention est de la plus grande conséquence, car une feuille blanche ainsi supprimée inconsidérément peut rendre un livre imparfait, et lui faire perdre plus de la moitié de sa valeur. On me dira peut-être qu'il est facile de réparer un tel défaut : cela est impossible ; on ne peut se procurer du papier pareil, qui porte la même marque ; et, quand cela se pourrait faire, cette feuille blanche ainsi adaptée au livre n'empêcherait pas l'amateur délicat de s'apercevoir de cette supercherie. Il y a peu de livres où se rencontrent ainsi des feuillets blancs, c'est plus particulièrement dans les livres anciens. J'observerai encore qu'il est bon, pour les livres anciens qui ont été lavés, de les collationner par les chiffres des pages et non par les signatures, que le lavage fait souvent détacher des feuillets qui peuvent avoir été mal placés par le laveur; d'ailleurs, indépendamment qu'il y a beaucoup de livres anciens qui ne portent pas de signatures, il y en a même qui fourmillent de fautes de pagination, tel par exemple le Strabon imprimé par les Alde en 1516, et une foule d'autres livres des quinzieme et seizième siècles, qu'il serait inutile de citer. Pour ces sortes de livres, aussi bien que ceux qui n'ont ni chiffres, ni signatures, il faut absolument consulter le texte pour s'assurer de l'ordre. Il y a encore une précaution à prendre relativement aux livres anciens qui ont été lavés; il paraîtrait que ces lavages poussés à l'extrême, échauffent l'huile qui entre dans la composition de l'encre, et rendent l'impression susceptible de maculer en certains endroits, par l'effet du marteau. Les lavages faits par Heudier présentaient rarement cet inconvénient : c'est lui qui jusqu'ici s'était montré le plus intelligent dans le lavage et la restauration des livres, art que l'on nomme bibliuguiancie.

[39] *Page* 51, *vers* 7.

De là viennent les becs, les gros mords, les larrons,
Et ce qui est bien pis, les transpositions.

On nomme becs des plis qui se forment aux deux bouts du côté du dos, quand par nonchalance, l'ouvrière, en pliant, ne pousse pas son plioir jusqu'au bout du cahier, ce qui fait qu'à partir de l'endroit où se termine l'action du plioir les feuillets intérieurs se replient en dedans au lieu de former le dos du cahier conjointement avec les autres feuillets. Quand aux gros mords et aux larrons, voici ce qui les cause le plus souvent. Plus on avance dans la couture, plus il est essentiel de rabaisser les cahiers, ou le mords de la fin serait trop gros; l'ouvrière qui lit quelques passages en cousant ne peut être jamais assez attentionnée, et forme souvent des plis à quelques feuilles qui ne se trouvent pas rognées en cet endroit, ce qui s'appelle, en termes de l'art, *des larrons ;* cela est extrêmement laid, dans un livre terminé. Il n'est pas facile de vaincre la curiosité des ouvriers et ouvrières sur cet article, surtout à l'égard des figures répandues dans les beaux ouvrages. Pour ne pas être surpris à lire, ils remettent quelquefois furtivement un cahier en place, et le plus souvent où il ne doit pas être. Le maître a mis en vain toute l'attention à collationner, il est tout surpris qu'il se trouve des transpositions. Sans exercer un despotisme insupportable, il est bon d'être sévère sur cet article, et de ne permettre sous aucun prétexte de feuilleter les livres, soit aux heures de travail, soit même dans les heures de repos.

[40] *Page* 51, *vers* 17.

> Les figures qu'on nomme ordinairement plates,
> Se placent aisément, mais les plans et les cartes,
> Les tableaux en raccords, les planches de détail,
> Exigent quelquefois un pénible travail.

Les figures plates sont ainsi nommées par les relieurs, quand, se rapportant avec le cadre du livre, elles ne nécessitent aucuns plis; pour y être placées, il suffit de les émarger d'équerre en tête et dans le fond : quand une figure est beaucoup plus grande que le texte, il est indispensable d'y former un ou plusieurs plis. Quant aux figures de géométrie ou aux cartes géographiques, il est très essentiel d'y ajouter du papier blanc, pour que le lecteur puisse les voir tout-à-fait en dehors du livre. Il en est de même de toutes planches de détail dont la description peut occuper plusieurs pages du livre; mais cela se pratique rarement pour les ouvrages communs, parce que cette façon est très longue et augmente beaucoup le prix de la reliure. Il est encore d'une indispensable nécessité de bien plier et enligner les tableaux qui se rencontrent dans certains livres, surtout quand deux feuillets qui se suivent forment tableaux, comme dans le voyage d'Entrecasteaux et autres; le défaut d'enlignement peut faire tomber le lecteur dans des erreurs considérables.

40 bis *Page* 51, *vers* 23.

Les trois-quarts des placeurs ont l'affreuse coutume
De séparer le texte et de tout surjeter;
Ils craignent ne pouvoir jamais se trop hâter.

La pernicieuse habitude du surjet entraîne la ruine de milliers de livres précieux que regrettera la postérité. J'ai vu surjeter les plus beaux ouvrages, tels que les St.-Non, Houel, Choiseul-Gouffier, Laborde, Robillard, Levaillant, les Oiseaux dorés, et de paradis, la botanique de J.-J. Rousseau, les plantes grasses de Redouté, le voyage en France, la Description de l'Egypte de Mayer, le magnifique ouvrage de madame de Courcelles sur les pigeons. Le temps est précieux sans doute, mais on en est trop avare; il ne faut pas cependant se dissimuler qu'un livre à figures est bien plus vite relié quand on le surjette, que lorsqu'on a la patience et qu'on prend le temps de coller toutes les figures; quand elles sont en grand nombre, la différence du temps est très considérable ; et, pour en donner une idée, j'assure que, pour placer soigneusement les figures dans un voyage de Naples, 5 vol. in-fol., j'y mets habituellement quatre journées bien employées, parce que, indépendamment du nombre considérable de planches qui sont dans ce superbe ouvrage, il y a une infinité de feuilles simples pour les vignettes et culs-de-lampe; tandis qu'en le surjetant, je n'y emploierais guère qu'une journée. Il y a tels ouvrages où cette différence serait plus grande encore, car si l'on considère qu'il faut émarger chaque figure séparément, au compas, à l'équerre, à la règle, ayant l'attention de donner aux figures qui doivent faire cahier avec une feuille de texte, une marge surabondante pour former un pli ou onglet, pour y adapter une autre feuille; tandis que celui qui surjette un livre émarge souvent les figures à vue d'œil, les met à-peu-près à leur place, fend tous les cahiers par le dos, redresse le livre le mieux possible, et le surjette ensuite. On aura par ce simple exposé une idée de la différence de l'emploi du temps.

[41] *Page 52, vers 17.*

Ne fixez pas non plus votre papier serpente.

Les relieurs ont la mauvaise habitude de coller le papier serpente, afin que dans toutes les opérations de la reliure il ne varie pas, ou ne sorte pas incessamment du livre : ils ont raison en cela pour les ouvrages communs, mais pour les beaux livres, c'est un grand défaut de coller le papier serpente près du cadre de la figure ; ce papier très mince, venant à se déchirer, laisse toujours quelques traces de la collure : il est bon d'ailleurs que le lecteur puisse ôter momentanément cette feuille, pour voir d'un coup-d'œil le texte et la gravure. Une mauvaise habitude qu'ont prise encore les neuf-dixièmes des relieurs, c'est de placer les figures avant de battre les livres : ils y mettent du papier serpente, il est vrai, afin que le texte ne soit pas gâté par le maculage de l'estampe, c'est-à-dire, qu'ils conservent l'un au détriment de l'autre; la taille-douce macule toujours sur le serpente, cela fait même quelquefois des contre-épreuves assez considérables; ils ne pensent pas que la beauté de l'épreuve est toujours affaiblie d'autant. Ceux qui mettent du soin à leur ouvrage, battent et pressent le livre comme il faut, placent les figures, ensuite mettent à chaque figure un papier serpente de la grandeur du texte, quand un livre contient beaucoup de figures, afin que l'épaisseur égale sur tous sens, la pression le soit aussi quand on rogne et qu'on dore la tranche. Quand le livre est terminé, prêt à être mis en presse pour la dernière fois, on retire le papier serpente, on le rogne d'un pouce par un bout et sur le côté, on le replace ensuite; ce raccourcissement permet de feuilleter un livre sans en voir à tout instant sortir le papier serpente; et quand il en sort, on le remet en place plus facilement. Quand on prend ces précautions pour les figures, et qu'elles sont en grand nombre ou qu'elles sont pliantes, on est quelquefois obligé de les battre légèrement et de les remettre en presse avant de coudre; cette dernière opération est même indispensable, quand bien même les figures seraient en petit nombre.

4e bis *Page* 52, *vers* 27.

Cousez sur quatre nerfs ou sur six tout au plus,
Les nerfs multipliés sont au moins superflus,
Je crois même qu'au livre ils portent préjudice;
De coudre à trois cahiers n'ayez pas l'avarice.

Le mot reliure, dans sa véritable acception, ne doit pas

être pris pour ce qui recouvre un livre; qu'importe la matière qui le recouvre, que ce soit du carton ou du cuir, du bois ou même du fer, que ces substances soient elles-mêmes recouvertes de maroquin, de veau, de basane, de vélin ou d'un simple parchemin ; ce ne sont pas tous ces objets plus ou moins embellis, qui constituent la reliure d'un livre; ce qui la constitue essentiellement, c'est la couture et l'endossement ; un livre, pour n'être que cousu et endossé, n'en est pas moins relié, puisque l'on peut, quand il est dans cet état, déterminer la couverture qu'on veut y mettre.

Il y a sept sortes de coutures qui se font diversement, suivant le plus ou moins de soins que les ouvriers apportent à leur ouvrage, et aussi suivant le prix que l'ouvrage leur est payé, de sorte que, pour les décrire toutes avec leurs différentes nuances, de bonne ou de mauvaise confection, il en résulterait un travail considérable et inutile, en ce que de toutes ces espèces de coutures, il n'y a guère que celle dite à la grecque qui soit en usage. Je les décrirai donc très succinctement, en indiquant celles qui me paraissent préférables sous le rapport de la solidité, de leur longue durée ou de l'élasticité.

Couture à nerfs fendus et saillans.

Cette couture est la plus ancienne et la meilleure de toutes; les deux nerfs se touchent, les nerfs de droite reçoivent un cahier, les nerfs de gauche en reçoivent un autre, et ainsi de suite, et alternativement, chaque cahier est cousu sur toute sa longueur et à point-arrière, c'est-à-dire, que le fil fait un tour sur chaque ficelle ou nerf; quand c'est un livre en papier fort ou que ce sont des cahiers in-8° et in-12, on fait faire au fil deux tours sur la ficelle, afin que celle-ci soit entièrement recouverte de fil, et soit par ce moyen partout de la même épaisseur; quelquefois on sépare les nerfs de deux ou trois lignes; quand le livre est fini, cela fait un agrément de plus. Quand le livre est en papier fort, ou que les cahiers sont composés de quatre ou six enquarts l'un dans l'autre, on peut coudre chaque cahier tout du long, sur tous les nerfs; la couture en est encore meilleure.

Couture à nerfs simples et saillans.

Cette couture était autrefois la plus usitée; on cousait ordinairement le livre à deux cahiers, rarement seul à seul, parce que cela était trop long pour les ouvrages communs.

Couture à la hollandaise.

La couture à la hollandaise se fait sur des bandes ou doubles bandes de parchemin ou de vélin, que l'on tend au cousoir en place de ficelles, elle se fait de deux manières, soit à point devant, c'est-à-dire, que le fil ne fait que passer devant le nerf, ce qui se pratique plus particulièrement pour les livres en cahiers fins; soit à point arrière, alors le fil fait un tour sur le nerf. C'est cette même couture, faite à point devant, que j'ai adoptée pour ma reliure perfectionnée; mais je la fais sur des lacets en soie, lesquels résistent mieux que des bandes de parchemin, et sont même plus souples.

Couture à la grecque ou à nerfs non saillans.

On faisait anciennement cette couture à point arrière, cahier à cahier, ou à deux cahiers, suivant qu'on soignait plus ou moins la reliure; aujourd'hui elle se fait toujours à deux cahiers, et à point devant, pour rendre le dos moins gros, souvent même, et principalement pour les in-quarto et in-folio, les ouvriers ont la lésine de faire coudre à trois cahiers à-la-fois, de sorte que chaque cahier n'est cousu qu'au tiers de sa longueur; cette couture est la plus mauvaise de toutes : elle est autant solide que la couture à nerfs, quand on la fait tout du long, cahier à cahier.

Couture molle.

J'appelle molle cette sorte de couture, parce qu'elle peut utilement s'adapter aux reliures de ce nom; elle se fait sans cousoir; il faut grecquer le livre très légèrement, ou ne faire que marquer sur le dos la place des coutures avec un poinçon, ou même un crayon, de sorte que le livre étant cousu, on n'aperçoive ni au dedans ni au dehors, aucune trace de grecque : on fait cette couture comme celle des brochures, sauf que plus on multiplie les points d'attache, plus elle est solide.

Du surjet et de la couture des livres surjetés.

J'ai dit, à l'article du placement des figures, que les relieurs surjettent les livres où il s'en trouve beaucoup, c'est-à-dire, qu'on réunit quatre, six, ou huit feuillets simples ensemble, que l'on coud sur les bords, à une ligne et demie ou deux lignes, de sorte qu'un livre de trois cents feuillets ou figures, forme assez ordinairement cinquante cahiers, qui se cousent ensuite au cousoir comme les autres livres, mais toujours tout du long, et à point arrière, soit que le livre soit grecqué ou non, beaucoup d'ouvriers en usent de même pour les livres tirés sur simples feuilles, tels que les journaux, la musique et beaucoup d'in-folio; il résulte de toutes ces sortes de coutures, que, bien faites, elles sont également bonnes; que la couture dite hollandaise est la meilleure, la plus élastique et la plus solide : c'est aussi celle que j'ai adoptée avec quelques légers changemens qui sont susceptibles de la faire durer quelques siècles de plus. Quant à la couture à la grecque, telle qu'elle se fait chez les trois quarts des relieurs, c'est bien de toutes les manières de coudre la plus mauvaise, et qui pourrait être très bonne, si on la faisait tout du long; plus la couture est multipliée, plus la reliure est solide; la raison est que de tel nombre de feuilles que soient composés les cahiers, il n'y a toujours que la première feuille de chaque cahier qui ressente l'effet de la colle appliquée au dos. Or il est évident que des cahiers de deux feuilles peuvent être plus solides et plus intimement liés entre eux, que ceux composés de quatre, six ou huit feuilles; mais la couture en cahiers fins étant infiniment plus longue que la couture en gros cahiers, la couture en cahiers fins, qui dans les mains d'un bon ouvrier est la plus solide de toutes, devient la plus mauvaise dans celles des ouvriers ordinaires, en ce que pour l'abrévier, loin de coudre à deux cahiers, ils le font à trois et même à quatre, quand les livres sont tirés sur feuilles simples, formant quatre pages, comme, par exemple, le Lexicon arabicum de Meninski, quatre volumes in-folio dont trois volumes sont ainsi tirés; deux éditions du dictionnaire de Boiste in-4°; heureux encore s'ils ne surjettent pas de tels ouvrages, comme ils le pratiquent pour la musique, qui presque toujours est tirée sur de simples feuilles, ce qui, pour la bien établir, en rend la couture infiniment plus longue que celle de tout autre livre.

Les relieurs auront toujours tort de soutenir qu'un livre cousu à deux cahiers est autant solide, quand il est endossé, qu'un autre cousu tout du long; c'est s'armer contre l'évidence, et le plus savant comme le moins expérimenté ne serait point de cet avis, les cahiers varient plus en endossant, surtout quand on n'endosse pas à l'allemande ou à la manière dite anglaise; de là les marges plus courtes les unes que les autres, plus étroites d'un bout que de l'autre sur le devant. Après avoir pris toutes les précautions imaginables pour plier et encarter chaque portion de cahier, on ne sait d'où proviennent les inégalités des marges, et le voici : dans un livre mal cousu, un cahier rentre, soit en tête, soit en queue; rentrant d'un bout, il sort de l'autre, en supposant que tous les autres cahiers soient bien fixés et rognés d'équerre, celui qui a varié ne l'est pas, quand le livre est fini : l'on attribue ce défaut à la pliure, et souvent on se trompe, on n'y remédie pas, parce qu'on ignore la cause du mal, et qu'on ne se donne pas la peine de la rechercher : mais, me disent certains relieurs, si vous cousez tout du long, les livres feront trop de dos, cousez avec du fil, fort, en trois, gros ou fin, en proportion de la force des cahiers : les livres ne prendront pas plus de dos que vous voudrez leur en donner; mais, me répliquent encore les relieurs, et même des ouvriers certes très recommandables, les bons relieurs anciens ne cousaient pas tout du long, et leurs reliures n'en étaient pas moins solides. Cette assertion est fausse, ou, pour mieux dire, ne peut être généralisée : pour la soutenir il faut n'avoir jamais considéré de près les reliures anciennes, et principalement celles du quinzième siècle. Mais, en supposant que cela soit vrai, cousons en entier, ou, pour me servir du terme de l'art, cousons tout du long, cahier à cahier; et, plus heureux que les anciens, nous aurons fait un pas de plus vers la perfection.

42 bis *Page* 53, *vers* 26.

Quand le livre est cousu, préparé de la sorte,
Enduisez bien le dos de bonne colle-forte,
Afin que les cahiers ne puissent varier,
Quand vous ferez les mords......

Jadis, ainsi que je l'ai dit, on endossait au moyen d'un poinçon oblong fait en forme d'olive, qu'on introduisait entre les cahiers, pour les forcer de lever ou de baisser à volonté, et de cette sorte on arrondissait le dos; cette méthode vicieuse est encore la plus suivie en province; mais dans les grandes villes et surtout à Paris, elle n'est plus usitée que par les maniaques et les camelotiers, qui ne rabaissent que très médiocrement les livres en cousant, afin qu'ils s'arrondissent plus facilement; pour l'endossure moderne, on rabaisse au contraire la couture le plus souvent et le plus également possible; le livre étant bien cousu ne présente pour ainsi dire pas plus d'épaisseur du côté du dos que sur le devant; alors on passe le dos en colle forte dite de Flandre, ayant soin de ne pas en imbiber les ficelles ou nerfs, ayant la précaution de les rejeter en arrière sur le livre; on les préserve ainsi de la colle forte, aussi bien que les gardes, en mettant dessous et dessus le livre, et au niveau du dos, des entre-deux en bois, sur lesquels on appuie d'une main, tandis que de l'autre on fait passer sur le dos, et à plusieurs reprises, un pinceau imbibé de colle-forte chaude, ayant soin de ne laisser aucun endroit qui n'en soit bien imprégné. Cette opération est souvent trop négligée ; elle est cependant très essentielle en ce qu'en arrondissant le dos du livre, si les cahiers viennent à se diviser, il peut exister, même en apportant le plus grand soin, quelque inégalité à l'endossure, et par suite à la rognure. Avant de passer le dos à la colle-forte, il faut frapper le livre sur la tête et sur le dos pour que l'un et l'autre soient bien droits, savoir que la tête ne soit pas de fausse équerre et que le dos ne présente aucune inégalité, si quelques cahiers restaient enfoncés dans le dos, le livre se casserait infailliblement à cet endroit, si la tête n'était pas droite au moment qu'on passe le livre en colle-forte, il n'est plus possible de la redresser, et quand bien même le livre serait bien rogné d'équerre, les marges de la tête ne seraient pas égales. Quand la colle-forte est sèche, on détortille, et l'on épointe les nerfs; puis de la main gauche on saisit le livre par le dos, le tenant à plat sur la presse, le devant du livre tourné du côté de l'ouvrier, les quatre doigts dessous et le pouce dessus; celui-ci repousse le dos du côté de la gouttière, tandis que de la main droite on frappe légèrement çà et là quelques coups d'un petit marteau : les coups de marteau doivent partir et être donnés triangulairement; car, s'ils étaient donnés perpendiculairement, et que le pouce ne rejetât pas bien le dos de côté, comme je l'ai indiqué, le livre se rabaisserait trop, on ferait les mords plus difficilement, et le dos, ne gardant pas long-temps une convexité convenable, serait déformé dès la première lecture; cette opération faite d'un côté, on retourne le livre et on la répète de l'autre, et souvent même on revient au premier côté arrondi, quand cela est essentiel pour régulariser la convexité du dos. Quand le dos est arrondi bien également, on met en presse entre deux membrures, droites, bien unies, et dont les bords soient bien vifs autant que possible, on descend les membrures en deçà des premiers et derniers cahiers du livre, de l'épaisseur des cartons que l'on doit y adapter. Quand le livre est assujetti bien droit; que le dos n'est pas plus élevé ni plus rond d'un bout que de l'autre; que la même distance est bien observée dans l'éloignement des membrures; que surtout celles-ci sont placées bien parallèlement et horizontalement, ainsi que le dos; qu'enfin on est sûr que les deux bouts sont bien parallèles, alors on serre la presse le plus fortement possible; par quelques petits coups de marteau, on force les premiers et derniers cahiers de se replier sur les membrures; c'est ce qu'on appelle faire les mords. Quelques ouvriers se servent d'une éponge médiocrement imbibée d'eau, qu'ils passent légèrement sur le dos, quand il est suffisamment serré en presse ; alors ils peuvent frapper moins fort, et risquent moins de faire des cassures ou de former des plis en dedans ; on peut même, en suivant cette méthode qui est excellente, se servir d'un frottoir de buis dont la figure concave embrasse la convexité du dos, et qui, passé avec force, l'arrondit facilement et fait que les mords sont plus vifs, plus corrects et mieux prononcés. Mais les membrures en bois ont l'inconvénient de perdre facilement leur vive arête ; il faut les redresser souvent au rabot ; et cette opération, étant plus ou moins bien faite par les ouvriers, influe singulièrement sur la bonne confection des mords. Pour obvier à cet inconvénient, je me sers de membrures garnies dans toute leur longueur de fortes bandes de fer, retenues par des vis de deux pouces de long et à têtes fraisées ; quelques ouvriers ont adopté cette méthode, et s'en trouvent très bien en ce que les mords sont toujours bien carrés, plus droits, et empêchent les livres de voiler, comme cela arrive souvent, quand les membrures ne sont pas parfaitement droites et unies. Il y a des maîtres qui ne souffrent pas qu'un ouvrier serre un paquet en presse, avant d'avoir vérifié s'il est bien placé, si aux deux bouts des livres les cartons sont placés parallèlement, et qui ne surveillent pas assez les mords ; sans négliger les autres objets, celui-ci devrait être plus particulièrement surveillé. En effet, si le mords est plus gros à la tête d'un livre du côté du titre, et qu'il présente le même défaut à la queue du côté de la fin, de telle manière que l'on prenne ses mesures, je défie que jamais on le rogne juste ; si les cartons sont d'équerre, le livre ne l'est pas ; si le livre par hasard se trouve juste, les cartons ne le sont pas ; il ne faut même pas que cette différence dans la grosseur des mords soit considérable pour que l'inégalité de la rognure le soit ; la plus petite différence dans les mords en cause une très grande dans la rognure ; plus le livre est grand, plus ce défaut est sensible. Par exemple, en suivant notre première supposition, dans un grand in-folio dont les mords, pour être pareils à l'épaisseur du carton, auraient deux lignes à deux lignes et demie d'épaisseur, si le mords était d'une demi-ligne plus fort d'un bout que de l'autre, le livre pointerait au moins de deux lignes vers la marge du devant : s'il en était de même de l'autre côté, il pourrait arriver que le livre serait de la même longueur du côté du dos comme sur le devant, et que cependant il ne serait point juste ni à l'œil ni à l'équerre, et si la même différence du mord existait des deux côtés et du même bout, il serait infailliblement plus long sur le devant. Certains ouvriers se donnent mille soins, mille peines pour bien rogner, et n'en auraient pas s'ils soignaient ou s'ils réussissaient mieux dans la facture des mords. Si je me suis autant étendu sur cette main-d'œuvre, c'est qu'elle est la plus essentielle de toutes celles qui suivent la couture, et que beaucoup d'ouvriers, surtout en province, ignorent comment elle se fait.

[43] *Page 54 vers 11.*

Le blanchir d'un papier puis le rebattre encore.

On n'a plus cet usage, maintenant on lamine le carton, de manière qu'il acquiert une dureté qui approche de celle du fer ; elle surpasse au moins celle du bois. Si cependant on le voulait couvrir de papier ou de parchemin, il faudrait le laminer d'abord, le blanchir ensuite, puis le relaminer pour que les pontuseaux ne parussent pas au travers du veau.

[44] *Page 54, vers 14.*

Jamais un mord mal fait ne peut bien se refaire,

Les cartons dont se servent les relieurs aussi bien que les papetiers, sont faits de rognures de livres ou de registres; ces cartons, sortant de la fabrique, ne peuvent être employés pour les ouvrages soignés sans être purgés des corps étrangers qu'ils renferment; ceux qui s'y trouvent le plus communément, sont du bois, du fer, des épingles, du verre, de petites pierres, du liège, des morceaux de vieilles peaux, ou de parures, du parchemin, des parcelles de ficelles qui proviennent de l'épointure des nerfs, des parcelles de toile, de plume, des brins de paille. Les corps étrangers qui paraissent le moins sur la surface du carton, sont le fer et le cuivre; mais ils sont, après le verre, ceux qui sont le plus préjudiciable aux couteaux à rogner et aux dents à brunir. En épluchant du carton, il ne faut pas négliger d'en extraire les plus petites choses, ne fut-ce même que des parcelles de plumes ou de paille, parce que le plus petit objet paraît sur la reliure quand elle est terminée. Tous ces petits corps étrangers se descellent facilement en battant le carton; les plus durs, ne s'affaissant pas comme lui, font une bosse à l'endroit où ils sont renfermés; ou, s'ils s'affaissent, le carton devient plus noir à cet endroit. D'autres au contraire sont élastiques, et ne se réduisent pas sous le marteau, plus on frappe fort, plus ils paraissent à la surface. Il est facile d'enlever tous ces différens corps en introduisant obliquement un poinçon dans le carton, on bouche ensuite les trous avec un peu de carton mouillé que l'on bat de suite. Un carton ainsi réparé en vingt endroits, ne paraît pas l'avoir été quand l'opération est bien faite.-Pour les ouvrages soignés il est bon de couvrir les cartons de bon papier, et de les rebattre une troisième fois quand ils sont secs; ceux qui négligent cette dernière façon, ont souvent le désagrément de voir paraître au travers du veau les pontuseaux du papier; c'est surtout sur du veau fauve que cela paraît tellement, qu'il serait possible de les compter. Quand toutes ces opérations sont terminées, il faut rogner le carton du côté qui doit se loger dans le mord du livre. Ce côté rogné se nomme aussi le mord; on garnit ce côté rogné d'une bande de papier mince, d'un pouce ou d'un pouce et demi de large, que l'on fait passer également des deux côtés du carton; cela l'empêche de se dédoubler, et le conserve vif et bien carré jusqu'au collage des gardes, qui est une des dernières mains-d'œuvre de la reliure. Beaucoup d'ouvriers emploient pour cette façon de vieux papiers serpente, qui ne peuvent être utilisés dans la reliure des livres à figures; c'est une mauvaise économie; ce papier se décolle souvent, soit en dedans, soit en dehors, par le seul effet de la fraîcheur que lui communique la peau, et celle-ci présente des boursoufflures aux mords. Il est donc préférable d'employer du papier mince et collé, tel, par exemple, que le papier coquille : jadis les bons ouvriers, tels que les Desseuil, les Derome, Pasdeloup et quelques autres, couvraient leur carton de parchemin; mais comme il est devenu extrêmement cher, il y a long-temps qu'on a abandonné cette excellente méthode que l'on aurait dû conserver pour les reliures précieuses. Maintenant les ouvriers distingués garnissent le dedans des cartons d'une bonne carte; par cette méthode les cartons cambrent en dedans, et le livre ferme hermétiquement.

Il est assez difficile de déterminer le degré de battage que l'on doit faire subir au carton; battu médiocrement, il est moins raide qu'il était, étant simplement lissé par le cartonnier, purgé de tous les corps étrangers dont j'ai parlé, réparé, battu jusqu'à ce qu'il grisaille. Couvert de papier; rebattu légèrement, il conserve tant soit peu de flexibilité, et n'est point cassant; c'est là le point où il me semble qu'on doit s'arrêter. Aujourd'hui la plupart des ouvriers s'imaginant que, plus il est battu, meilleur il est, le font battre ou laminer à l'excès, et négligent souvent les opérations préalables ; à force de le battre, ils le rendent presque noir : qu'arrive-t-il de cette méthode vicieuse, et qui prévaut cependant? Les pores sont tellement resserrés, les molécules tellement adhérentes, que le carton préparé de la sorte, n'est plus flexible, et se casse facilement; dès qu'un livre tombe, il est rare qu'il ne soit écorné sans ressource.

⁴⁵ *Page 54, vers 20.*

> Lorsque vous aurez fait ces opérations,
> Au livre vous pourrez adapter les cartons ;
> On les y fait tenir au moyen de ficelles
> Qui sur les bords du dos se trouvent parallèles ;
> On les passe en deux trous percés non loin des mords,
> Du dehors en dedans, du dedans en dehors.
> A six lignes ensuite, à-peu-près on les coupe;
> Collez, aplatissez, battez bien chaque étoupe,
> De sorte que le livre étant couvert, fini,
> Même à l'endroit des nerfs, le cuir soit bien uni.

Il y a quatre manières de passer en carton; celle que j'ai décrite, est la plus usitée chez les bons ouvriers; elle est la même que faisaient les anciens, qui faisaient perdre dans le bois dont ils se servaient au lieu de carton, leurs énormes nerfs, en en faisant la place avec des gouges; il fallait en ces temps que les relieurs fussent un peu menuisiers. On passe en carton à deux ou trois trous, selon l'intelligence des ouvriers, et suivant la propreté qu'ils mettent à leur ouvrage. *La passure* * à un trou est celle des *camelotiers*, ils percent un seul

---

* Ce mot paraîtra un peu barbare, mais c'est le terme technique de l'art.

trou à chaque nerf, y passent la ficelle et rassemblent les deux nerfs en dedans en les nouant ensemble; celle à deux trous se fait positivement comme je l'ai décrite; on a vu que le bout du nerf est collé sur le carton, tandis que dans *la passure* à trois trous le bout du nerf, au lieu d'être collé, passant en dernier lieu au dedans, est croisé sous la portion de ficelle passée dans les deux premiers trous; c'est la plus usitée chez les ouvriers médiocres; les bons ouvriers y ont renoncé, parce que, quelque chose que l'on fasse, les nerfs sont toujours tant soit peu apparens soit au dedans soit au dehors. La quatrième manière, celle que très peu d'ouvriers connaissent, se fait à trois trous; le premier trou est percé perpendiculairement, on y passe le nerf, puis le tirant à soi, on perce le second trou obliquement, en le commençant à l'entrée du premier; le nerf, y étant passé, doit sortir à deux ou trois lignes du premier trou; on perce un troisième trou de la même manière que le second : le nerf doit être passé frais encollé; on serre le nerf comme il faut, on ferme le carton, on le relève, on coupe le nerf tout près du dernier trou, et l'on bat de suite le nerf qui ne conserve jamais rien d'apparent ni en dedans, ni en dehors, quand cette passure est bien faite, il est difficile de juger par où les nerfs ont été passés.

[46] *Page* 55, *vers* 27.

Mettez séparément chaque livre en paquet.

Cette pratique est extrêmement longue; mais elle est incomparablement meilleure que de mettre huit, dix ou douze volumes ensemble, comme cela se fait habituellement; les ouvriers qui soignent leurs ouvrages, n'en mettent pas plus de six pour les petits formats, deux ou trois pour les in-4°

minces; quand ils sont forts, ils les endossent seuls comme les in-folio. Je crois avoir fait un heureux changement en substituant à l'usage des membrures qui servent à mettre en paquets de petites presses semblables à celles dans lesquelles on dore sur tranche, ou plutôt ce sont les mêmes. Quand les gardes de couleurs sont collées contre les gardes blanches, que les livres ont passé dans la grand-presse, je mets quatre, cinq ou six volumes selon leur grosseur dans une petite presse en séparant les livres par des ais à presser ordinaires, mais exclusivement réservés à cet usage, parce que la colle-forte dont ils sont enduits, pourrait porter quelques préjudices à la reliure si l'on s'en servait à autre chose, par ce moyen les livres sont serrés dans toute leur grandeur, et ne se desserrent pas, tandis qu'avec des membrures qui sont serrées avec des cordes, les livres ne sont pressés que vers les mords, de plus les membrures décrivent souvent une légère courbe; ce qui nuit aux volumes qui les avoisinent, et les cordes tant serrées qu'elles soient se desserrent toujours un peu pendant le dessèchement.

[47] *Page 56, vers 28.*

Mais, en frottant par trop, n'allez pas fatiguer
Les mords de vos cartons, les nerfs ou la couture;
On peut faire aisément d'excellente endossure
Avec le seul secours des bras et du frottoir,
Sans jamais employer ni poinçon, ni grattoir.

Toutes choses poussées à l'extrême ne valent rien : il y a des ouvriers qui grattent, piquent et frottent tellement les dos, qu'ils font du papier une espèce de pâte; les cahiers sont quelquefois tellement usés, que l'on aperçoit les fils de la couture; quand on démonte ces livres pour les relier de nouveau, ils se trouvent dans un tel état, qu'ils sont pour ainsi dire perdus, et qu'on ne peut guère espérer de les rétablir. Les anciens, je veux dire les ouvriers du quinzième siècle, frottaient peu, grattaient moins ; leur dos étaient soutenus par la couture qui était entière, et que je ne saurais trop recommander ; ils étaient encore soutenus par les parchemins et la colle-forte : cette méthode est celle des Hollandais ; on aime leur reliure sans imiter leur façon.

[48] *Page 57, vers 5.*

> Quel démon inventa, poussé d'une furie,
> Le grattoir assassin et la grecque ennemie,
> Le surjet dévorant, le poinçon dangereux
> Que l'ignorance croit de grands présens des cieux :
> Alors que l'enfer seul les vomit dans sa rage,
> Moi je ne les crois bons qu'à massacrer l'ouvrage :
> Maudits soient à jamais tous leurs sots inventeurs !
> N'admettez pas chez vous ces outils destructeurs,
> Que la grecque surtout en soit presque bannie,
> Des livres je la crois la plus grande ennemie,
> Tout livre mal plié que l'on grecque est perdu.

La grecque, le poinçon, le grattoir et le surjet entraînent la ruine de milliers de livres que regrettera la postérité ; au risque de tomber dans la prolixité, je ne puis trop ridiculiser ces dangereuses méthodes. Quand un livre a été grecqué, sans être au préalable parfaitement replié, il est très rare, quand on le replie ensuite, qu'il ne se trouve des grecques apparentes sur la marge du fond, surtout aujourd'hui que les brocheuses plient généralement si mal. Elles plient un peu mieux maintenant, la critique sert à quelque chose. Ce qu'il y a de désagréable, c'est que ce défaut se rencontre très communément dans de beaux livres, telles sont par exemple les collections qui paraissent volume à volume. Quelques libraires, pour plaire aux amateurs, les font cartonner; pour cela on les grecque. Ces ouvrages qui se font assez ordinairement à la grosse, sont rarement bien pliés. Les grecques sont pour l'ordinaire au nombre de deux pour les petits formats, habituellement de trois pour les in-douze et in-octavo, et trois ou quatre pour les in-quarto; ces grecques étant trop éloignées les unes des autres pour être utilisées dans la reliure, et de plus n'étant pas en nombre suffisant, on est obligé d'en faire d'autres pour la disposition reçue, et aussi pour la bonne confection. Il s'en trouve quelquefois d'anciennes et de nouvelles très près les unes des autres; c'est bien pis quand les amateurs font réunir ensemble deux volumes qui ont paru et qui par conséquent ont été grecqués séparément, les grecques du cartonnage des deux volumes ne se rapportent jamais, celles que l'on fait pour la reliure tombent bien rarement dans les grecques d'un des volumes que l'on fait réunir et jamais dans les deux. L'ouvrier attentif fait tout ce qu'il peut pour ne pas multiplier ces défectuosités; cela est quelquefois si considérable qu'en admettant qu'un in-douze soit grecqué à trois grecques, les grecques de deux volumes ne se rapportent pas, cela forme déjà dix grecques, compris les deux chaînettes; les quatre grecques nouvelles, ne se rapportant pas avec les anciennes, forment quatorze coups de grecques placées sur une longueur de sept à huit pouces, dont six seulement sont utiles : heureux encore quand les deux chaînettes se rapportent, ou au moins quand l'une des deux peut servir de véritable place pour les nerfs des extrémités; c'est tellement une chose à observer, il est tellement préjudiciable aux livres d'avoir, ainsi que je viens de le dire, une multitude de grecques inutiles qu'un ouvrier ne devrait pas dédaigner, pour la conservation des livres, de les grecquer deux à deux comme s'ils devaient être réunis, surtout quand ils sont minces relativement à leur format; cela fait que, par la suite, ne fût-ce que cent ans après, si l'amateur qui les possédera, veut, soit par manie, ou par lésine, ou pour sa propre utilité enfin, les faire relier ensemble, cette multitude de grecques qui se rencontrent trop souvent près les unes des autres, n'aurait pas lieu. Mais on doit peu s'attendre à ce soin; les ouvriers, les artistes même, sont gouvernés en général par un esprit d'égoïsme, de jalousie, d'insouciance, de lésine, qui fait vraiment pitié, et qui s'oppose considérablement à la bonne confection des ouvrages, qui, pour être terminés, doivent passer successivement par plusieurs mains. Il serait toujours précieux, pour l'amateur délicat et curieux, de se procurer les ouvrages en feuilles, en ce qu'ils sont plus commodes à satiner, et que, confiés à de bons ouvriers, ils seraient plus beaux de marges, ne présenteraient point ces difformités que cause la maudite grecque, et seraient enfin infiniment mieux confectionnés.

Si l'on se contentait de grecquer les livres qu'on relie définitivement, bien que cette méthode soit extrêmement mauvaise, au moins cette misérable opération ne se répéterait pas de long-temps; mais la pratiquer sur des livres précieux que l'on cartonne provisoirement, sur de grands papiers, sur des exemplaires tirés sur peau de vélin, ou à petit nombre, c'est le comble de la démence. Si les amateurs y faisaient attention, s'ils calculaient qu'en cinq minutes un relieur fait perdre à un livre les quatre cinquièmes de sa valeur; ils ne balanceraient pas à donner le double du prix d'un cartonnage ordinaire, ou feraient mieux encore de conserver de tels livres en portefeuille ou dans des étuis. Je connais un grand amateur qui possède beaucoup de livres imprimés sur vélin, qui sont en parties lacérés, et que je considère ne valoir que moitié de ce qu'ils vaudraient s'ils étaient vierges.

Il serait bien à souhaiter aussi que les savans, les artistes et les ouvriers qui concourent à la création d'un bel ouvrage s'entendissent ensemble, se consultassent les uns et les autres; on ne verrait pas autant de gaucheries, d'incorrections comme il s'en rencontre dans presque tous les ouvrages de luxe : ce sont en effet les plus beaux ouvrages où l'on trouve le plus de fautes; ne conviendrait-il pas par exemple, que, dans un ouvrage à figures, le dessinateur, le graveur et l'imprimeur en taille-douce se consultassent avec l'imprimeur en lettres pour donner aux gravures les dimensions et les marges qu'elles doivent avoir relativement à la place qu'elles doivent occuper dans le livre ? Ne faudrait-il pas que les figures fussent numérotées, paginées de manière que le relieur ne puisse se méprendre sur leur véritable place ? Eh combien de beaux ouvrages présentent ces défauts essentiels ! de là les fautes commises par les relieurs. Je citerai quelques-unes de ces fautes à l'appui de ce que j'avance. Le muséum d'histoire naturelle offre un défaut énorme qui ne se rencontre que rarement dans d'autres ouvrages; les figures pour la plupart sont de la même grandeur que le texte, je veux dire qu'elles n'ont point de marge, et que les sujets gravés dépassent souvent la fausse marge du livre, soit pour ce qui est de la gravure, du numérotage ou du titre de la figure; il n'y a que le grand papier de cet ouvrage qui puisse être relié sans courir risque de gâter les figures ; car, pour le petit papier, il n'y a pas, je crois, un seul exemplaire où l'on ne rencontre des planches rognées dans la gravure. La jolie édition des fables de Lafontaine, commentée par M. Ch. Nodier. Paris, imprimerie de Didot l'aîné, 1818, 2 vol. in-8° avec douze figures, dessinées par Bergeret, présente le même défaut. Il y a peu d'exemplaires où le texte des figures ne soit pas endommagé par la rognure, soit en tête, soit en queue.

Quant aux fautes d'orthographe sur les planches, elles sont en grand nombre; les ouvrages de Landon, tant recherchés à juste titre, présentent souvent les fautes les plus grossières. Dans sa Galerie historique, combien de noms propres sont inscrits diversement sur le texte et au bas des portraits! ses Vies et ouvrages des peintres offrent encore ces fautes insupportables : je trouve sur le texte · Les Israélites adorent le veau d'or; sur la figure, adoration du veau d'or; sur une autre figure, le Christ apparaît à la Madelaine; sur le texte, apparition à la Madelaine; sur un autre, Thésée découvre les signes de sa naissance, la planche porte : Egyte découvre, etc.; j'y vois encore : Philémon meurt de rire en voyant un âne manger des figues, tandis que sur la planche il y a, Philémon meurt en voyant un âge manger des figues; le magnifique ouvrage de madame de Courcelles sur les pigeons offre encore quelques-unes de ces fautes plus désagréables encore dans un livre d'histoire naturelle, en ce qu'elles jettent un doute sur le véritable nom de l'individu décrit. Je vois encore dans la galerie de Florence, neuvième livraison, sur le texte : Les villageoises au lac, et sur la figure, les blanchisseuses au lac.

Quant aux fautes typographiques, on en trouve dans presque tous les livres; je veux parler seulement des fautes de pagination et de signatures, les Aldes, les Etiennes, les Elzevirs, n'en sont pas exempts; c'est même quelquefois à ces fautes qu'en certains livres on reconnait les bonnes éditions. Quant aux fautes de signatures, il y a peu d'ouvrages qui en présentent autant que le Pausanias de Gédoyn, imprimé en 1796, chez Deballe, 4 vol. in-4°. Je pourrais étendre fort loin ces observations qui seraient plus curieuses qu'utiles en ce qu'elles ne répareraient pas le mal. Je me bornerai à dire que quelques imprimeurs apportent une nonchalance extrême dans la composition des cahiers des livres, qui pour concourir à la bonne confection de la reliure, ne devraient jamais comporter plus de trois ou quatre enquarts l'un dans l'autre : les in-12 devraient former deux cahiers égaux, et non pas un gros et un petit, comme cela se pratique plus communément, les in-18, trois. Mais je n'ai jamais vu de livre plus ineptement imposé, que le petit ouvrage imprimé de format in-32, chez Michel, imprimeur à Brest; ce sont les deux Poétiques d'Horace et de Boileau, réunies. Ce joli petit livre a quatre-vingt-huit pages, compris le titre et le faux-titre, et n'est composé que de deux cahiers. Il est impossible de le bien relier sans fendre les cahiers par le dos, et les surjeter ensuite par petites portions. Un tel livre devrait avoir au moins onze cahiers qui seraient de huit pages chacun; ce serait très raisonnable, tandis que M. Michel, non-seulement, l'a fait de deux cahiers, mais il annonce encore dans sa Préface qu'il en a fait tirer des exemplaires sur papier fort, pour cadrer, dit-il, avec les jolies éditions de Barbou, il a probablement voulu se donner un ridicule de plus, puisqu'il avait, sans doute, sous les yeux de bons modèles, et qu'il ne les a pas imités. Je me rétracte, ou pour mieux dire, je rends, avec plaisir, justice à M. Michel; il a réimprimé ce petit livre, en cahiers fins : la critique judicieuse sert à quelque chose.

On comprend plus difficilement encore, comment cette faute peut être commise dans la plus grande imprimerie de l'Europe. Le Bulletin des lois l'offre cependant très souvent; on y rencontre des cahiers de quarante à cinquante pages; il n'y a pas de bonne raison pour justifier cette nonchalance.

[49] *Page 29, vers 13.*

Pour le mieux conserver uni, brillant et lisse.

J'ai dit qu'il est indispensable de mettre des gardes blanchcs en papier vélin au livre imprimé sur papier vélin, cela est indispensable aussi quand on veut doubler les livres soit en papier glacé, ou tout autre papier vélin de pâte, colorié, ou même marbré, si les gardes blanches ne sont pas vélin les papiers glacés ou autres reçoivent par l'effet de la colle et de la pression l'impression des pontuseaux du papier blanc, et font l'effet le plus désagréable.

[50] *Page* 26, *vers* 9.

> Bien qu'une heure suffise habituellement,
> Croyez-moi, qu'il y passe une journée entière.

Oui, il est bon de laisser long-temps en presse les livres auxquels on a collé les gardes; mais cependant il y a des papiers qui, par leur nature et celle des couleurs, nécessitent des précautions qui, négligées, entraînent dans de grands désagrémens, dans des retards considérables; il y a, dis-je, de certains papiers qu'il ne faut que presser et ôter de presse de suite, détacher les gardes dont les couleurs prendraient l'une sur l'autre, et quand le papier a pris un desséchement suffisant, on remet alors les livres en presse, autant de temps que le travail peut le permettre.

NOTES DU QUATRIÈME CHANT.

[51] *Page 59, vers 5.*

En rognant à deux fois, vous rognez d'autant moins,
Et vous êtes plus sûr de laisser des témoins.
Pour vous diminuer le prix des couvertures,
N'imitez pas ces gens qui visent aux rognures.

Toute paradoxale que paraît cette assertion, elle est cependant exactement vraie ; en l'examinant de près, on comprendra facilement qu'un ouvrier, dans l'appréhension de s'y reprendre à deux fois, prend plus que moins de la marge, et par cela diminue le prix du livre. Il y en a même qui rognent beaucoup par un motif d'intérêt, c'est qu'en rendant un livre le plus petit possible, il y entre moins de carton, de peau pour le couvrir, moins d'or pour le dorer, et que d'ailleurs les rognures se vendant au cartonnier en échange de carton neuf, en en faisant beaucoup, elles diminuent d'autant le prix de celui qu'on emploie ; tandis que celui qui appréhende toujours trop rogner, commence par prendre si peu de chose, que souvent, à la première coupe, il n'y a que le carton qui se trouve rogné ; il relève tant soit peu son livre, rogne de nouveau en appuyant, comme je l'ai dit, surtout pour les vieux livres, l'index sur le bout du couteau, afin qu'il ne soit pas susceptible de passer sur la tranche. Souvent à cette seconde rognure, le livre ne se trouve que légèrement effleuré, et l'on se voit obligé de rogner une troisième et même une quatrième fois, et si la tranche n'est pas suffisamment unie pour recevoir une couleur quelconque, afin de ne pas s'exposer à trop rogner, on la gratte avec un ressort qui fait l'effet d'un grattoir d'ébéniste. On voit par ce petit détail qu'il est infiniment plus long de rogner peu que de rogner beaucoup ; c'est surtout sur de vieux livres que cela est considérable : la conservation de témoins est rigoureusement exigée par les amateurs.

Comme tout le monde ne sait pas ce qu'on entend par le mot témoin, je vais l'expliquer pour ceux qui ne le savent pas. Ces témoins sont des feuilles qui ne se trouvant pas tout-à-fait rognées en queue du livre, sont, pour l'ordinaire, très inégale, puisque ce n'est autre chose que la barbe du papier ; il s'en trouve quelquefois sur le devant, ou, pour parler en terme de l'art, à la gouttière ; mais alors ce sont des feuillets qui, étant restés sans être rognés, se trouvent doubles, et qu'il faut avoir soin de couper avec un couteau bien tranchant, avant de dorer ou de mettre la tranche en couleur ; car si l'amateur est obligé de les couper en lisant, cela forme à la surface de la tranche de petites places cotonneuses qui la déparent tout-à-fait ; ces feuilles doubles, sur le devant du livre, ne se rencontrent jamais que dans les petits formats ; dans les in-4° et in-fol., il ne peut en exister. Quand, dans les petits formats, il s'en trouve en tête, ces témoins sont autant de défauts qui sont causés par le peu d'attention que certains ouvriers mettent à secouer le livre par la tête en le battant. S'il reste quelques feuilles en dedans, à la profondeur d'une ligne, par exemple, ces feuilles ne sont pas rognées, et, je le répète, ce sont de véritables défauts. Quant aux vieux livres, plus ils sont précieux, plus il est important de laisser des témoins tout autour. Je me suis un peu étendu sur cette main-d'œuvre, qui est une des plus essentielles de la reliure, les vrais amateurs et les bons ouvriers m'en sauront quelque gré, en ce que j'ai fait connaître combien il est difficile de bien rogner, et combien il faut apporter de soins à la conservation des livres ; les ouvriers du second et du troisième ordre me donneront de bon cœur au diable, en ce qu'ils rencontreront souvent des gens assez déraisonnables pour exiger que tous ces soins soient apportés à des reliures de 2 ou 3 fr. Que ces gens injustes apprennent que toutes ces précautions ne peuvent être prises que pour des ouvrages extrêmement bien payés.

[52] *Page 60, vers 11.*

Redoublez donc de soins; que tout livre, à vos yeux,
Devienne, tel qu'il soit, un livre précieux.

Un relieur, en rognant un livre, ne doit jamais dire, c'est un bouquin; il doit toujours le traiter comme s'il était précieux, car tel livre qui ne l'est pas pour un amateur, l'est pour un autre : et d'ailleurs, en les considérant tous comme s'ils étaient précieux, on ne risque pas de se tromper.

[53] *Page 60, vers 19.*

Avant que de rogner, tracez juste à l'équerre,
A l'aide d'un poinçon, une marque légère.

On trace diversement un livre à l'équerre : chaque ouvrier croit son moyen plus sûr, et ne le changerait pas pour un autre; les uns posent la grande branche de l'équerre le long du mord du carton, et font une raie le long de la petite branche placée du côté du bout du livre, tant en tête qu'en queue; ce principe serait excellent, et je l'adopterais très volontiers, bien que ce soit la méthode des papetiers, qui généralement ne rognent pas très bien, si l'on était sûr de la justesse des mords : car, au risque d'être prolixe, je dirai ici ce que j'ai déjà dit ailleurs; quand les mords ne sont pas justes, il est impossible de rogner d'équerre, il faut que le livre ou les cartons ne le soient pas : or, comme il est préférable que le livre soit d'équerre à ce que les cartons le soient, les ouvriers qui connaissent tous les inconvéniens, toutes les difficultés attachés à la rognure, préfèrent placer un ais dans la presse, l'y bien assujettir, y appuyer bien carrément le dos du livre et la grande branche de l'équerre, et tracer une seule marque le long de la petite branche, ayant soin de bien appuyer sur cette petite branche, de crainte que la trace ne passe par dessous vers la gouttière; par ce moyen, l'équerre est toujours de niveau avec les feuilles du livre; et si les mords ne sont pas parfaitement égaux, ou bien, si le dos est tant soit peu plus rond d'un bout que de l'autre, si, par bien d'autres hypothèses enfin le livre ne se trouve pas parfaitement rogné d'équerre, cette différence porte beaucoup plus sur les cartons que sur le livre.

Il y a quatre défauts à éviter, dans la rognure, à chaque bout du livre et sur le devant; cela en forme douze pour rogner totalement un livre : il est si difficile de ne pas tomber dans un de ces douze défauts, qu'il est au plus rare de trouver un livre parfaitement juste d'équerre.

[54] *Page 60, vers 21.*

> Du fût tournez la vis imperceptiblement,
> Que votre couteau marche horizontalement;
> Evitez avec soin qu'il ne forme des ondes,
> Des endroits élevés, ou des hoches profondes;
> Que la tranche soit lisse, exempte d'aucun saut,
> Car c'est dans la rognure un bien vilain défaut;
> L'amateur sur ce point ne vous ferait pas grâce.

Plus on tourne doucement la vis du fût, plus la rognure est

unie, en ce que le couteau rogne moins de feuilles à-la-fois. Une attention que l'on doit avoir, c'est de ne tourner la vis qu'au moment qu'on pousse le fût, et jamais en le tirant à soi, pour ne pas arracher le dos, ce qui est très préjudiciable à la dorure sur tranche, ainsi qu'à la bonne confection de la tranchefile. Il faut aussi, en poussant et en tirant le fût, appuyer suffisamment et également des deux mains dessus, pour éviter qu'il ne passe des rognures sous le couteau ; autrement la rognure n'est jamais unie, et faisant successivement plusieurs sauts, le livre finit par être plus haut d'un côté que de l'autre, ce que l'on nomme, en termes de l'art, *faire du nez;* ce qui arrive quand le couteau porte trop sur la presse, ou quand, au contraire, il n'y porte pas du tout. Ce dernier défaut a souvent lieu quand, en repassant un couteau, on lui donne en dessous le moindre coup de meule : il est de la plus grande conséquence de ne jamais repasser le dessous du couteau.

⁵⁵ *Page 60, vers 26.*

Quand la tête est rognée, ajustez bien la châsse,
Pour en déterminer sagement la hauteur,
Du livre consultez la force et la grosseur.

Très peu d'ouvriers savent proportionner les châsses d'un livre ; il y en a qui ne lui en donnent presque pas, d'autres lui en donnent beaucoup, d'autres en donnent le double sur le devant qu'aux deux bouts, ceux-ci ont encore plus tort que les autres, car il me semble que la châsse doit être la même tout autour du livre ; la première raison est qu'en toutes choses, la correction, la justesse est ce qui plaît d'abord, ensuite parce que la bordure dorée qui se met en dedans, se plaçant tout autour, à la même distance du bord, il arrive que le livre étant fermé, et les châsses n'étant pas égales, on n'aperçoit en tête et en queue qu'une partie de la bordure, tandis que sur le devant on la voit tout entière; cela fait un effet très désagréable; et même, dans les livres sans bordures, la garde étant collée, laisse voir sur le devant un demi-pouce de cuir, tandis qu'en tête et en queue on n'en voit presque pas, et que même il arrive que la garde s'étant allongée par l'effet de l'encollage, elle dépasse la longueur du livre, et s'aperçoit aux deux extrémités, le livre étant fermé; cela n'arrive qu'aux ouvriers qui ne prennent pas la précaution de raccourcir le papier avant de le coller. Ainsi donc je ne vois plus de bonne raison pour donner le double de chasse au-devant du livre qu'aux deux bouts. Les seuls ouvrages où une petite différence pourrait être tolérée, c'est dans de gros livres, relativement à leur format; par exemple, dans un in-12 de 1000 pages, ou dans un in-4° de 2000 à 2500 pages, la profondeur de la gouttière, quand sa concavité est égale à la convexité du dos, semble diminuer ou rendre moins sensible la chasse du devant; je ne trouverais pas mal qu'on l'augmentât d'un tiers, mais pas plus. Je n'admettrais cette différence que dans les livres de fatigue; dans de belles reliures, il faut que tout soit juste.

J'ajouterai aux observations sur les châsses, que le commun des ouvriers préfère donner de grandes châsses, parce qu'il est moins facile de saisir au premier coup-d'œil leur inégalité, aussi bien que celle de la rognure: de petites châsses, à moins que les livres soient très gros, sont toujours préférables; la reliure se fatigue moins. Je vais le prouver: supposons qu'un livre in-fol. ou in-4°, de trois pouces d'épaisseur, ait des châsses de trois lignes de chaque bout, la pesanteur du livre fera bientôt porter la queue du livre sur le rayon du côté de la gouttière; quelle que soit la bonne confection de l'endossure, le dos deviendra creux à sa partie supérieure; la carte ou faux-dos, pourra bien déguiser quelque temps cette difformité; mais, comme le dos ne peut devenir creux sans que la gouttière se redresse, elle se redressera, deviendra presqu'insensible vers la tête, et paraîtra même un peu relevée en pointe vers les deux extrémités de ce bout, tandis qu'à la queue elle fera l'effet contraire. Je préférerais donc de petites châsses, parce que le livre se déformerait moins ; cependant, dans des reliures élégantes, il faut que les châsses soient proportionnées au format et à la grosseur des livres. Il est impossible d'établir de règles sur cet article, le goût seul y peut suppléer. Beaucoup d'anciens relieurs faisaient de petites châsses, même à de très gros livres ; ils ne se déformaient pas, leur endossure était excellente, leurs dos étaient plus ronds que les nôtres, et souvent ils adaptaient des fermoirs.

¹⁶ *Page 61, vers 6.*

Bercez entre deux ais et rognez la gouttière,
Faites attention que sa concavité
Egale en tout le dos en sa convexité,
Et vous conserverez l'unité de vos marges.

Les ouvriers communs ont une bien mauvaise méthode pour rogner la gouttière d'un livre. Quand il est rogné des deux bouts, ils tracent avec un compas, aux deux extrémités, en tête et en queue, une ligne sur le bord de la bonne marge, pour cela, une des pointes du compas porte sur le livre, du côté du dos ; l'autre pointe décrit une portion de cercle du côté de la gouttière ; cette portion de cercle est plus ou moins grande selon la grosseur du livre ; chez les ouvriers communs, c'est où se termine le cercle, que l'on pose l'ais de devant qui sert à bercer, et c'est de ce point que part le couteau. Par conséquent, dans un ouvrage de huit volumes, par exemple, où il s'en trouverait deux ou trois plus gros que les autres, ce seraient ceux qui auraient moins de marges sur le devant ; les ouvriers qui se sont rendu compte de cette différence, essayent de la corriger à vue d'œil ; chez les ouvriers soigneux, cette trace ne sert qu'à déterminer la concavité de la gouttière, qui toujours doit être égale à la convexité du dos : pour s'assurer autant que possible de l'égalité de la marge de devant, on la compasse sur le livre, tant au commencement qu'à la fin, en fixant une branche du compas dans le mord, et l'autre, sur le devant, à l'endroit où se termine la bonne marge des premiers cahiers, pourvu cependant que ceux-ci soient à peu près en harmonie avec le reste du livre ; car si les premiers cahiers sur lesquels on prend mesure étaient plus larges de bonne marge, il faudrait en prendre davantage à ceux-ci, afin que les autres se trouvent suffisamment atteints. Les mesures étant bien prises, l'ais à bercer de devant est placé juste aux deux points du côté du titre ; l'ais de derrière à la fin. Celui-ci, au lieu d'être placé juste aux points, excède le livre, puisqu'il doit recevoir le couteau. L'ouvrier tient le livre sur le dos, le fait porter sur la presse, il le tient de la main gauche ; les deux cartons entièrement rabattus, et posant à plat. De la main gauche, il tient le livre autant ferme que possible avec les ais ; de la main droite, il relève les cartons l'un après l'autre, en les faisant porter sur les mords, il appuie presque perpendiculairement, en permettant au livre de se baisser du côté où il appuie ; par cette pratique qui facilite singulièrement la facture de la gouttière, il la voit se faire naturellement ; le dos se redressant presque seul, il voit s'agrandir la portion de cercle décrite au bout de la gouttière ; il régularise ce cercle, il fait partir le couteau, juste aux deux points de devant, et obtient des marges autant égales qu'elles peuvent l'être : mais toute bonne, toute préférable qu'est cette méthode, elle présente un inconvénient bien désagréable, surtout pour ceux qui sacrifient volontiers tout au coup-d'œil extérieur. C'est qu'en prenant ce moyen qui est le seul pour s'assurer de la justesse des marges, les gros volumes sont plus hauts que les autres ; cette différence vient de la convexité des dos qui est plus considérable dans de gros livres que dans de minces. C'est peut-être encore une des raisons qui auront déterminé les Anglais à faire les dos plats à tous les livres de quelque grosseur qu'ils soient. Qu'arrive-t-il delà ? Que les gros livres dont les dos se déforment plus facilement que les minces, à moins qu'ils ne soient cousus en entier, et les dos bien arrondis, se déforment, s'enfoncent même plus promptement encore, s'ils ne sont cousus qu'à moitié et endossés à dos plats. Aussi maintenant que cette mode de dos plats prévaut, les ouvriers qui font exclusivement la dorure pour les relieurs, sont quelquefois obligés de fourrer un plioir dans le dos, pour trouver un point d'appui suffisant pour pousser leurs fers qui ne prendraient pas dans le milieu, sans cette précaution destructive de l'endossure.

Page 61, vers 9.

Et vous conserverez l'unité de vos marges.

L'unité des marges n'existe dans aucun livre. Que de gens, à cette assertion, crieront au paradoxe, au blasphème ; les imprimeurs et les relieurs se jetteront d'abord, comme on dit proverbialement, le chat aux jambes, surtout ceux qui ne connaissent que le matériel de leur art ; quant à ceux dont les talens semblent autoriser la présomption, ils se croient tellement infaillibles, qu'ils dédaignent même, pour la plupart, de vérifier leurs opérations, et que, certains de ne jamais manquer en rien, ils manquent, en certaines choses, plus souvent que d'autres. Ceux-là me traiteront de radoteur, de visionnaire. Je n'épuiserai pas ma faible rhétorique à leur prouver la justesse de mon assertion. Je les prierai seulement de me montrer un livre où l'unité des marges soit exactement observée, ils me feront infiniment de plaisir, soit qu'ils parviennent à en établir un, ou qu'il leur en passe un seul par les mains, viendrait-il même de l'étranger. J'ai formé ce vœu en 1819, il n'est pas encore exaucé en 1826.

[58] *Page 62, vers 16.*

Et tâchez, s'il se peut, de n'y point retoucher.

Les ouvriers sont très divisés sur la manière de dorer sur tranche. Il y a à-peu-près vingt-cinq ans que la dorure à l'eau-forte, ou dite anglaise, tant en vogue aujourd'hui, était un mystère, et presque ignorée; on faisait la dorure au bol d'Arménie, composition assez grossière dont on enduisait la tranche avant d'y appliquer l'or, et qui faisait écailler la dorure en peu de temps : il y a encore des maniaques qui lui accordent la prééminence. Ce n'est guère qu'en province qu'on fait usage de cette dorure; dans les grandes villes, et surtout à Paris, où les relieurs ont la faculté de faire faire leur dorure par des doreurs qui ne font que cela, la dorure à l'eau-forte est celle qu'on préfère généralement. Pélicier est celui qui jouit, dans cette partie, de la plus grande réputation, et qui la mérite à tous égards; Blangis, son élève, y réussit aussi fort bien : cependant cette dorure ne me paraît pas être celle que faisaient les anciens. Je veux parler des ouvriers des quinzième et seizième siècles, car j'ai vu de ces dorures très bien conservées, qui certes n'avaient point été faites au bol, et qui, loin d'avoir blanchi, comme fait souvent la dorure à l'eau-forte au bout de quelques années, avaient pris une teinte très jaune et conservé leur brillant. La teinte blanche que prend la dorure est souvent causée par la trop grande force de l'eau-forte; elle doit être mitigée de manière à pouvoir effacer, ou à peu près, les taches noires qu'impriment à la peau, ou la coupe-rose, ou le noir de racine. Voilà, ce me semble, le véritable degré de force qu'elle doit avoir. Quelques ouvriers, et principalement les Allemands, passent légèrement sur la tranche une couche de colle ordinaire, la frottent jusqu'à siccité, y passent l'eau-forte, frottent de nouveau jusqu'à ce que la tranche soit lisse et brillante : cette dorure a une ténacité que n'a pas celle faite simplement à l'eau-forte ; car il ne faut pas s'imaginer que cet acide serve à faire tenir l'or; il lui donne momentanément un brillant, un éclat plus vifs; c'est la couche seule qui le fait tenir, et la colle elle-même y entre pour beaucoup. Un soin très essentiel, c'est de purger la couche de toute la mousse que fait le blanc-d'œuf en le battant avec l'eau; s'il s'en trouvait sur la tranche, l'or ne prendrait pas dans cet endroit. Une des qualités essentielles de la dorure sur tranche, est que le livre puisse être feuilleté aussi facilement que si la tranche était simplement marbrée, ou d'une couleur quelconque, et encore de ne pas être dépourvue d'or aux deux extrémités de la gouttière, à l'endroit qui forme l'angle avec les bouts, ainsi qu'aux deux extrémités des dos, à l'endroit que doivent occuper les tranchefiles. Les savans, surtout ceux qui travaillent et lisent leurs livres, ont une antipathie insurmontable pour la dorure sur tranche ; ils craignent avec raison de perdre un temps précieux à détacher les feuillets qui, dans la dorure, tiennent quelquefois ensemble au nombre de dix à douze, mais plus ordinairement deux à deux, comme il arrive encore souvent dans la dorure la mieux confectionnée. La dorure sur tranche est un embellissement tant en vogue aujourd'hui, que quelques ouvriers anglais dorent la tranche des livres précieux sans les rogner.

⁵⁹ *Page* 63, *vers* 26.

Quelquefois sur la tranche on peint des paysages,
Des miniatures même, et mille autres sujets,
Qui ne sont apparens qu'en courbant les feuillets;
Mais on cultive peu ce charmant art en France.

Cet embellissement est un surcroît de luxe très inutile, mais extrêmement joli quand il est bien fait; quelques Anglais y ont très bien réussi. M. Chardin possédait des livres sur la tranche desquels on a peint de très jolies vues. J'ai ouï dire que quelques personnes en France avaient essayé ce genre, mais l'avaient abandonné, n'y ayant pas réussi selon leurs desirs. Comme une qualité des plus essentielles de ces sortes de peintures, est que les couleurs qu'on y emploie ne forment aucune épaisseur sous l'or, je crois que les couleurs à l'aquarelle sont celles qui y seraient le plus propres; mais la grande difficulté sans doute est de donner aux objets les dimensions qu'ils doivent avoir quand ils ont acquis toute leur extension par la courbure de la tranche; car, pour y pouvoir procéder comme il faut, il est nécessaire que la tranche soit droite, unie, serrée à-peu-près comme pour y appliquer l'or. Je m'étonne que les Courteval, Simier, Bozérian et Thouvenin, qui réussissent en toutes choses, n'aient pas essayé ce genre, pour prouver seulement qu'on peut le faire; car, bien qu'il n'ait aucun but d'utilité, il présente un agrément qui compense bien les difficultés.

⁶⁰ *Page* 64, *vers* 6.

Quand on veut imiter des reliures anciennes,
On gauffre aussi la tranche en diverses façons

On forme des carrés, des losanges, des ronds,
Quelques dessins confus, ou quelques arabesques,
Des compositions souvent des plus grotesques;
Tout cela donne au livre un caractère ancien
Qui, sans charmer les yeux, ne leur déplait en rien.

Dans l'ancien temps, on gauffrait souvent les tranches dorées; les Anglais le font encore quelquefois sur des reliures précieuses ou de fantaisie, ils y poussent des fers qu'ils impriment un peu fort à chaud. Thouvenin a rajeuni ce genre, et y réussit assez bien.

[61] *Page 65 vers 5.*

S'il fait exécuter quelque ouvrage gothique,
Il veut qu'il ait en tout une tournure antique.

Les ouvriers se tourmentent tant pour faire du nouveau, que souvent les reliures présentent un composé de gothique, d'antique, de moderne, ce que quelques artistes nomment à bon titre du baroque.

[62] *Page 65, vers 19.*

Mesdames Bozérian, Thouvenin jusqu'ici,
Dans cet art délicat ont le mieux réussi;

Ce sont ces deux dames à qui les amateurs sont redevables du perfectionnement des tranchefiles; les ouvrières qu'elles ont formées, ont montré à d'autres, et c'est ainsi que cet art charmant s'est propagé, et que maintenant nous avons beaucoup d'ouvrières qui aiment à s'y distinguer.

⁶⁵ *Page 66, vers 1.*

Leur lésine au grand jour tôt ou tard se dévoile.

Les livres que l'on néglige de tranchefiler, sont ordinairement les cartonnages et les demi-reliures; on met dans la coiffe de ces derniers une ficelle, ou même un bout de tranchefile qui produit un assez joli effet quand le livre est bien coiffé, mais qui ne lui procure aucun soutien, et n'empêche pas le cuir de se déchirer quand on le tire de dedans le rayon; la tranchefile varie en grâce et en solidité, suivant l'attention et le goût qu'y apporte l'ouvrière qui la fait. Aujourd'hui on se sert généralement de soie plate, parce qu'elle est plus brillante, plus agréable à l'œil, et qu'elle garnit beaucoup plus vite que le cordonnet de soie. Les Anglais préfèrent ce dernier, et je crois qu'ils ont raison. Autrefois, en France, on faisait les tranchefiles en cordonnet, elles duraient plus longtemps; leur solidité dépend donc du choix de la soie, ensuite du nombre de passes qu'on lui fait faire. Les ouvrières sont trop économes sur le nombre de ces passes; il faut que les livres soient très gros pour qu'elles prennent la peine de passer quatre ou cinq fois, et j'admets que la soie devrait être passée au moins cinq fois dans un livre de deux cents pages, et multiplier les passes en proportion de sa grosseur. Les ouvriers du quinzième siècle, que je ne saurais trop citer, passaient la soie dans chaque cahier; cette façon, je l'avoue, était très longue, car il fallait, au préalable, marquer chaque milieu de cahier pour ne pas passer la soie ou le fil ailleurs que dans le milieu. Mais quels inappréciables avantages en résultait-il? Indépendamment de la solidité qui seule suffirait pour adopter cette méthode, cette manière de tranchefiler égalise l'épaisseur d'un livre dans toute sa longueur, parce que l'épaisseur est bien moins considérable aux deux bouts, et les soies venant retrouver les chaînettes, elles remplissent le vide. Cependant comme il est bon de tout observer, je dirai qu'ils tombaient dans un inconvénient plus grave que le nôtre ; car les livres étaient généralement plus gros des deux bouts. Cette épaisseur surabondante était causée par les parchemins et la doublure de la peau à l'endroit des coiffes ; ainsi, en compensant toutes choses, je crois qu'en passant la soie de trois cahiers en trois cahiers, on aurait une épaisseur égale, et une solidité indestructible, surtout si l'on prenait la peine de tranchefiler sur des rognures de cuir de vache, comme je le pratique pour les gros livres faits à dos brisé ; ce cuir ne se casse pas comme les petits rouleaux de papier sur lesquels tous les ouvriers tranchefilent. Grolier faisait même rouler du parchemin sur de la corde, laquelle excédait la largeur de la tranchefile d'un pouce ou d'un pouce et demi de chaque bout ; et ce bout de corde, épointé comme un nerf, était collé sur le carton en dedans. Je serais bien d'avis qu'on adoptât cette excellente méthode pour de gros livres ; mais on néglige singulièrement la solidité de cette partie, on compte trop sur la toile que l'on colle sur le dos, qui consolide la tranchefile pour quelque temps ; c'est toujours par la coiffe que la reliure commence à se détériorer. Un savant, M. Delambre, qui possédait une très belle bibliothèque, avait tellement reconnu cette vérité, que, pour ne pas être obligé de tirer ses livres des rayons, par la coiffe, il passait dans chaque carton, vers le milieu du dos, une corde qu'il arrêtait en dedans par un nœud, faisait, à l'extérieur, une poignée par laquelle il tirait le livre ; cette méthode, n'en déplaise à cet homme instruit, est une vraie manie ; mais elle ne lui a été suggérée que par la mauvaise confection des tranchefiles.

[64] *Page 66, vers* 10.

> Aux deux bouts des cartons faites une échancrure,
> Ils joueront d'autant mieux, tomberont sans efforts,
> Et la peau rarement cassera dans les mords;
> Au livre cette faute est souvent très fatale.

Cette échancrure se fait avec un outil très tranchant, tel qu'un couteau à parer; en frappant avec un marteau sur le manche de cet outil, on la fait aux quatre coins des cartons qui tiennent au dos du livre, on enlève un petit morceau de carton qui varie de grandeur suivant celle du livre, elle doit être un peu plus allongée du côté du dos que de celui de la tranche, et ne pas former un triangle tout-à-fait équilatéral, les quatre angles doivent être coupés très également, autrement le livre ne serait jamais bien coiffé; et bien fait d'ailleurs, il paraîtrait endossé de travers. Dans les ouvrages communs, on fait, aux ciseaux, cette petite échancrure, mais c'est une mauvaise habitude, et le livre ne fait jamais un bon effet.

[64 bis] *Page 66, vers* 15.

> Lorsque vous les battrez sur le marbre ou le liais,
> Evitez que les bords se forment en biais.

J'ai dit, marbre ou liais, parce que les pierres sur lesquelles les relieurs battent les livres sont ordinairement un bloc de marbre quelconque (le noir est préférable), ou une pierre de liais dur; quelques ouvriers se servent d'une espèce d'enclume carrée de 15 à 18 pouces de surface. Mais pour revenir à l'objet de cette note : autrefois, avant de couvrir, on battait les bords des cartons sur la pierrre, mais souvent on y faisait des inégalités; maintenant que les cartons sont laminés, on se contente d'y passer, soit un fort plioir, soit un morceau de fer uni, tel qu'un brunissoir; cette méthode est préférable.

[65] *Page 66, vers 18.*

A l'aide d'un compas marquez la rabaissure,
Rabaissez à la presse et jamais autrement.

C'est à cette main-d'œuvre que l'ouvrier peut voir le degré de perfection de son ouvrage, en mesurant les cartons au compas, en partant du bord du mord pour arriver à la distance requise de la châsse du devant, qui, je le répète ici, doit être la même qu'en tête et en queue. Si, quand les cartons sont rabaissés juste à ces points, les châsses ne sont pas égales, soit de tout un côté, soit seulement d'un bout, c'est que la gouttière n'est certainement pas rognée juste, et qu'elle relève du côté que la châsse est plus étroite; si, le livre boitant, la gouttière est juste, c'est que les mords ne le sont pas; alors, quoi qu'on y puisse faire, le livre n'est jamais bien établi, il faut avoir recours à quelque supercherie pour corriger tant soit peu cette difformité.

[66] *Page 66, vers 22.*

Cette opération faite avec une pointe,
Est cause que souvent le livre boite en pointe.

Dans la reliure, on nomme pointe à rabaisser, un outil en acier, long de 24 à 30 pouces, emmanché assez ordinairement dans un manche de lime, garni, dans presque toute sa longueur, d'un fourreau de carton, pour pouvoir le manier plus facilement sans se blesser la main, parce que cet outil a la forme d'un couteau à rogner; comme lui, il se termine en pointe, et même il est taillé en biseau des deux côtés; quand on se sert de cette pointe pour rabaisser les cartons d'un livre, on le fait glisser le long d'une règle en fer. Mais, soit que la main gauche laisse varier la règle, soit que l'on ne tienne pas la pointe bien perpendiculairement, le carton se coupe toujours en biseau; et les châsses du devant sont rognées de travers. Cet outil ne doit donc servir qu'à débiter le carton par morceaux.

66 bis *Page* 66, *vers* 28.

Trempez et ratissez vos peaux soigneusement.

Autrefois, les relieurs ratissaient leurs peaux de veau et de basane sur un chevalet avec une dague émorfilée; cette opération, plus ou moins bien faite, influait beaucoup sur la bonne confection et sur l'agrément de la reliure. Maintenant ils achètent les peaux toutes raturées. C'est à MM. Gilet et Delfieu, peaussiers distingués, que les relieurs ont l'obligation d'avoir des peaux minces et égales d'épaisseur; mais cependant je dois dire que maintenant on rature le veau si mince, que si les reliures ont, par là, un coup-d'œil très agréable, une élasticité, un jeu dans les cartons, en tout pareil aux reliures anglaises bien faites, elles n'ont pas plus de solidité que ces dernières

67 *Page* 67, *vers* 11.

Parez la couverture à six lignes des bords.

C'est-à-dire, que c'est le terme moyen; quand la peau est mince, elle n'a pas besoin d'être parée aussi large; lorsqu'elle est épaisse, il faut la parer davantage, et même il arrive très souvent qu'on est obligé de la parer a l'endroit du dos, parce qu'elle se colle plus facilement et que les cartons sont plus libres ; c'est surtout pour le maroquin et le cuir de Russie qu'il ne faut pas négliger cette façon, sans cependant trop affaiblir la peau à l'endroit des coiffes et des mords, en ce qu'elle pourrait se casser aux deux extrémités, ce qui arrive très souvent avec le veau en croûte, qui est tant en vogue aujourd'hui, et qui n'est cependant pas aussi flexible que le beau veau alun, celui-ci est beaucoup plus souple et se casse bien moins souvent dans les mords ; mais le veau en croûte est plus uni, meilleur de fleur, et par conséquent il prend mieux toutes les couleurs. Quant à la parure des mords de maroquin, que l'on nomme indifféremment mords ou charnières, on ne parvient jamais à les obtenir aussi minces, aussi égaux en les parant qu'en les écorchant ; il est vrai qu'on n'y réussit pas toujours bien, en ce que tous les maroquins n'y sont pas propres

[68] *Page 67, vers 14.*

Au frais tenez la peau, gardez qu'elle ne sèche,
C'est en lui conservant cette utile moiteur,
Qu'en séchant elle acquiert ce degré de blancheur
Tant favorable au marbre, au granit, à l'écaille ;
Sans la blancheur parfaite on ne fait rien qui vaille

La peau qui a été séchée et mouillée plusieurs fois, perd souvent les trois quarts de sa blancheur primitive ; c'est pour cela que l'on doit, autant que possible, lui conserver une certaine moiteur, en la mettant par douzaine ou par demi-douzaine de couvertures, parmi des rognures, en les retirant à mesure qu'on les emploie. Il n'en est pas ainsi du veau vert, il est bon de l'employer aussitôt qu'il est trempé et paré, autrement il jaunit en peu d'heures, s'il reste l'un contre l'autre.

Quand les livres sont couverts, il faut même avoir la précaution de les éloigner les uns des autres pour qu'ils sèchent plus promptement, autrement ils jauniraient. Il est encore une précaution indispensable à prendre pour ce veau, c'est de ne jamais le tremper dans la même eau où l'on trempe du veau blanc, soit en croûte, soit alun; ils se gâtent mutuellement. Quant au maroquin, loin de le tremper, on n'imbibe les couvertures qu'au fur et à mesure qu'on les emploie; encore, se sert-on, pour couvrir le maroquin, non de colle ordinaire, comme pour le veau et toute autre espèce de peau, mais d'empois blanc fait d'amidon, et qu'il est bon de faire soi-même pour l'avoir plus fort.

69 *Page 68, vers 6.*

Si l'on pare aisément les veaux et la basane,
Il n'en est pas ainsi des peaux de truie et d'âne.

Ces sortes de peaux sont extrêmement coriaces; il faut qu'elles macèrent long-temps dans l'eau pour devenir suffisamment souples pour être parées; on ne s'en sert guère que pour couvrir les livres de lutrin.

70 *Page 68, vers 9.*

Mais il revient bientôt à sa vigueur première;
Quand on le sait passer avec fruit sur la pierre.

Les pierres dont se servent les relieurs pour parer leurs peaux, sont des pierres de liais. Cette espèce de pierre est d'un grain extrêmement fin; il faut la choisir exempte de coquillages qui s'y rencontrent assez souvent, pour la rendre moins susceptible de se charger de matières ferrugineuses, par l'effet du frottement continuel du couteau à parer. Il est bon, avant de se servir d'une pierre neuve, de l'enduire de deux ou trois couches d'huile d'olive, à deux jours de distance l'une de l'autre; quelques jours après la mise de la dernière couche, on la frotte avec des rognures fines jusqu'à ce qu'elle soit sèche et luisante.

71 *Page 68, vers* 11.

Quand vous devez couvrir un livre en maroquin,
Coupez toujours la peau dans le bon sens du grain ;
Il doit être en travers de votre couverture.

Il est de rigueur que le grain du maroquin soit en travers de la couverture, il est affreux dans un ouvrage en plusieurs volumes, d'en voir couverts en long, et d'autres dans le bon sens; cela ne se supporte même pas dans les demi-reliures, ni dans les étiquettes qu'on met sur le veau. D'ailleurs, pour les étiquettes, on doit faire disparaître entièrement le grain du maroquin, les titres en sont bien plus nets; il n'est même pas mauvais de mouiller le maroquin, il se pare plus mince et plus également.

Le maroquin présente beaucoup plus de difficultés pour la parure que les autres peaux, en ce qu'on ne le bat pas, et que par conséquent on ne doit pas compter sur le marteau, ni même sur la mise en presse, pour faire disparaître les inégalités qu'aurait pu faire le couteau; on emploie quelquefois du maroquin si coriace sur les bords, que, pour le parer plus facilement, on est obligé de le mouiller avec une éponge médiocrement imbibée d'eau simple; les relieurs attribuent mal à propos ces duretés au cylindre. C'est pourquoi les bons ouvriers préfèrent employer du maroquin non moiré. Quelques grands amateurs ont amené cette mode, parce qu'elle vient d'Angleterre. On se lasse de tout, même de ce qui est beau : ils prétendent que le maroquin moiré n'est plus distingué, parce qu'il ressemble au papier maroquiné, de sorte que, si le maroquin non moiré qui, n'en déplaise à messieurs les Anglais, n'a pas, à beaucoup près, autant d'éclat que l'autre, pouvait venir d'un usage universel, et que les fabricans de papier-maroquin de Strasbourg s'avisassent de l'imiter, alors les grands amateurs, pour se distinguer, ne feront probablement plus relier en maroquin, ou bien ils voudront qu'il soit uni, battu, pressé comme le veau. C'est justement ce qui est arrivé, je l'avais bien prévu ; on fait maintenant de très belles reliures en maroquin uni ; on décore les plats de plaques imprimées sans or, qui couvrent presqu'entièrement les plats, et qui font un très bel effet, mais qui corrompent la peau et la rendent cassante comme une coquille d'œuf. Je dis que ces plaques poussées, soit en or, soit dites à froid, corrompent la peau et la rendent cassante comme une coquille d'œuf ; cela est vrai, maintenant on emploie les cartons extrêmement durs ; ils acquièrent cette dureté par un laminage outré ; le veau ou le maroquin sont extrêmement minces. Pour faire prendre une plaque qui, quelquefois, couvre entièrement un livre, il faut une forte pression, pression qui n'est pas progressive, mais spontanée ; on se sert pour cela de presses à vis, de balanciers à frapper la monnaie, et qui en font l'effet, dans les fonds des dessins, la peau quelconque ne conserve que l'épaisseur d'un papier serpente, et finira infailliblement par s'écailler. Pour avoir de beaux reliefs, il faudrait, avant de couvrir un livre que l'on aurait l'intention d'embellir d'une plaque, couvrir les plats d'une épaisseur de veau, les plaques viendraient très bien avec une pression moitié moins forte.

NOTES.

[72] *Page* 68, *vers* 24.

Et conserver partout une égale épaisseur.

Maudite soit la rime, ce n'est pas cela qu'il fallait dire : il fallait dire que toute la peau qui excède le carton, doit aller en diminuant jusqu'aux bords, comme une lame de couteau ; il fallait dire que la peau qui se trouve à l'endroit des mords doit être parée avec ménagement, particulièrement pour le maroquin. Je dis à l'endroit des mords, et non ailleurs ; j'ai dit à partir des cartons, et non ailleurs ; pour s'assurer exactement des endroits à parer, on pose le livre à plat sur la couverture, du côté de la chair, et l'on trace avec un crayon tout autour des cartons et des deux côtés du dos, alors on est à peu près sûr, avec une attention continuelle, de ne parer que juste les endroits qui doivent l'être.

[73] *Page* 68, *vers* 25.

Quand vous aurez taillé, paré vos couvertures,
Ajoutez vos faux dos et vos fausses nervures.
Les nerfs étaient cousus au livre anciennement :
Mais, depuis que l'on tient pour un grand agrément,
Que les livres communs, comme les livres riches,
Soient faits à dos brisés, on met des nerfs postiches ;
On les fait soit en veau, basane ou maroquin.
Etant mal disposé, cela paraît mesquin.
Si vous en voulez faire un objet de parure,
Conservez avec soin entre chaque nervure
Une distance égale, et qu'enfin trente dos
Présentent tous leurs nerfs alignés, bien égaux.

La reliure à véritables nerfs a été long-temps seule en usage, les ouvriers s'étant peu à peu relâchés sur la bonne couture, les nerfs parurent moins corrects, et dès lors ils furent exclus de la reliure élégante; cependant on s'aperçut que les divisions marquées par des nerfs étaient plus saillantes, que les nerfs bien faits coupaient mieux le dos; on finit par y revenir, et même on en fit un objet d'embellissement, tel qu'aujourd'hui on ne fait guère de reliures élégantes qu'elles ne soient à nerfs; mais, pour concilier les nerfs et les dos brisés, on imagina de mettre de faux nerfs.

Ce serait ici l'occasion de discuter le degré de solidité, et de déterminer la préférence qui doit être accordée aux reliures à nerfs (je veux dire à véritables nerfs) ou aux reliures à dos brisés, avec ou sans faux nerfs; l'une et l'autre de cette dernière peuvent, ainsi que la reliure à véritables nerfs, être solides, quand ceux qui les établissent veulent prendre la peine de les bien confectionner. Je ne ferai qu'examiner rapidement les diverses opinions des amateurs, et j'y joindrai quelques observations qui pourront conduire à la vérité, ou tout au moins, à ce que l'on peut croire plus raisonnablement.

L'époque de l'introduction des dos brisés en France est très incertaine. J'ai consulté, sur cet objet, beaucoup d'amateurs distingués et éclairés; leurs opinions sont tellement partagées à ce sujet, qu'aucun n'a pu m'indiquer une époque sûre; mais d'après tout leur dire et leurs divers avis, on peut avoir une forte présomption qu'il y a, à peu près cinquante ans que cette espèce de reliure est devenue de mode; les reliures de Hollande en auront probablement donné l'idée, mais la reliure à dos brisé, telle qu'on la fait universellement, n'a aucun rapport avec cette reliure. Les bons ouvriers du temps, tels que les Derome et quelques-uns de leurs contemporains, ne firent de ces reliures qu'avec répugnance, non parce que la main-d'œuvre en est plus longue, car bien confectionnée même, elle l'est encore moins que la reliure à nerfs apparens, mais parce qu'ils voyaient combien il était facile de passer légèrement sur une infinité d'opérations, et aussi d'en supprimer de très essentielles, et qu'enfin ils prévoyaient bien que ce genre, une fois adopté, entraînerait la ruine de l'art. Toutefois, pour contenter les amateurs, ils en firent, mais ils leur imprimèrent en même temps un caractère de solidité que n'ont jamais eu celles des autres ouvriers. Ils continuèrent à passer leurs livres en parchemin, tête, queue, et milieu au moins; mais avec du parchemin beaucoup plus mince que celui dont ils se servaient habituellement, et revêtirent les dos de toile à l'imitation des Hollandais; par ce moyen, leurs reliures s'ouvraient un peu mieux que celles à la grecque, sans être à dos brisés, et cependant étaient extrêmement solides, disons le mot, comme celles de nos bons ouvriers d'aujourd'hui; elles n'avaient que le nom de dos brisé, et on s'en apercevait très peu à la lecture, surtout des petits formats. Les ouvriers du second ordre imitèrent ces reliures, mais ne se donnèrent pas la peine d'y coller de la toile au dos, et diminuèrent d'autant la solidité; ceux du troisième ordre renchérirent encore sur l'élasticité en supprimant les parchemins et la colle-forte, et par une fatalité attachée à cet art qui marchait à grands pas vers sa décadence, ces ouvriers plurent davantage à la majeure partie du public, en ce que, sans s'y bien connaître, cette nombreuse classe d'amateurs crut que cette facilité avec laquelle s'ouvraient ces reliures, décélait le véritable talent; ces gens tournant en ridicule et les vieux relieurs, et les anciens amateurs qui s'éteignaient peu à peu les uns et les autres, restèrent maîtres dans un genre qui prévaut encore aujourd'hui dans l'esprit des neuf dixièmes du public, et qui serait universellement estimé si Bozérian l'aîné ne fût venu dessiller les yeux d'une petite classe d'amateurs qui ne sont pas communs aujourd'hui; mais malheureusement cet artiste ne resta pas assez long-temps établi, sa vogue fut rapide ainsi que sa fortune, et depuis vingt-cinq ans, il n'exerce plus son art. Ceux qui l'ont suivi dans la carrière, à l'exception d'un bien petit nombre, ont fait comme les imitateurs des Derome; et l'art est retombé, quant à la solidité, dans un état de dépérissement qui ferait craindre pour sa ruine totale, si les amateurs et les ouvriers ne se rendent bientôt à la saine raison, qui doit certainement faire pressentir qu'un livre passé en parchemin mince, collé sur le dos, et au dedans des cartons, et revêtu de toile, est bien plus solide que celui qui, simplement frotté à la colle de pâte, n'est revêtu que d'un simple papier.

Mais revenons aux cartes ou faux dos, et aux faux nerfs qui font le principal objet de cette note. Les cartes ou faux dos doivent être faits de carte bien unie, forte à proportion de la grosseur des livres auxquels ils sont adaptés, la majeure partie des ouvriers coupent ce faux dos de deux lignes environ, moins larges que les dos, pour ne pas prendre la peine de le parer ni de le coller sur les bords; bien placé au milieu du dos, la peau se colle sur les bords des mords, à l'endroit où le faux dos se termine, mais les bords de cette carte paraissent souvent au travers du cuir, et font un effet très désagréable; si le faux dos est placé tant soit peu de côté, il n'y a qu'un mord de collé, et le livre paraît être endossé de travers. Ceux qui mettent plus de soin à leur ouvrage, coupent le faux dos exactement de la largeur du dos, et râpent la carte en dehors sur le bord, à deux ou trois lignes, en proportion de la grosseur du dos, et au moment d'appliquer la couverture, mettent de la colle sur les bords du faux dos; ces collures ne doivent jamais excéder l'épaisseur des mords, autrement le livre ne serait plus exactement à dos brisé; car, quand les amateurs ne veulent pas de dos brisés, on colle la carte en plein. Voilà aujourd'hui toute la différence entre ces deux sortes de reliures.

Quant aux faux nerfs, si l'on n'a que des volumes seuls, ce que l'on appelle des unités, cela ne présente aucune difficulté, pourvu que les nerfs soient placés à des distances égales, c'est tout ce qui doit être observé; il serait cependant ridicule de livrer à un amateur dix volumes, qui feraient dix ouvrages différens, qui se trouveraient de la même hauteur, et dont les nerfs ne se rapporteraient pas, mais ce n'est pas d'une nécessité absolue. Pour les ouvrages qui ont plusieurs volumes, et quelquefois un grand nombre, il faut une infinité de précautions que sont incapables de prendre les ouvriers médiocres. Si l'on a, je suppose, des nerfs à ajuster sur quinze volumes, il faut se servir d'une carte assez longue pour y prendre tous les dos, commencer par la dresser et la couper d'une ou deux lignes plus haute que les livres auxquels elle est destinée, mesurer au compas, aux deux extrémités, la hauteur que l'on desire laisser à la queue, partir de ce point, pour y marquer la place des cinq nerfs ou des six ou sept nerfs, si ce sont de grands livres; ensuite, avec une règle, tracer une ligne droite d'un point à l'autre avec un crayon, quand la place des nerfs est marquée, mesurer avec une petite bande de carte ou de papier fort, l'épaisseur de chaque dos, en commençant par le tome premier, et le traçant à gauche de la carte, ou en commençant par le dernier volume, en le traçant par conséquent à droite : pour plus de sûreté, il faut toujours mettre les livres dans l'ordre qu'ils doivent occuper dans la bibliothèque, on les coupe, on les pare comme je l'ai déjà indiqué; puis on y colle les faux nerfs qui sont faits assez ordinairement de deux ou trois morceaux de veau ou de maroquin collés les uns sur les autres, et coupés par petites languettes égales autant que possible. Quelques ouvriers les collent sur les raies pratiquées sur le faux dos; je préfère que ces faux nerfs soient collés au-dessus de la trace, on est plus sûr qu'ils se rapportent; quand ces nerfs sont secs, on coupe les faux dos de la longueur des livres auxquels ils appartiennent, ayant soin de les raccourcir par la tête.

Malgré toutes ces précautions, si les livres ne sont pas tranchefilés à la hauteur des cartons, ou s'ils les excèdent, il existe encore quelques inégalités; il en existe quelquefois quand les tranchefiles sont justes, il suffit que le dos dépasse les cartons d'un quart de ligne, soit en tête soit en queue au moment de la couvrure, pour que l'harmonie soit détruite, pour peu que cela arrive à plusieurs volumes. Je serais d'avis de couvrir le premier volume d'un ouvrage, et de ne couvrir les autres que quand celui-ci serait presque sec; on pourrait les ajuster tous de suite; par ce moyen, il existerait moins d'inégalités : mais au résumé, tout ce charlatanisme de faux nerfs donne une peine infinie qui ne compense pas l'agrément qu'ils procurent.

Pour contenter tout le monde, on pourrait, par un travail un peu plus long, il est vrai, faire des livres à véritables nerfs et à dos brisés, en collant sur le dos du livre après y avoir collé la toile, une bande de papier mince, et collée, comme ceux qui veulent bien faire le pratiquent toujours, et mettre en place de la carte du faux dos une bande d'un fort parchemin qui prendrait, en fouettant le livre, la forme des nerfs, sans cependant y être collée; par ce moyen les livres seraient à nerfs, à dos brisés, et l'on n'appréhenderait pas, comme cela arrivera infailliblement plus tard, que les dos venant à s'user à l'endroit des faux nerfs, les faux nerfs venant à se décoller de la carte, ils feront autant de pandeloques après les dos, qui certes ne seront pas très agréables.

Ceux où cela arrivera d'abord, seront les gros livres, où l'on met maintenant, à l'imitation des Anglais, des nerfs de quatre, cinq ou six lignes de largeur, et deux ou trois fois plus épais que les nerfs ordinaires. Ces nerfs se décollent facilement en arrondissant le faux dos, à moins qu'on ait la précaution de placer le faux dos sur le livre, de l'y fixer entre les nervures, et d'y coller les nerfs; alors les faux dos et les faux nerfs prennent la forme du dos et ne risquent pas de se décoller en couvrant.

Il y a encore une autre méthode de placer les faux nerfs, et que je crois plus sûre, non parce que c'est moi qui l'ai introduite, mais parce que M. Thouvenin qui adopte promptement ce qu'il juge meilleur, l'a adoptée: cette méthode consiste à placer les nerfs de la longueur de la carte avec des languettes de veau d'une longueur suffisante; quand les nerfs sont secs, on coupe les faux dos en opérant comme il a été dit, et l'on est plus sûr que les nerfs se rapportent.

Qui ne sait se borner ne sut jamais écrire, a dit le grand maître; cependant je n'avais pas intention de faire cette note aussi longue, elle ressemble bien à une dissertation; les ouvriers en général ne m'en sauront pas très bon gré, surtout ceux qui n'aiment pas que les amateurs se connaissent en reliure : mais, quant à ceux-ci, ils seront plus à même de discerner le clinquant du vrai beau.

74 *Page* 69, *vers* 16.

Il exige, il prétend que le mord du carton
Ne forme qu'un seul mord avec celui du livre ;
S'il est grand connaisseur, alors qu'on le lui livre,
C'est le premier objet qu'il inspecte d'abord,
Tant tout le monde tient à l'unité du mord!

Le côté du carton qui s'adapte au livre se nomme le mord,

la petite rainure pratiquée près du dos pour y loger le carton, se nomme aussi le mord; et, quand le livre est couvert, ces deux mords réunis conservent encore le nom de mord : il est de rigueur qu'ils ne fassent plus qu'un, ce qui existe bien rarement. Chez les ouvriers communs le mord du livre dépasse très souvent celui du carton tant par l'habitude qu'ils ont de passer trop fortement le plioir dans les mords au moment de la couvrure, que parce qu'ils font les mords trop gros surtout quand ils endossent au poinçon; chez les bons ouvriers c'est plutôt le mord du carton qui dépasse quelquefois tant soit peu celui du livre, parce qu'ils ne font pas assez ce que les autres font trop. Ils prétendent que le plioir passé ainsi sur la peau dans le mord, la corrompt et la noircit, ils ont raison; mais on peut appuyer légèrement sans frotter, en tenant le carton ouvert à moitié. Si les uns et les autres voulaient apporter quelques légers changemens à leur méthode habituelle et outrée de part et d'autre, les uns et les autres réussiraient presque toujours.

[75] *Page 70, vers 19.*

Au-dessus de la coiffe amenez votre veau,
La coiffe aux deux cartons doit être de niveau.

Les coiffes des reliures anciennes dépassaient presque toujours la longueur des cartons, même dans les ouvrages bien faits d'ailleurs; cela est très préjudiciable à la conservation de la reliure : mise sans précaution en bibliothèque; la coiffe dépassant les cartons, le livre s'accroche au rayon, et cela déchire souvent la coiffe. Quelques bons ouvriers modernes tombent encore, mais rarement dans ce défaut dont ils méconnaissent la conséquence; il serait tout-à-fait ridicule de faire les coiffes plus basses que les cartons : on ne réussit jamais à les y mettre égales, si le livre n'est pas tranchefilé à la hauteur requise

76 *Page 70, vers 27.*

Le livre etant couvert, ne le quittez jamais
Sans le bien ficeler de suite entre deux ais.

Cette opération consiste à mettre le livre entre deux ais qui le serrent fortement du côté de la gouttière, et ensuite de passer une petite ficelle mince de chaque côté des nerfs, laquelle, passant sous les ais et sur le dos, est serrée suffisamment pour rendre les nerfs bien apparens : ensuite on lie les coiffes en faisant passer dans chaque échancrure une petite ficelle plus mince encore que celle qui sert pour les nerfs ; cela fait que les coiffes sont mieux prononcées, que la peau se colle aux cartons au fond des échancrures, et, donnant un jeu plus facile aux cartons, empêche que le cuir se casse en dedans des mords; mais comme il arrive souvent qu'en prenant toutes les précautions possibles, la peau, et surtout le maroquin, se ride près des nerfs, le long des mords, les grands ouvriers se dispensent souvent de cette opération, principalement pour les petits formats, aussi mettent-ils des nerfs si petits, si minces, qu'on ne les aperçoit presque pas; en se dispensant de les ficeler. S'ils les mettaient plus gros, le cuir, tel qu'il soit, serait mal collé dans les entre-nerfs, et ferait des boursouflures. J'ai même remarqué ce défaut, sur de beaux livres, à la Bibliothèque. Quand le livre est simplement à la grecque, on se contente, pour l'ordinaire, de lier les coiffes ; il serait mieux, indépendamment de cette main-d'œuvre, de lier encore le livre entre deux ais du côté de la gouttière près des mords.

77 *Page* 71, *vers* 6.

Quand ces livres sont secs, placez les pièces blanches

Malgré toutes les précautions possibles, on est encore obligé de mettre quelquefois des pièces blanches, soit pour réparer les défauts qui pourraient être survenus à la parure, soit pour boucher quelques trous d'enfilure ou d'endouzainement quand on se sert de veau-alun; aussi les ouvriers distingués se servent-ils de préférence de veau en croûte, qui, mal fabriqué, est très cassant. Mais revenons à notre objet : les pièces blanches se mettent quand les livres sont tout-à-fait secs; elles doivent être très minces, bien parées sur les bords, de sorte que, battues en même temps que le livre, elles soient introuvables quand le livre est terminé : cependant le plus habile manque dans cette partie; aussi les bons ouvriers répugnent-ils à en mettre. Quant au maroquin, au veau fauve, et généralement à toutes les couleurs unies, on ne met jamais de pièces blanches; telles bien mises qu'elles soient, elles paraissent toujours.

78 *Page* 71, *vers* 22.

Dans quelque pot verni délayez de la colle,
Enduisez-en le veau, les endroits bas de fleur
Seront mieux disposés a prendre la couleur.

Cette opération est très simple; elle consiste a prendre gros de colle comme un œuf, la battre avec un pinceau, et y ajouter un peu d'eau : cette eau collée suffit pour un nombre assez considérable de volumes; on l'étend sur les livres avec une éponge comme si on les glairait.

Page 71, *vers* 25.

Battez légèrement vos livres sur la pierre.

C'était autrefois la coutume généralement usitée, elle l'est encore aujourd'hui chez les ouvriers communs. Les MM. Simier et Thouvenin ont fait un heureux changement dans cette partie. Maintenant on ne bat plus les plats des livres couverts, on met les livres en presse avec des ais bien unis ; il est bon que les livres ne soient pas trop secs, mais il est dangereux qu'ils ne le soient pas assez. Cette méthode de mettre les livres en presse au lieu de les battre, est excellente ; il ne se forme pas d'inégalités aux bords, point de marques quelquefois noires, ou des creux çà et là sur la couverture; mais les livres entrent dans la peau. Il se forme autour du livre un petit bourlet de la largeur des châsses ; les Anglais que je suis porté à approuver, quand ils font bien, mettent les cartons en presse séparément, c'est-à-dire qu'ils mettent probablement dans une grand-presse, huit ou dix côtés de volumes ; il faut employer une grande quantité d'ais : cette méthode est très longue ; mais, par ce moyen, l'intérieur de la reliure est aussi uni que l'extérieur. Les MM. Simier et Thouvenin, et d'autres ouvriers, à leur exemple, se servent de planches en cuivre ou de fer-blanc, bien unies; la reliure en est encore mieux, mais ces plaques exigent de grands soins pour les entretenir propres et exemptes de rayures qui se communiqueraient à la peau par la pression.

NOTES DU CINQUIÈME CHANT

79 bis *Page* 74, *vers* 1

S'immiscer quelquefois en bibliographie,
Des divers amateurs contenter la manie

Il serait autant à desirer que les ouvriers se connussent en livres, je veux dire qu'ils connussent à-peu-près le prix de ceux qui leur passent par les mains, comme il le serait que les amateurs se connussent en reliure; de ces connaissances acquises de part et d'autre, il résulterait un grand bien, les ouvriers ne grecqueraient pas, ne gratteraient pas, ne surjetteraient pas si inconsidérément; en général, ils soigneraient mieux leurs ouvrages, et les amateurs se décideraient plus facilement à mettre le prix convenable à ceux qu'ils feraient confectionner par de bons ouvriers.

80 *Page* 74, *vers* 17.

De Rousset Delendon l'élégante dorure
Ne répare jamais un défaut d'endossure;

Certains ouvriers exercent exclusivement la dorure sur cuir Rousset et Delendon sont les plus forts et les meilleurs doreurs. il y a encore quelques ouvriers en ce genre, tels que Carré, Quarteau et autres. D'autres doreurs ne font que la dorure sur tranche; de ce nombre sont Pélissier, Blangis, Canon et Blanchard.

[81] *Page 75, vers 7.*

Et sans respect pour l'art, l'expéditif Fouré,
Au vétilleux Purgold est souvent comparé.

En reliure, Purgold et Fouré sont les deux extrêmes, aux yeux de certaines gens; Fouré l'emporte sur Purgold, parce qu'il rend, quand on le desire, un livre en vingt-quatre heures, et même en moins de temps au besoin; mais les véritables connaisseurs regardent à juste titre Purgold comme le prince des relieurs de son temps; qu'on me passe cette expression; jamais ouvrier n'a porté plus loin le fini, la bonne confection et la justesse. Il a même un certain genre d'embellissement dans lequel il est tellement original, qu'on reconnaît aussi bien sa manière de faire, au premier coup-d'œil, que les connaisseurs en tableaux ou en sculpture, reconnaissent la main d'un grand maître.

[82] *Page 75, vers 12.*

Mais, sans être au niveau des Simier, Courteval,
Contre lesquels en vain Saint-Hilaire croasse,
On peut n'être pas mis à la dernière place.

Le quartier Saint-Hilaire est celui qu'habitent plus particulièrement les relieurs, jadis quelques rues en étaient entièrement peuplées. Il y a cependant dans ce quartier quelques ouvriers du premier ordre, et beaucoup du second, les Courteval, Ducastin, Duplanil, Godereau, y demeurent.

[33] *Page 75, vers 20.*

> L'un fait bien le porphyre ou le marbre allemand,
> L'autre les fonds unis, le jaspe ou le veau blanc;
> Pour plaire aux amateurs chacun a sa manœuvre.

Les marbres, c'est-à-dire ce que l'on nomme ainsi dans la reliure, se varient à l'infini. Le mélange ou l'assortiment des couleurs, leur bonne ou mauvaise composition les rendent plus ou moins vrais, plus ou moins clairs, chatollans, et durables. On pourrait faire sur cette partie de la reliure un traité à part très considérable. Je m'en suis fait, et je m'en fais encore une étude particulière, afin de pouvoir présenter cette partie d'une manière satisfaisante dans le manuel du relieur que j'espère publier dans quelque temps.

Quant aux couleurs unies, maintenant les peaussiers vendent des veaux de toutes couleurs; mais les maroquiniers qui mettent ces veaux en couleur, n'ont pas à ce qui me paraît des procédés sûrs pour cet objet; car il est presque impossible d'obtenir deux douzaines de veau pareils de nuances, souvent même dans une douzaine de veau on trouve trois ou quatre nuances différentes; il paraît que l'âge des animaux, la grandeur, l'épaisseur de la peau, les différens tanages influent sur les couleurs, et que tels soins qu'on y apporte, jamais, je crois, on ne sera certain d'obtenir juste la nuance que l'on desirera; c'est pourquoi les particuliers auront toujours tort de faire relier les collections par parties. Il faut toujours les faire relier d'une seule fois, il y a encore bien d'autres raisons qui peuvent les y engager; mais une nuance égale dans le veau doit suffire pour les y déterminer.

[84] *Page 76, vers* 11.

Alors qu'on gaufre un livre, il faut qu'il soit bien fait,
Ou la gaufre produit un détestable effet.

Il y a à-peu-près vingt-ans qu'on a imaginé de gaufrer les livres; Courteval est, je crois, le premier qui ait essayé ce genre : cela se fait avec des ais en bois ou en cuivre crénelés ; on se sert de deux ais crénelés en sens inverse, on les applique des deux côtés de la reliure, positivement aux endroits où doivent prendre les filets des mords ; au moyen d'une forte pression on obtient d'abord des raies qui partent du filet du plat qui est du côté du mord, et vont rejoindre obliquement ceux des bouts et du devant; on retire de presse, et en changeant les ais de côté on obtient, par une seconde pression, un petit quadrille assez joli et correct, quand les ais sont bien faits et qu'on les a bien placés à la seconde pression. Les uns et les autres de ces ais ont leurs inconvéniens : ceux en cuivre, à moins qu'ils ne soient très épais et montés sur de fortes planches en bois, se faussent facilement, et l'on parvient très difficilement à les bien redresser; ceux en bois s'émoussent facilement, et l'on ne peut bien gauffrer qu'autant que les crénelures sont vives. Cette méthode, bien que très agréable, passera comme passent toutes les modes, en ce que ces innombrables cavités amassent beaucoup de poussière, et que d'ailleurs, le veau pressé spontanément en tous sens, s'affaiblit singulièrement sur toute la surface du plat du livre : on peut aussi gauffrer avec des roulettes qui représentent divers dessins en cadrillés ou mosaïques ; mais on n'en fait guère, parce qu'il est difficile d'y bien réussir, et que cela est très long.

⁶⁵ *Page* 77, *vers* 18.

> Tel on voit un savant propre à toute science,
> Un véritable artiste est propre à tous les arts :
> Il rassemble en un tout des procédés épars,
> Il sait les adapter au seul art qu'il exerce :
> Tous les arts ont entre eux un traité de commerce,
> Un seul en soutient vingt, cet autre, tous les jours,
> De vingt arts différens emprunte le secours.

Tous les arts, dit Cicéron, ont une espèce de parenté, ils se prêtent un secours mutuel*. Les pensées de ce grand homme sont comme une glace, ou comme des objets de pur acier poli, on ne peut y toucher sans les ternir ; je dirai cependant que, comme il existe assez souvent entre les parens de petites brouilleries qui les empêchent de s'être mutuellement utiles, comme s'ils vivaient en parfaite intelligence ; il en est de même dans les arts ; les artistes de genres différens se cachent leurs procédés, ceux d'un même genre se les cachent encore davantage entre eux ; mais toutes ces précautions prises de part et d'autres n'empêchent pas qu'ils se pillent autant qu'ils le peuvent. Ces larcins sont toutefois différens de ceux qui se commettent dans la société : dans les arts, la chose prise, empruntée ou copiée par un art sur un autre, fait du bien à l'un sans porter aucun préjudice à l'autre.

⁶⁶ *Page* 79, *vers* 9.

> De ceux qu'on lui prépare on jouit par avance.

Il n'est pas de satisfaction plus grande pour l'ouvrier que celle qu'il éprouve tout le temps qu'il travaille à un bel ou-

---

* *Discours pour Archias.*

vrage, surtout quand il prépare une agréable surprise à un amateur, soit en exécutant quelque nouveau compartiment ou quelque dorure d'un nouveau genre.

[87] *Page 79, vers 22.*

> Jadis nos bons aïeux, simples dans leurs manières,
> Employaient pour marbrer des éponges grossières,
> Le vitriol, l'eau-forte, en faisaient tous les frais;
> Et ces marbres grossiers ne s'altéraient jamais.
> Aujourd'hui même encor, l'amateur les admire.

Le marbre à l'éponge était presque le seul que l'on connût autrefois; il est tellement abandonné, qu'il y a peu d'ouvriers capables de le bien faire aujourd'hui; ce marbre fait avec la couperose, ou sulfate de fer, est très préjudiciable à la peau; l'érosion a lieu tôt ou tard; il est très commun de voir des livres dont le cuir est rongé jusqu'au carton, quand cette dissolution a été employée trop forte; il vaut mieux employer même, pour noircir les bordures et les bords, du noir de racine.

[88] *Page 80, vers 1.*

> Votre savoir se borne à faire une racine
> Que créa le bon goût, que perdit la routine;
> Encor vous regardez comme de grands exploits,
> D'en faire assez souvent douze ou quinze à-la-fois.

La racine est le plus beau marbre qu'on ait imaginé: il fut inventé en Allemagne, de là, il passa en Angleterre; puis il nous est parvenu: la réussite consiste dans quelques précautions qui ne sont rien en elles-mêmes, mais qui, le moindrement négligées, font qu'on ne saurait bien réussir. Le noir qui sert à cette espèce de marbre est peu dispendieux, quelques ouvriers mettent de vieilles ferrailles dans un pot de terre avec du vinaigre et de la bierre ; ils font bouillir le tout deux ou trois heures, l'écument, et laissent toujours la ferraille tremper dans cette mixtion. Ils tirent à clair quand ils veulent s'en servir ; leurs racines faites, ils remêlent tout ensemble. Quelques autres ne se servent pas de ferraille, mais d'un pot de fonte dans lequel on laisse séjourner de la bierre et du vinaigre, quelquefois du vinaigre seul. Sans rien faire bouillir, la racine est tout aussi bonne ; les uns se servent d'une dissolution de potasse qu'ils jettent en petite quantité après le noir pour faire prendre çà et là à la racine une teinte brune et rougeâtre ; d'autres préfèrent la dissolution de sel de tartre, et même en font entrer un peu dans l'eau qu'ils jettent sur la couverture avant d'y jasper le noir : cette méthode est la meilleure, mais la dissolution de potasse remplace fort bien celle de sel de tartre ; cela fait que, dans les endroits où l'eau se trouve en plus grande quantité, le noir n'y prend que difficilement, et forme des veines presque blanches qui sont très agréables à l'œil ; comme sur les tabatières de racine de buis, on y remarque quelquefois une infinité de têtes d'hommes ou d'animaux, ou des plantes auxquelles on pourrait presque assigner une famille ; mais tous ces dessins ne sont que de purs accidens dus au hasard, et qu'on tenterait en vain de répéter sur plusieurs volumes de suite. Je ne m'engagerai pas dans la description de toutes les espèces de racines que l'on peut faire, cela dépend du goût des ouvriers. Je dirai seulement que, pour y réussir plus sûrement, il vaut mieux les faire l'une après l'autre, et non huit à dix et souvent quinze à-la-fois, comme cela se pratique chez beaucoup d'ouvriers, quand ils racinent de petits formats ; les racines de couleurs se font de la même manière, si ce n'est qu'on les fait généralement plus foncées ; quand elles sont faites, on les met en couleur rouge ou jaune ; pour les rembrunir, il suffit de les passer à l'eau de potasse.

⁸⁹ *Page 82, vers 7.*

Avec quelques couleurs, des brosses, des pinceaux,
Vous pourrez imiter les marbres les plus beaux.

Les pinceaux à jasper dont se servent les relieurs sont faits en chiendent long et ondoyant. Les pinceaux en soie de porc ou en crin, sont de différens genres, plus ou moins longs, plus ou moins flexibles et inclinés, particulièrement ceux qui servent à faire les marbres allemands.

⁹⁰ *Page 82, vers 13.*

L'écaille ainsi posée est un marbre assez lourd;
On l'éclaircit ensuite à l'acide nitrique.

L'écaille, qui n'est plus guère en usage aujourd'hui, se fait avec une forte décoction de bois de Fernambouc, auquel on joint de l'alun, et même de la cochenille; quand on veut qu'elle soit belle, on la pose à chaud avec une patte de lièvre; on commence par poser le noir avec une patte ou un morceau de grosse éponge. Le noir étant sec, on le frotte avec un morceau de serge fine pour en enlever la partie ferrugineuse la plus grossière, on le glaire ensuite; quand la glairure est sèche, on pose le rouge avec une patte dans les endroits où l'on n'a pas mis de noir, en ménageant cependant quelques blancs; le livre ne doit pas être bougé de place jusqu'à ce qu'il soit sec, autrement l'écaille se brouillerait et ferait un vrai galimatias; lorsqu'elle est sèche, on la serge de nouveau jusqu'à ce qu'elle soit claire, on glaire le livre en entier, puis on y jette quelques gouttes d'eau-forte mitigée, dans laquelle on fait dissoudre de l'étain fin, cela lui donne un coup-d'œil très agréable.

Quant aux petites écailles, ce n'est qu'une répétition de l'écaille ordinaire, si ce n'est que les couleurs se jettent au pinceau à jasper; on les jette par grosses ou fines gouttes, à volonté.

[91] *Page 82, vers 19.*

> Si ce n'est le veau brun, le marbre soupe-au-lait;
> Ce dernier est, surtout, de tous le plus tôt fait.

Le veau brun était autrefois le marbre le plus usité, après le gros marbre à l'éponge; on le faisait avant d'appliquer la couverture, en le jaspant d'innombrables petites taches de noir, qui couvraient presque entièrement la peau. Le marbre soupe-au-lait est aussi un marbre ancien, peu usité aujourd'hui. On jaspe du noir en assez grande quantité; d'abord par des taches de la grandeur de petites lentilles, puis plus fines, puis extrêmement fines; quand il est sec, on le serge, on le glaire, et l'on y jaspe l'eau-forte progressivement, comme on a jeté le noir, mais en bien plus petite quantité. Tous ces marbres sont bientôt faits, et le sont presque toujours bien, en ce qu'ils n'exigent pas de grandes précautions. Si je les ai décrits, bien qu'ils soient très connus, c'est qu'ils sont, pour ainsi dire, l'alphabet de la science des couleurs, et que, lorsqu'on les sait bien faire, on peut les varier à l'infini.

[92] *Page 82, vers 23.*

> Mais Courteval, qui sait perfectionner tout,
> En a fait un granit d'un délicieux goût,
> Un granit qu'on recherche, et que tout le monde aime.

Bien peu d'ouvriers réussissent à faire le granit, que je me plais à nommer *le granit à la Courteval*, parce que personne n'y réussit comme lui; la patience entre pour beaucoup dans la réussite de ce joli marbre : on trempe le pinceau à jasper dans le noir; puis en le sortant du noir, on le plonge dans un vase contenant deux ou trois pintes d'eau simple, suivant la quantité de marbre que l'on veut faire ; cette quantité de noir qu'a pris le pinceau suffit souvent pour donner à l'eau assez de force pour rembrunir le veau. Si cependant une seule fois ne suffisait pas, on recommencerait cette opération ; mais pour réussir, il faut secouer fortement le pinceau sur une cheville de fer, jusqu'à ce que l'on ne voie plus rien tomber; alors on jaspe le livre, puis on recommence jusqu'à ce que toute la couverture soit entièrement et également couverte d'innombrables petites taches ; quand cela est sec, on jaspe çà et là en très petite quantité de la dissolution de sel de tartre ou de potasse; puis, quand le tout est bien sec, on serge, on glaire légèrement, et l'on y jette, si l'on veut, en plus petite quantité encore, de l'eau-forte mitigée qui forme de petites taches blanches ; cela fait un cailloutage charmant : mais, je le répète, peu d'ouvriers réussissent faute de patience, car ce marbre est très long et très fatigant à faire.

Page 83, *vers* 28.

Pasdeloup dans ce genre à jamais s'illustra

Le veau fauve ancien n'avait que la couleur qu'il avait prise à la tannerie, au rapport de Dudin, qui a décrit l'art du relieur; on ne le passait pas à l'eau-forte, quand il devait être doré : tous les bons ouvriers anciens faisaient très bien cette espèce de reliure. Pasdeloup et Derome me paraissent cependant y avoir mieux réussi ; leurs reliures ont pris une teinte égale d'un jaune brun, quelquefois très foncé, mais bien rarement plus brun dans un endroit que dans d'autres : ces reliures sont toujours belles et recherchées des grands amateurs.

Le veau fauve que font aujourd'hui la plupart des relieurs n'est réellement pas fauve ; ils s'attachent à le blanchir par trop, ils le poussent aux acides ; ce qui le fait changer promptement : le veau en croûte, aluné aussitôt que le livre est couvert, et passé à une eau-forte légère quelques momens avant de le glairer pour la dorure, est celui qui se conserve le mieux ; il est bon, quand on alune le veau, de se servir d'une éponge très fine et bien purgée des grains de sable ou de corail qui s'y rencontrent fréquemment. Imbibée dans cette eau d'alun, qu'on tient à une chaleur médiocre tout le temps de l'opération, le veau blanchit sensiblement. Il est bon encore qu'il sèche promptement ; aussi, pour peu que l'atmosphère soit humide, on le fait sécher à un feu doux.

[94] *Page 85 vers 17.*

Prenez votre mesure en partant de la queue.

Voyez la note 73, page 206 ; la même méthode est à suivre pour les étiquetttes comme pour les nerfs.

[95 et 95 bis] *Page 86, vers 10.*

Il est tel ouvrier qui dans ce genre excelle,
Qui voulant amincir par trop le maroquin,
Attaque l'épiderme, efface tout le grain.

La mode se joue de tous les usages, elle les brave et les bouleverse tous, elle remplace même le bien par le mal, le beau par le laid ; c'est ainsi que le grain que l'on conservait il y a quelques années, avec la plus scrupuleuse attention, se neutralise aujourd'hui, autant que possible, sur tous les endroits où l'on fait de riches dorures, mais plus particulièrement sur les bordures, les charnières et les bords ; beaucoup d'ouvriers, et plus particulièrement les artistes, polissent au fer tiède avant d'y pousser les dorures ou même de simples filets, parce qu'ils sont plus visibles, plus francs, plus nets, en ce que le grain coupe quelquefois les filets en bien des endroits, surtout quand ils sont délicats. Quelques personnes, qui n'ont pas, sans doute, pris la peine d'examiner de près ma méthode particulière, disent que je tiens trop fort à mes opinions; je vais leur prouver que je les abandonne facilement quand je rencontre quelque chose de meilleur : j'étais d'avis que l'on conservât partout le grain du maroquin autant que possible; à présent, je suis de l'avis contraire; parce que j'ai reconnu qu'il valait mieux, tant pour la netteté de la dorure que pour la conservation de la reliure, que le grain n'existe plus, d'abord aux endroits richement dorés, ensuite sur les bords qui s'écorchent moins en plaçant les livres dans les rayons.

NOTES DU SIXIÈME CHANT.

96 *Page 87, vers 2.*

La dorure sur cuir, si difforme en naissant,
Se faisait à peu près comme la fait Naissant.*

La dorure des livres se bornait, dans la naissance de l'art, à l'indication des titres; le reste, tant sur les dos que sur les plats, n'était que des fers, souvent très grossiers, poussés sans or. Peu à peu on est devenu plus recherché dans cette partie de l'art; en en suivant les progrès, on voit que c'est celle qui a le plus varié. La dorure, telle qu'elle se faisait dans le dernier siècle, était très expéditive. Quatre habiles *coucheuses d'or*

* Relieur qui fait particulièrement les livres de lutrin.

pouvaient à peine suffire à un doreur ; aujourd'hui le doreur le plus habile peut être entretenu par deux coucheuses, dans l'ouvrage ordinaire, et pour l'ouvrage soigné, une seule est souvent plus que suffisante ; cette différence vient de ce que l'on se servait, il y a quarante ans (et l'on s'en sert encore aujourd'hui pour les reliures très communes), de fers à dos qui remplissaient d'un seul coup tout un entre-nerf; tandis que, maintenant que le goût des petits fers s'est propagé, un seul entre-nerf exige quelquefois vingt ou trente coups de fer qui chacun tient, pour ainsi dire, autant de temps à pousser qu'on en mettait à pousser les fers à dos. Peu d'ouvrages se vendaient brochés autrefois. Les relieurs avaient communément cinq à six cents volumes à dorer avec le même fer et le même titre ; ces cinq à six cents volumes pouvaient être dorés en un jour, tandis qu'en dorant des ouvrages d'un petit nombre de volumes, et dont il faut varier les dorures, un habile doreur peut a peine dorer cinquante volumes dans sa journée, même dans l'ouvrage ordinaire.

Quant à l'ouvrage soigné, cette différence est encore plus grande, six ou huit volumes occupent quelquefois toute une journée, et même dans les ouvrages d'un luxe extraordinaire, tels que le magnifique Polybe, de première édition, relié pour les MM. Debure, par Bozérian le jeune, ou les Décrétales, reliées pour M. Chardin, par Thouvenin, et quelques beaux livres mis aux Expositions de 1819 et 1823, par MM. Simier, Thouvenin et Purgold. Ces sortes d'ouvrages occupent quelquefois un doreur douze ou quinze jours sur un seul volume; ces livres sont, dans les bibliothèques, comme les piliers des réputations de ceux qui les ont établis ; bien qu'ils n'y gagnent souvent rien par les soins et le temps qu'il faut y mettre, et par les dépenses excessives qu'ils nécessitent, ils sont cependant curieux d'en faire.

Il est heureux, dans un sens, que peu d'amateurs soient assez curieux pour faire faire de tels ouvrages, car il faudrait bientôt qu'il y eût autant d'ouvriers qu'il y aurait d'amateurs ; et si, par la suite, ce qui est infaillible, le goût de ces amateurs se réfroidissait, ou si, par un système d'économie, on renonçait à ces dorures recherchées, les neuf dixièmes des ouvriers resteraient à rien faire, ou seraient obligés de changer d'état ; d'ailleurs le nombre de ceux qui sont capables d'exécuter des dorures autant recherchées, n'est jamais grand, et l'on peut dire que, sur cent bons ouvriers, on en trouve à peine un seul capable d'y réussir.

97 *Page 87, vers 6.*

Les titres sur les dos souvent étaient dorés,
Sans différencier en rien les étiquettes.

On a conservé cette méthode pour les reliures en maroquin, et on en use presque toujours de même pour les reliures en peaux de couleurs unies et foncées, sauf cependant sur le veau fauve sur lequel les lettres ne seraient pas assez apparentes. Dans le dernier siècle, on mettait quelquefois sur le maroquin des étiquettes de couleurs différentes : quelques ouvriers en mettent encore aujourd'hui pour relever la couleur terne de leurs ouvrages ; les grands ouvriers, au contraire, ont conservé la méthode primitive, et n'en mettent jamais ; si ce n'est pour plus de variété dans des ouvrages de fantaisie

98 *Page 87, vers 11.*

Grolier cependant, grand amateur et riche,
Sans trop prodiguer l'or, ne s'en montra pas chiche.

Grolier, né à Lyon en 1479, l'un des quatre trésoriers de

France de son temps, savant distingué, zélé protecteur des arts, possédait la plus belle bibliothèque particulière connue alors. Vigneul de Malville, dans ses *Mélanges de Littérature*, dit : « Que ses livres étaient dorés avec une délicatesse inconnue aux relieurs de son temps ; il était tellement amateur de bonnes éditions, qu'il possédait d'abord toutes celles données par les Aldes dont il était l'ami ; il les faisait relier chez lui, sous ses yeux, et ne dédaignait pas d'y mettre quelquefois la main ». Les reliures qu'il faisait faire (on pourrait même dire ses reliures) sont peu chargées de dorure ; bien faites d'ailleurs ; leur simplicité fait leur première élégance ; elles sont le plus souvent ornées de simples filets formant divers compartimens qu'il se plaisait à composer dans les momens de loisir que lui laissait sa charge, ou pour se délasser d'occupations plus sérieuses ; elles portent toutes cette inscription : *A. J. Grolier et amicorum*. En effet, il prêtait ses livres aux hommes de lettres. On peut croire que ceux à qui il les prêtait en avaient autant de soin qu'il en avait lui-même ; autrement il ne nous en serait pas parvenu d'aussi bien conservés, comme on en rencontre quelquefois.

[99] *Page* 88, *vers* 23.

Maintenant tous les arts cèdent à son empire.

Je me rétracte : non, tous les arts ne cèdent plus à l'empire du bon goût ; le gothique commence même à se glisser dans l'imprimerie ; si, malheureusement, il parvient à s'en emparer de nouveau, c'en est encore fait du bon goût pour un siècle. C'est aux Anglais que nous devons le goût baroque qui s'est emparé de tout dans les arts d'agrément ; c'est un mélange d'antique, de gothique qui souvent n'a pas le sens commun ; on s'applique à faire du gentil et non du beau Mais la reliure est, je crois, celui de tous nos arts qui est le plus entaché de gothique; on l'emploie indifféremment sur tout; il semble qu'un livre élégant ne peut se passer de fers gothiques. Pour contenter ce goût qui ne peut être que passager, les relieurs font des dépenses énormes, et, tôt ou tard, ce clinquant sera banni de la reliure comme des autres arts.

[100] *Page 90, vers 5.*

Servez-vous de blanc d'œuf, frais, clair, bien préparé.

Le blanc d'œuf dont se servent communément les relieurs, s'achète à la pinte chez les traiteurs et pâtissiers; il est souvent falsifié par la cupidité des garçons qui y ajoutent de l'eau; il n'est jamais soigneusement purgé des jaunes, ce qui est très préjudiciable à la dorure et au poli : ces blancs d'œufs étant plus communs en été qu'en hiver, c'est dans cette saison que les relieurs en font provision; on le bat, on le laisse reposer, on le tire à clair, et on le garde dans des bouteilles ou des cruches de grès; bientôt la putréfaction s'en empare, et, n'en déplaise aux maniaques, il empoisonne sans en être meilleur. Ce n'est pas que, pour les reliures en veau, en basane, qu'il faut glairer plusieurs fois pour les rendre plus claires, plus brillantes, le blanc d'œuf ancien ne soit réellement meilleur; il s'étend plus également, il n'est pas susceptible de former une crasse comme quand on met successivement plusieurs couches de blanc d'œuf tout frais; mais, pour toute espèce de reliures, quatre ou cinq jours suffisent pour le bien clarifier, pour que les germes et les autres parties solides qu'il renferme se déposent au fond quand il a été bien battu.

[101] *Page 90, vers 15.*

Laissons cette lésine à la race bigote,
Ou bien aux ouvriers qui font la camelote;
Sur ces drogues sans doute il faut bien ménager.

Les livres de dévotion et les livres classiques sont ceux sur lesquels on économise le plus; c'est surtout sur les reliures à nerfs que cette économie paraît davantage; il s'en faut souvent de deux à trois lignes que les filets des mords soient poussés à leur place, ils rentrent sur le dos, c'est ce que les camelotiers appellent *égayer la dorure*; et, joint à ce que les filets des entre-nerfs sont habituellement placés à une ligne et demie ou deux lignes de chaque nerf, alors qu'ils devraient y toucher, cela produit un effet insupportable : mais, comme ces sortes d'ouvrages sont habituellement on ne peut pas plus mal payés, les ouvriers qui en font économisent sur la moindre chose; et cette dorure, telle que je viens de la décrire, offre une économie d'un tiers au moins dans l'emploi de l'or.

[102] *Page 90, vers 28.*

Quand on enduit les cuirs de colle de farine,
Ainsi que je l'ai dit, pour les mettre en couleur

On a pour opinion que, pour que la basane et le veau prennent mieux les couleurs, aussi bien qu'un plus beau brillant à la polissure, il faut les passer à une eau collée; c'est une erreur qui se perpétuera long-temps chez les maniaques, et je crois même cette façon préjudiciable aux reliures, en ce que cette colle, mise à l'extérieur, y attire plus promptement les insectes : d'ailleurs, les peaux de bonne qualité n'ont pas besoin de cette façon, et n'en prennent pas moins bien également les couleurs. Maintenant que le tannage s'accélère par tous les moyens possibles et même au préjudice de la fleur du veau, la précaution de passer à l'eau de colle est devenue indispensable. Mais la parfaite réussite consistera toujours, particulièrement pour les couleurs unies, à saisir le degré de dessèchement convenable; la peau trop sèche prend des teintes inégales: quand un train est considérable ou que l'on n'a pu saisir l'instant convenable pour la mise en couleur, il est bon avant d'y procéder de rafraichir toute la reliure avec une éponge très fine imbibée d'eau claire; le dos et plus particulièrement les deux bouts sont plus difficiles à s'imprégner; je ne saurais en dire la raison: quand le veau a repris par le simple dessèchement sa blancheur naturelle, on passe à l'eau de colle; étant sec, on met en couleur avec succès.

[103] *Page 91, vers 9.*

Quant au beau maroquin, on se borne à glairer
Bien juste les endroits que l'on prétend dorer.

Les ouvriers en ouvrages communs, glairent le maroquin en entier, afin de lui rendre, pour le moment de le livrer, le lustre que la plupart lui font perdre en l'employant. Mais ne pouvant pas le polir au fer chaud, comme on polit le veau, si peu que l'on y touche, il blanchit, il devient sale et extrêmement laid en peu de temps. Les bons ouvriers, au contraire, ne glairent exactement que la largeur de la dorure; encore coupent-ils le blanc d'œuf avec deux ou trois parties d'eau, suivant que le maroquin est anciennement ou nouvellement fabriqué, et plus encore, suivant sa beauté; le beau maroquin porte un apprêt suffisant pour happer l'or; l'eau simple suffirait pour le rafraîchir et le disposer à recevoir la dorure ; mais l'effet de cet apprêt diminue sensiblement, si, pour appliquer la couverture, on l'imbibe trop fortement de colle.

[104] *Page 91, vers 15.*

Servez-vous, pour coucher, d'une huile blanche et claire.
L'huile de noix nouvelle est celle qu'on préfère ;
Elle est très siccative, elle tache moins l'or :
Maintenant sur ce point tout le monde est d'accord.

La dorure à l'eau, faite comme la font les doreurs en titre, c'est-à-dire, ceux qui ne font que la dorure, n'a que très peu d'éclat, en ce qu'ils noient d'eau la place où ils appliquent l'or ; comme ils sont presque toujours pressés, ils poussent souvent en avant le temps qu'il faudrait le faire. L'eau ternit beaucoup l'or ; et, quand ils enlevent le trop, c'est avec une éponge imbibée d'eau, heureux quand l'éponge est propre et l'eau claire ! car souvent leur dorure, passablement belle, est affreuse, étant essuyée.

Pour que cette dorure soit belle, l'eau ne doit servir qu'à rafraîchir le maroquin ; quand elle est évaporée, il serait temps d'y coucher l'or, sans huile, en y passant simplement un petit tampon de coton suiffé, comme quelques ouvriers le pratiquent maintenant pour la dorure du veau fauve et des couleurs unies : ils ont raison, jamais les livres ne sont tachés ; mais cette méthode excellente est infiniment plus longue, et ne peut être employée que pour les ouvrages extrêmement bien payés.

C'est une véritable prévention de croire que l'huile de noix soit seule propre à la dorure ; elle doit être cependant préférée aux autres huiles par les ouvriers qui n'ont pas de soin ;

mais je puis assurer que toutes les huiles blanches sont propres à la dorure sur cuir, le tout est de les employer en très petite quantité ; surprise par la chaleur du fer, l'huile remonte à la surface de l'or, elle le noircit et ternit l'éclat de la dorure : c'est surtout sur le maroquin, et particulièrement sur le veau fauve qu'il faut en mettre si peu qu'on ne puisse distinguer, avant d'appliquer l'or, les endroits où l'éponge imbibée d'huile a passé.

[105] *Page 93, vers 6.*

Pour les filets des mords, afin qu'ils soient bien droits,
Poussez-les hardiment contre une règle en bois.

Les filets des mords, comme les étiquettes, doivent être placés sur les bords du dos, positivement à côté de l'endroit où la peau forme la charnière ; ces filets doivent occuper toute la longueur du dos. Le livre étant à plat sur la table, en tenant de la main gauche une règle en bois, on peut pousser hardiment les filets ; bien des ouvriers les poussent à vue d'œil ; aussi ne sont-ils jamais bien. Un seul filet est préférable à deux, parce que sur deux filets souvent il y en a un qui manque en quelque endroit, et que sur des livres minces, deux filets rétrécissent encore le dos qui déjà n'est pas trop large pour y insérer le titre clairement.

[106] *Page 93, vers 9.*

Marquez sur votre dos les filets au compas ;
Les fers étant poussés, qu'on n'aperçoive pas,
Près de chaque palette, un trou désagréable ;
De pousser sur les points, certe il est préférable.

Le commun des ouvriers, et ceux dont la vue est affaiblie

par un long travail, marquent la place des filets quand l'or est couché; ils ont aussi pour habitude de pousser la palette de manière que le point du compas soit juste au milieu; de sorte que lorsqu'ils se servent d'une palette à deux filets, la marque du compas se trouve dans l'espace, et paraît toujours. Le livre étant terminé, ceux qui apportent plus de soin marquent la place de leurs filets avant de coucher l'or, et poussent la palette sur le bord du point.

[107] *Page 93, vers 15.*

Ayez l'esprit présent, la moindre inadvertance
Aux yeux de l'amateur passe pour nonchalance.

L'ouvrier peu attentif, ou même le bon ouvrier distrait par l'éternel caquet des ouvrières, peut facilement se tromper en poussant les filets des divisions; il est extrêmement essentiel que sur tous les dos d'un ouvrage, de quelque nombre de volumes qu'il soit, les palettes soient poussées sur tous, soit sur les étiquettes, soit à côté, afin que, les volumes étant mis en rayons près les uns des autres, tous les filets se rapportent exactement.

[108] *Page 93, vers 21.*

Ils ne plaisent à l'œil que lorsqu'ils sont d'accord,
Que jamais les filets ne dépassent le mords.

C'est pour ainsi dire demander l'impossible, diront les ouvriers; j'avoue que je ne l'ai jamais rencontré, même dans des ouvrages de cinq à six volumes; je ne l'ai jamais vu dans les reliures anglaises que l'on prône tant pour être parfaites; mais il me semble que cela devrait être ainsi : s'il est extrêmement difficile, s'il est même impossible de faire rapporter tous les filets d'un ouvrage, il est au moins désagréable que des filets soient poussés de travers, c'est cependant ce qui arrive dans les plus belles reliures; les filets placés près des nerfs ne sont pas mal poussés habituellement, parce que les nerfs servent de guides; je pourrais même dire de point d'appui pour conduire la palette; mais à la tête et à la queue, où l'œil seul sert de guide, les meilleures mains en poussent souvent de travers. Je suis fâché d'avoir à signaler ce défaut, mais je dois tout dire, et en cela personne n'a le droit de se moquer de ses confrères, car nous commettons tous ces fautes plus ou moins souvent, et il est très rare de voir un ouvrage extrêmement soigné où il n'y ait pas quelques filets, soit en tête, soit en queue, qui ne décrivent une portion de cercle. Cependant il est juste qu'après avoir fait la part de la critique, je fasse maintenant celle de l'éloge, il est vrai de dire que depuis que j'ai publié mon poème, plusieurs ouvriers se sont tellement surveillés dans cette partie que maintenant ils y réussissent beaucoup mieux et que même pour donner une plus grande preuve de capacité, souvent loin de pousser le filet près du nerf, ils l'en éloignent, de sorte qu'on ne peut plus dire que le nerf sert, de point d'appui, je suis bien aise qu'ils m'aient donné ce démenti, ils me feront toujours plaisir, en pareil cas.

[109] *Page* 94, *vers* 23.

N'allez pas sur un dos, en artiste borné,
Inscrire ineptement: Planches illuminé.

J'ai vu cette gaucherie extraordinaire, sur un livre que possédait M. l'abbé de Tersan, amateur et antiquaire distingué; j'en ai vu mille autres qu'il serait trop long et inutile de détailler.

[110] *Page* 95, *vers* 17.

> Je conclus qu'il vaut mieux consulter l'amateur :
> L'ordre qu'il établit est toujours le meilleur.

Les amateurs sont peu d'accord sur la manière d'étiqueter les livres; les uns veulent des titres très longs, les autres les veulent très courts. Les savans veulent que le nom de l'auteur précède le titre. Quelques-uns le font mettre après, d'autres font mettre un titre tout autre que celui du livre; ils s'y reconnaissent, c'est l'essentiel. Les trois quarts des titres que mettent les relieurs sont risibles; les titres des livres grecs, latins, ou en langues étrangères, le plus souvent n'ont pas le sens commun. C'est enfin la partie la plus longue de la dorure, quand on dore beaucoup de volumes seuls, et celle à laquelle les relieurs manquent le plus souvent, moi-même j'y manque quelquefois. Il y a des titres si chargés, qu'il faut une grande présence d'esprit et une infinité de précautions pour y bien réussir. Un de mes amateurs s'est avisé de vouloir qu'une Bible de Mariller, en 12 vol. in-8°, et la Bible latine de Didot, en 8 vol., portassent tous les titres des livres de la Bible; il en a donné le goût à d'autres qui ont vu ses exemplaires, et j'ai plusieurs fois été chargé de cette corvée : c'en est effectivement une véritable d'inscrire environ 80 lignes sur 8 ou 12 vol., compris les titres courans.

[111] *Page* 96, *vers* 1.

> Lorsque le titre est fait, on peut dorer le bord;
> Pour le pousser plus juste, on doit le couvrir d'or.
> Poussez un filigrane, une perle légère,
> Même un simple filet, voilà ce qu'on préfere.

Les ouvriers mettent une lésine extraordinaire dans la dorure des bords ; ils font couper l'or en cinquante ou soixante bandes, et le bord est souvent très mal doré; les ouvriers soigneux, au contraire, couvrent entièrement le bord, même pour n'y pousser qu'un seul filet qu'il est plus facile de pousser au milieu de la bande d'or; quelquefois on hache les coins à une longueur plus ou moins considérable, suivant la grandeur des formats. Bien faites, ces hachures forment un effet très agréable ; trop longues, proportionnellement au format, elles donnent un air lourd à la dorure. Il serait trop long, et d'ailleurs très difficile de déterminer la longueur que doivent avoir ces hachures pour chaque format en particulier : sur ce point, le goût d'un bon ouvrier ou celui d'un amateur sont plus sûrs que les meilleurs préceptes.

[112] *Page 96, vers 12.*

Poussez-vous des filets ou de riches dentelles,
Laissez régner autour un filet privé d'or:
Les ouvriers communs poussent toujours au bord.

Les ouvriers communs poussent au bord du livre, parce qu'ils ont plus tôt fait; ceux qui soignent leurs ouvrages tracent autour du livre une petite raie, à la distance d'une ligne ou d'une demi-ligne, pour les petits formats, et d'une ligne et demie à deux lignes pour les grands; la bordure ou la dentelle, tant en dehors qu'en dedans, poussée à une petite distance, fait un effet plus agréable; on trace cette petite raie avant de glairer le livre, elle s'aperçoit au travers de l'or quand il est couché : on se sert habituellement d'une galope, ainsi nommée, parce que ce moyen est expéditif, mais il vaut mieux tracer à la règle. Si quelques inégalités existent sur les bords, soit par l'effet de la parure du cuir ou du marteau en battant les plats, avant ou quand le livre est couvert, elles n'existent pas à la dorure ; quant au filet du côté du mord, il est indispensable de le tracer à la règle, en déterminant sa place au compas, en tête et en queue, en partant du bord du côté de la gouttière.

[113] *Page 96, vers 18.*

C'est souvent en cela que les doreurs échouent.

Il est au plus rare que les quatre angles des bordures soient bien fermés sans qu'il dépasse quelque chose ; c'est encore une raison qui porte les ouvriers communs à pousser tout-à-fait au bord. Quant aux bons ouvriers, comme ils savent que cela déplait infiniment aux amateurs, ils font d'abord coucher soigneusement leurs bordures et dentelles, mais ils sont encore obligés de gratter, d'effacer ce que la roulette a marqué de trop. Cependant, avec beaucoup de précautions, l'or étant même couché trop large, on peut pousser correctement; car les grattages paraissent toujours, et déplaisent infiniment à l'amateur éclairé. Presque tous les ouvriers placent une petite perle ou un point dans l'angle que forment deux filets l'un près de l'autre ; je préférerais que ces angles fussent tels que ceux des gravures, les cadres seraient plus corrects.

[114] *Page 97, vers 2.*

Les livres précieux où l'on met des charnières,
Les livres, en un mot, richement établis,
Sont presque tous doublés de moire ou de tabis.
Quand la moire est dorée, elle est plus agréable :
Le blanc d'œuf desséché, mis en poudre impalpable,
Sert à dorer la moire ainsi que le velours.

Les charnières servent de parallèles à la bordure du devant

du livre, et forment un encadrement parfait. Elles doivent donc avoir la même dorure que le restant de la bordure. Quelques ouvriers poussent la recherche jusqu'à placer sur le mord du carton le même filet que sur le bord ; Simier me paraît être le premier qui ait introduit cet usage ; bien que ce soit très peu apparent, les connaisseurs aiment à rencontrer ce soin dans un ouvrage de luxe.

Quant à la dorure de la moire et du tabis, de la soie en général, les uns la glairent avec un petit pinceau de poils de chèvre, en observant bien la largeur de la dorure qu'ils veulent y mettre ; d'autres se servent de blanc d'œuf desséché, pulvérisé et mis dans une bouteille ou poudrière recouverte de parchemin mince percé de petits trous : on couvre facilement et également la moire de cette poudre, à l'endroit où elle doit être dorée ; cette poudre se calcinant quand elle ressent la chaleur du fer, fait tenir l'or après la soie ; ce moyen est préférable à l'autre, en ce que la glairure, telle bien faite qu'elle soit, forme toujours une petite nuance plus ou moins foncée, et désagréable ; c'est pour éviter cette nuance, et pour ne pas s'asservir aux précautions requises, que quelques ouvriers préfèrent glairer la moire en entier, comme on glaire le veau, c'est-à-dire, que, pour ne pas tacher un petit endroit, ils tachent tout. Quant au velours, on ne se sert jamais que d'alun ou de blanc d'œuf pulvérisé.

Je vais expliquer ici, n'ayant pas encore eu l'occasion de le dire, comment on prépare la soie pour doubler ou couvrir les livres.

On coupe les morceaux de la grandeur requise, on enduit de colle d'amidon un papier mince et collé, en observant qu'il soit d'un pouce plus grand tout autour de la soie ; lorsqu'il est bien tendu et qu'il ne présente aucune ride ni pli, on y applique l'envers de la soie, en observant d'y toucher le moins possible ; on tourne le papier sens dessus-dessous sur un carton très propre et uni; puis, étendant une feuille de papier plus grande encore, on frotte en tout sens avec la paume de la main pour faire attacher la soie au papier, l'excédant du papier se colle tout autour de la soie sur le carton; on laisse sécher le tout dans cet état : étant bien sec, on coupe le papier tout autour avec quelque outil tranchant, à l'endroit où la soie se termine, puis on l'adapte au livre afin qu'elle soit rognée et dorée sur tranche en même temps.

[115] *Page 98, vers 13.*

Il dédaigne l'emploi trop commun des grotesques.

Les fers reçoivent leurs noms des usages auxquels ils sont propres chacun en particulier ; ainsi on nomme roulette tout fer qui en a la figure, et qui sert à pousser de simples filets ou des dessins plus ou moins variés. Les rosettes sont des fers qui, d'un seul coup, forment un dessin sans le secours d'aucun autre fer; elles se placent sur les dos, entre les entre-nerfs, ou sur les plats, dans les angles des bordures. On appelle, en général, petits fers, des objets qui servent à faire des compositions telles que de riches rosettes sur les dos, ou des arabesques sur les plats. Les palettes sont des fers qui ont la figure d'un **T**, la grande branche entre dans un manche pour pouvoir s'en servir, l'extrémité transversale est gravée, les unes sont de simples filets, on en a de diverses grosseurs; il y en a à deux, trois, quatre filets et même plus; d'autres représentent des feuilles d'orfante, des grecques, des palmettes. Toutes ces palettes servent pour diviser les entre-nerfs et pour pousser en tête et en queue, d'autres ne représentent qu'une petite perle extrêmement fine, ce qu'on nomme palette à grains; elles se poussent plus particulièrement sur les nerfs. D'autres palettes enfin représentent de petits dessins mosaïques; ce sont celles-là que les relieurs et les graveurs nomment improprement grotesques, en ce qu'elles peuvent s'utiliser sur tous les formats et à toutes les largeurs que l'on veut. Mais les ouvriers distingués s'en servent rarement; cependant, quand ces palettes sont gravées par des artistes distingués, elles forment des dessins continus assez agréables. Depuis quelque temps on a repris leur usage particulièrement pour pousser dans les grands entre-nerfs des dos.

[116] *Page* 99, *vers* 9.

Tout graveur ne fait pas ce genre de gravure ;
Mais Culembourg, Hérou, Kilcher et Lefébure,
Sont ceux qui, dans cet art, ont su se distinguer.

La gravure des fers à dorer est un genre tout particulier, il tient plus de la gravure en bois que de celle en taille-douce. Peu de graveurs réussissent à graver ce genre; les uns ne creusent pas assez les tailles, et les dessins poussés en or sont pâteux et privés d'ombres; les autres ne prennent pas soin de bien polir et émorfiler leurs fers; ils prennent difficilement d'abord, et ne viennent bien que lorsqu'ils ont servi quelque temps; chaque graveur a un genre particulier dans lequel il réussit mieux que dans les autres: Culembourg faisait très bien toutes les petites pièces de rapport, les fers à mille points et les roulettes. Lefevre est, après lui, celui qui réussit le mieux dans ce genre; Kilcher excelle à graver la lettre, ce que l'on appelle le compositeur; Hérou fait également bien tous les genres; sa gravure est expéditive, mais bonne et raisonnée; il fait plus de fers à lui seul que tous ses confrères ensemble, parce qu'il n'épargne rien pour établir de bons outils, et que, pour chaque genre d'ouvrage, il possède des moyens mécaniques que n'ont aucuns graveurs. Delaunai, son élève, qui s'établit il y a cinq ans, donne de bonnes espérances.

¹¹⁷ *Page* 100, *vers* 19.

> Quand on l'ôte du feu, qu'on le juge trop chaud,
> Laissez-le refroidir ; un fer qui sort de l'eau,
> Dans ses tailles recèle une vapeur humide,
> Qui donne à la dorure une teinte livide.

Il serait difficile de déterminer le juste degré de chaleur que doivent avoir les fers ; cela dépend de leurs formes, et du degré de perfection de la gravure.

Il est bien vrai que dans cet art, comme dans bien d'autres, il est aussi facile de bien faire, comme il l'est de faire très mal ; mais il y a si peu de gens qui, dans leur état, savent discerner ce qui est bien, le vrai beau, d'avec ce qui est médiocre et souvent insupportable, qu'il n'est pas étonnant qu'un ouvrier médiocre pousse vingt et même trente filets de la même chaleur, c'est-à-dire, sans remettre le fer au feu ; il pousse sans cesse jusqu'à ce que la palette ne soit plus suffisamment chaude. Il arrive de là que le premier filet poussé entre d'un quart de ligne dans la peau, et que la dorure est presque noire, tandis que le dernier ne tient pour ainsi dire pas. Le maniaque connaît, ou du moins croit connaître la chaleur de son fer par le bruit qu'il fait en le plongeant superficiellement dans l'eau ; plus il fait de bruit, plus il le juge chaud ; et plus, par conséquent, il le laisse à l'eau, moins il fait de bruit, et plus il se hâte de le pousser ; c'est en cela qu'il se trompe le moins souvent. Mais quand un fer bien chaud est plongé superficiellement dans l'eau, il frise d'abord avec force, puis il s'éteint enfin ; l'ouvrier inattentif pousse de suite, ses premiers coups de fer tiennent à peine; le quatrième, le cinquième tiennent assez, sont très brillans; l'éclat diminue progressivement dans les six, sept, huit et neuvième coups, et les dix et douzièmes brûlent la peau : il ne fait pas attention que la chaleur primitive s'est conservée dans la queue du fer, qu'au fur et à mesure qu'il pousse, cette chaleur augmente celle de la gravure; et dans la persuasion qu'il est que son fer est d'une chaleur convenable, il continue de pousser jusqu'à ce que la dorure ne tienne presque pas. L'ouvrier attentif, au contraire, ne pousse qu'un très petit nombre de coups de fer de la même chaleur; il s'habitue à connaître le degré convenable à chaque fer ; il n'ignore pas qu'un même fer doit être d'une chaleur différente pour la basane, le veau, le maroquin, le cuir de Russie, le vélin; que même les différens marbres nécessitent une chaleur plus ou moins forte. Quand l'acide nitrique entre dans la composition d'une couleur, il attendrit la peau : c'est pour cela que le veau fauve demande très peu de chaleur, et que les ouvriers communs le dorent si mal. Il y a une infinité de nuances dans la chaleur des fers. Je ne suis entré que très succinctement dans ces détails; ils pourront cependant mettre le jeune artiste à portée de mieux faire, et l'amateur à même de savoir mieux juger et apprécier le vrai talent.

Le cuivre très oxidable de sa nature doit être souvent nettoyé. Lorsqu'ils sont rangés dans la casse (les fers nommés ainsi, bien qu'ils soient faits en cuivre), les fers, dis-je, se ternissent facilement : il y en a qui servent très souvent, d'autres qui servent très peu; ceux-ci se chargent d'un oxide qui nuit singulièrement au brillant de la dorure. Avant de s'en servir il faut les frotter sur un morceau de buffe sur lequel on poudre un peu de rouge de prusse ou de braise écrasée, plus le fer est brillant, plus la dorure est nette; autrefois les doreurs étaient très négligens sur ce point ; les amateurs, surtout les MM. Chardin, Debure, Renouard, Lamy, leur ont tant répété que leur dorure ne pouvait pas soutenir la comparaison avec les dorures anglaises, qu'enfin ils se sont aperçus que la propreté des fers entre pour beaucoup dans le brillant de la dorure ; ils en ont donc soin maintenant; et nos bons doreurs rivalisent avec nos voisins d'outre-mer, et l'emportent quelquefois sur eux.

[118] *Page* 102, *vers* 1.

Pour faire une dorure exacte en cette espece,
Il faut que tous les fers paraissent d'une pièce ;
Que l'œil le plus perçant ne puisse deviner
L'endroit où, deux fers joints, l'un s'est dû terminer
Ainsi le pointillé se fait, marche et s'ordonne.

Tous les artistes trouvent dans l'Art poétique de Boileau des préceptes applicables à leur art, deux vers de cet immortel ouvrage expliquent la nature du pointillé mieux que qui que ce soit ne saurait le faire; les voici :

« Que d'un art délicat les pièces assorties
« Ne forment qu'un seul tout de diverses parties. »

BOILEAU, *Art poétique*

La dorure à mille points, les compositions en général nécessitent un travail préalable ; avant de dorer, on pousse d'abord ses fers sur un morceau de veau humide, dans les proportions qu'on se propose de garder sur le livre qu'on veut dorer; on en voit l'effet, on voit si toutes les pièces concordent ensemble, si les entre-nerfs seront bien remplis, ou s'ils auront les vides qu'ils doivent avoir, cela varie à l'infini. Quand on est bien certain de son fait, on pousse les fers principaux; ces fers, poussés d'une chaleur raisonnable, sont très brillans; ensuite on pointille avec des poinçons qui portent deux, trois ou quatre points réunis, suivant les places qui restent à remplir : pour remplir exactement dans les angles que forment les fers, on se sert d'un seul point; les points sont généralement poussés plus chauds que la dorure principale, ils brillent moins, et la font d'autant plus ressortir Ils font l'effet que la dorure au mat fait dans les fonds des ouvrages en bronze doré. Cependant Simier et Thouvenin, qui perfectionnent tout ce qu'ils touchent, ont fait quelquefois des ouvrages où le pointillé brillait autant que les fers principaux, et qui faisaient un bel effet; mais cela double au moins le temps. On fait aussi un genre de pointillé qui est assez joli quand il n'est employé qu'accidentellement et sans profusion, c'est un pointillé vide, c'est-à-dire que chaque point est percé d'un petit trou; ce pointillé, pour être bien distinct, doit nécessairement être plus gros que le pointillé ordinaire. J'en ai vu qui produisait un charmant effet. Par ce court exposé, on peut juger du temps et des soins que nécessite un grand livre dont on dore également les plats et les bordures intérieures. Cinquante mille coups de fer sont souvent poussés sur un seul volume.

[119] *Page* 104, *vers* 5.

Quand un livre est doré, l'on y colle la garde.

Cette facilité avec laquelle on aime tant à voir tomber les cartons l'un sur l'autre, dépend de plusieurs mains d'œuvre qu'il faut particulièrement soigner; c'est surtout de la couvrure que dépend cette élasticité.

Les ouvriers communs collent la garde, ferment le livre

de suite et le mettent en presse; les livres dont les gardes sont ainsi collées sont toujours roides, et les gardes cachent une partie de la bordure. Les ouvriers soigneux raccourcissent leur papier, le collent, le renversent sur le carton, et le laissent sécher avant de fermer le livre. Cette opération, qui paraît très simple, est très minutieuse. La nature du papier entre pour beaucoup dans la réussite; les papiers minces sont en général les meilleurs, surtout pour les petits formats; afin de donner plus d'élasticité aux cartons, les ouvriers arrachent les parchemins avant de coller les gardes, c'est-à-dire, qu'ils détruisent la solidité pour donner plus de grâce, et pour que les parchemins ne soient pas apparens au travers du papier. Il est vrai que, lorsqu'on le veut conserver, cela nécessite plus de travail; mais la reliure en est infiniment plus solide. Je développerai ce principe dans ma méthode de perfectionnement.

[120] *Page* 105, *vers* 24.

Cela cambre un carton tout naturellement,
Le livre clôt toujours plus hermétiquement.

Quand les livres sont terminés, qu'il n'y a plus à y toucher, il est bon de les remettre encore en presse les uns sur les autres, ou entre des ais, et serrer médiocrement. Si la presse était trop serrée, l'éclat de la polissure diminuerait sensiblement; et pour les livres en maroquin, ce serait bien pis, le grain s'effacerait. D'ailleurs, les livres en maroquin ne doivent plus aller en presse quand ils sont couverts, ni même quand les gardes sont collées; il suffit de les mettre en paquets de six, dix ou même douze volumes ensemble, entre des ais, en alternant les dos et les gouttières, ce que l'on appelle *bécheveter*, et de les serrer fortement avec des cordes, l'espace de vingt-quatre heures, ou plus, si l'on peut. Quand cependant des livres en maroquin ne ferment pas hermétiquement et sont terminés, on peut les mettre en presse en renversant les cartons, en mettant les ais juste dans les mords; par ce moyen, le grain du maroquin ne s'efface pas et on termine l'opération comme il est dit ci-dessus.

Page 106, *vers* 13.

Il se croit obligé de conduire à-la-fois
Le commun et le beau, l'élégant, le sublime.

Quelques personnes me critiqueront peut-être de cette division de la reliure en quatre genres très distincts. Je pourrais aisément leur prouver que chacun de ces genres pourrait lui-même être subdivisé; mais je m'arrête à mon assertion, et je pense que dans bien des arts on pourrait aussi bien que dans la reliure, établir de pareilles divisions.

J'entends par genre commun les reliures en parchemin et celles en basane que beaucoup de libraires font faire à la grosse; j'y joindrai encore les cartonnages mal faits, dits à la Bradel. J'entends par beau, non pas ce qui est bien fait, mais ce qui paraît l'être, tel que les reliures en veau, enjolivées de beaux marbres et de riches dorures. Je rangerais dans le genre élégant les reliures en veau fauve ou en maroquin, qui seraient plus élégantes que parfaitement bien faites.

Dans le genre sublime (qu'on me passe ce mot) je ne comprendrais que ce qui serait parfaitement bien fait, que les livres qui seraient géométriquement justes, soit qu'ils soient établis très simplement, ou que les dorures, les embellissemens en général soient d'une recherche, d'un goût exquis, tout ce qui serait enfin d'un fini précité; et même, pour ne pas faire plus de divisions, j'y joindrais le genre simple qui de tous les genres est le plus difficile; j'y comprendrais alors les cartonnages ou reliures entières non rognées, peu chargées d'or, mais parfaitement bien faites. Il y a tout lieu de croire que les membres du jury de l'exposition publique (de 1819) n'admettaient pas ces divisions de genre dans la reliure, qu'ils regardaient même cet art comme très secondaire, puisque MM. Simier et Thouvenin, qui sont arrivés le plus près de la perfection, n'ont point obtenu de médailles. Si MM. Van Praet, Langlès, Chardin, Debure, Didot, Quatremère, Renouard, adjoints à quelques savans, eussent jugé ces reliures, le jugement eût probablement été tout autre. Le jury de 1823 qui peut-être était le même qu'en 1819, a été plus équitable, MM. Simier et Thouvenin ont eu chacun une médaille d'argent, il n'a donc pas osé décider lequel des deux méritait celle en or. Mais ce qui peut le faire excuser de cette incertitude, c'est que, appréciant les talens de M. Purgold, bien que ce dernier n'ait pas exposé, il lui a décerné une médaille de bronze. De bronze, d'argent ou d'or, qu'importe. Cette médaille honore l'artiste et ceux qui la lui ont décernée.

[122] *Page* 107, *vers* 3.

Le rustique Naissant, de sa nerveuse main,
Relie et ferre au mieux un livre de Lutrin.

Peu d'ouvriers réussissent aussi bien que Naissant à relier les livres de lutrin, ses confrères même lui rendent tellement justice sur ce point, que la plupart lui donnent à relier, ou pour le moins à ferrer ceux dont ils se sont chargés.

FIN DES NOTES DU SIXIÈME ET DERNIER CHANT.

MÉMOIRE

RELATIF AUX MOYENS DE PERFECTIONNEMENT
PROPRES A FAIRE RETARDER DE PLUSIEURS SIÈCLES
LE RENOUVELLEMENT DES RELIURES;

Présenté à la Société d'Encouragement, le 18 janvier 1818,
et soumis au Jury de l'Exposition des Produits
de l'Industrie française, en 1819.

MÉMOIRE

RELATIF AUX MOYENS DE PERFECTIONNEMENT PROPRES A FAIRE RETARDER DE PLUSIEURS SIÈCLES LE RENOUVELLEMENT DES RELIURES.

Des savans et des artistes distingués, les uns dans leurs sublimes écrits, les autres par leurs divines productions, ont déterminé d'une manière précise et invariable ce qui, dans les beaux-arts, doit caractériser le vrai beau.

Il n'en est pas ainsi des arts mécaniques; non-seulement les ouvriers d'un même état ne sont pas partout d'accord sur ce qu'il est bon ou mauvais de pratiquer dans leur art, mais ceux d'une même ville exécutent souvent un objet pareil de vingt manières différentes : de là le peu de progrès qu'ont fait, et encore très difficilement, les arts mécaniques que Voltaire appelait les arts de la main; non que je pense, comme quelques personnes le disent, qu'il croyait que, pour les exercer avec succès, il suffit d'être doué d'une faible intelligence, ou même d'une sorte d'instinct : je suis plutôt porté à penser qu'il ne leur accordait pas simplement le nom d'arts, parce qu'ils n'avaient pas encore atteint le degré de perfection auquel il jugeait bien qu'ils devaient parvenir un jour. Un grand homme a dit depuis, si j'eusse continué de gouverner, il n'y aurait plus eu de métiers en France, ils fussent tous devenus des arts; pensée sublime, mais qui prouve combien les arts ont encore à gagner.

A en juger par la variation qu'éprouvent les arts mécaniques en passant alternativement du médiocre au bon, du bon au mauvais, et cela par l'effet du changement des procédés d'exécution, on serait tenté de croire qu'il n'existe vraiment chez eux qu'un beau de convention, sur lequel même on ne peut être bien d'accord. En fait d'embellissement et de procédés d'exécution, on est si changeant que ce qui est bien finit par ne rien valoir à force de vouloir le perfectionner ou le simplifier; ce qui est beau cesse de l'être en cherchant à trop l'embellir : c'est cette inconstance dans le goût, c'est surtout le peu de discernement dont est capable le commun des ouvriers qui sont cause des nombreuses variations qu'a éprouvées la reliure, et de celles qu'elle éprouvera encore certainement. MM. Bozerian l'aîné et Courteval la portèrent presqu'à la perfection du côté de la solidité; ceux qui les ont suivis semblent ne s'être occupés que de l'embellissement et de l'élasticité.

La reliure peut encore être perfectionnée du côté de la solidité; on peut amener cette partie de l'art à un tel point qu'elle n'éprouverait plus de variations, si ce n'est dans le genre qui pourrait, selon la mode ou le goût des temps, passer alternativement de la reliure à nerfs à celle à la grecque ou à dos brisé, et de ce dernier genre au premier, ainsi de suite. On peut rendre à la reliure son antique solidité, faire retarder de plusieurs siècles le renouvellement des reliures à l'aide de quelques heureuses substitutions dans les matériaux; on peut même leur procurer plus de solidité que n'en avaient les reliures du quinzième siècle; les rendre moins susceptibles d'être attaquées des insectes destructeurs, plus incombustibles et plus impénétrables à l'humidité; leur conserver en même temps cette légèreté, cette grâce, cette élégance qui caractérisent les belles reliures modernes, et surtout cette élasticité tant estimée aujourd'hui, et à laquelle le commun des ouvriers a par trop sacrifié le solide. Tel est le but que je me suis proposé d'atteindre : le public jugera si j'ai réussi.

On verra que ce n'est pas le desir d'innover qui me fait proposer des changemens dans les matériaux et dans quelques manutentions de la reliure; les productions de cet art sont tellement répandues, que tout le monde possède des objets de comparaison. C'est justement en comparant les reliures anciennes et modernes, c'est encore en comparant les reliures françaises et étrangères que j'ai su apprécier ce que les unes et les autres présentaient de bon, soit dans les matériaux, soit dans leur manipulation; c'est encore en les comparant toutes entre elles que j'ai reconnu ce que les unes et les autres présentaient de défectueux; c'est en remédiant, d'une part, à ces défectuosités, et de l'autre, en empruntant de chaque genre ce qu'il renferme de bon, de bien fait et de durable, que je suis parvenu à créer un genre neuf, qui présente une particularité bien singulière; c'est que, possédant au dedans toute la solidité de l'ancien genre, il conserve au dehors tout le caractère du genre moderne. En observant de près les reliures anciennes, on voit que primitivement les nerfs sur lesquels on cousait les livres étaient faits de lanières de cuir blanc tordu; ces lanières, réunies souvent deux à deux, composaient les nerfs et ne résistaient pas long-temps à la fatigue qu'éprouvaient les livres par la raideur qu'avaient toujours les cartons. Ils auraient encore résisté moins long-temps si les livres n'avaient pas été passés en parchemins qui étaient collés sur le dos, ainsi que tout le long du carton en dedans. On voit quelquefois des reliures dans lesquelles il n'y a plus que le parchemin qui retient le carton après le livre, le cuir de la couverture étant même tout-à-fait usé. Cette première observation prouve que, de tous les matériaux employés dans la reliure, le parchemin est le moins cassant; on en voit encore une preuve évidente dans les reliures de Hollande, cousues habituellement sur des bandes de parchemin, au lieu de ficelles, comme nous cousons les nôtres ; ces nerfs manquent bien rarement, si ce n'est dans les livres extrêmement gros, ou quand la reliure est dans un état de vétusté parfaite. Ces diverses considérations ont amené le changement qui s'est fait dans la nature des nerfs; on a substitué aux lanières de peau, ou aux bandes de parchemin employées primitivement, des ficelles proportionnées à la grandeur, à la grosseur des livres; ces ficelles, plus solides que ne l'étaient les anciens nerfs, ont permis d'économiser sur le parchemin. Quand est venue l'invention des dos brisés, on a employé des ficelles très minces pour avoir la faculté de moins grecquer le livre qui perd toujours de la marge du fond toute la profondeur de la grecque. Le parchemin étant venu progressivement à un prix très élevé, on s'est abstenu d'en employer dans la reliure, et c'est ainsi que peu-à-peu les deux parties essentielles de l'art, la couture et l'endossement, sont tombées dans un état de dépérissement tel que les reliures les mieux confectionnées, dénuées du soutien que le parchemin procurait aux anciennes, périssent toujours par les nerfs, par la mauvaise confection du dos, et par les mords qui, je le répète, n'ont aucun soutien. L'augmentation des matières premières, celle du salaire des ouvriers, ont encore amené une autre économie qui, sans contredit, est très préjudiciable à la bonne confection de la reliure. La couture des livres est maintenant très négligée ; les relieurs anciens cousaient chaque cahier dans toute sa longueur, avec du fil fin, ou gros, en proportion de la force du papier : les bons relieurs hollandais ont conservé cette méthode. En France, les livres se cousent deux cahiers à-la-fois pour les petits formats, et à trois cahiers pour les in-4° et les in-fol. Les reliures les plus soignées ne sont pas cousues autrement. Les cahiers ne sont donc retenus par le fil qu'au tiers, ou tout au plus à moitié de leur longueur.

Chacun sait que, dans les reliures anciennes, on employait du bois au lieu de carton; soit parce que le bois n'était pas toujours bien choisi, ou plutôt par la mauvaise qualité de la colle, les vers s'y engendraient facilement, et les livres en étaient bientôt atteints; aux ais en bois on a substitué le carton, on en a même fait avec des feuilles de papier collées les unes sur les autres : tout cela n'a pas empêché les vers d'attaquer les livres. Les cartons, plus souples que le bois, s'écornent facilement lorsqu'un livre tombe; il est rare qu'il n'y ait pas quelque coin de brisé.

L'emploi abondant de la colle de pâte dans toute la manutention de la reliure, est une des causes principales de l'attaque des vers. C'est presque toujours par les dos qu'ils pénètrent, parce que ce sont les dos qui en sont le plus imprégnés. Tout le monde est à même de remarquer que ce sont essentiellement les deux extrémités qui sont attaquées d'abord; la raison en est que, lorsqu'on applique la couverture pour l'unir intimement au dos, on passe assez fortement un plioir sur la peau, en le faisant aller du milieu du dos à l'un et à l'autre bout; la colle reflue dans les deux bouts, le trop ne pouvant s'échapper de cette partie qui est remployée en dedans : la colle étant trop abondante dans les deux extrémités, la putréfaction s'en empare avant le parfait desséchement, et les vers ou les mites y existent souvent avant de passer de la main du relieur dans celle de l'amateur.

Tant que les mites, les cirons ou les vers trouvent dans cette colle une nourriture suffisante, ils y restent; lorsqu'ils n'en trouvent plus, ils cherchent ailleurs de quoi se nourrir; heureux quand ils sortent en dehors du dos! car, s'ils entrent en dedans, c'en est fait du livre auquel cet accident arrive, si on ne le démonte, et si on ne le relie de nouveau.

De toutes ces considérations il résulte qu'une couture entière, et faite cahier à cahier, est indubitablement préférable à la demi-couture; que la ficelle mince, appelée la grecque, est d'une force insuffisante pour soutenir les efforts qu'il convient que le livre subisse pour le lire, pour en jouir à son gré; qu'un livre grecqué, pour y faire entrer les nerfs afin qu'ils ne soient pas apparens sur le dos, perd toujours un peu de marge du fond; que l'usage de parchemins très minces, mis de chaque côté du livre, et collés également sur le dos et sur les cartons, est seul susceptible d'entretenir la solidité de cette partie; que les cartons présentent presque les mêmes inconvéniens, quant aux vers, que pouvaient en présenter les ais employés au quinzième siècle; et qu'enfin l'usage de la colle de pâte est une des principales causes de la destruction des livres.

Il convient donc d'employer des moyens pour remédier à tous ces inconvéniens, dont le moindre de tous est de renouveler souvent les reliures; je propose, et je puis dire que je l'exécute avec succès, de substituer à la petite ficelle, ou grecque, sur laquelle on coud les livres, un cordonnet de soie, d'égale grosseur, plus fort même pour les grands formats, et qu'on peut également employer pour les reliures à la grecque ou les reliures à nerfs.

Quant aux reliures à dos brisés, de quelques formats qu'elles soient, il convient d'employer, au lieu de cordonnets qui servent de nerfs, de forts lacets plats en soie; cet usage dispense de grecquer les livres, et donne aux reliures françaises la même souplesse que présentent les reliures de Hollande. Cette méthode de substituer au fil un cordonnet de soie, permet de coudre chaque cahier dans toute sa longueur, sans faire prendre au dos une convexité difforme; ensuite, d'employer, comme on le faisait jadis, le parchemin dans l'endossement, mais de l'employer plus mince : afin qu'il ne tienne pas le dos trop roide, il convient de substituer au carton un cuir battu ou laminé, dont l'épaisseur et la force varient en proportion de la grosseur et de la grandeur des livres auxquels ils sont adaptés, et surtout de généraliser, autant que possible, l'usage de la colle forte qui, certes, est moins attaquable aux vers que ne l'est la colle de pâte, et qui l'est encore moins en la faisant fondre dans une décoction de coloquinte dont l'amertume déplaît aux vers.

A tous ces moyens de consolidation j'en joins encore un autre qui n'est pas de moindre conséquence ; chacun peut remarquer que trop souvent le cuir qui couvre le livre est cassé dans les mords en dedans aux deux extrémités, et encore que les reliures périssent le plus souvent par les coiffes, endroit où le cuir se trouve habituellement mince ; je serais donc d'avis que l'on mît dans la coiffe une bande de parchemin qui ne gênât en rien les cartons dans leur jeu, ce qui consoliderait considérablement cette partie qui est la plus faible de la reliure ; pour les gros livres même, il ne serait pas mal que cette bande de parchemin mince régnât tout le long du dos, la reliure n'en durerait que plus long-temps. Je conseillerais encore qu'on multipliât les gardes blanches qu'on met aux livres, afin de les préserver des taches de rousseur que communique au papier la peau, et même le plus beau maroquin.

En employant ces moyens de perfectionnement, on peut être certain qu'une reliure bien confectionnée serait susceptible de durer au moins dix fois autant de temps que celui de sa durée habituelle.

Le moindre avantage que présente cette méthode, est de pouvoir, en recouvrant un livre, lui procurer tout l'agrément d'une reliure neuve, sans pour cela le démonter, le rebattre, le recoudre et le rogner ; c'est surtout du côté de l'économie des marges que cette méthode présente de grands avantages ;

car chacun sait que, chaque fois que l'on relie de nouveau un livre, il perd toujours un peu de sa marge, ne fût-ce qu'en le grattant pour le redorer.

A toutes ces considérations j'en joindrai deux autres qui ne paraîtront pas indifférentes ; d'abord celle d'arracher à l'Angleterre une branche d'industrie qui deviendrait très préjudiciable à nos manufactures, en ce que, pour contenter certains amateurs, les ouvriers se voient quelquefois contraints d'employer du carton de fabrique anglaise, et celle encore de revivifier nos corroiries qui trouveraient un débouché de plus pour l'emploi des cuirs ; on peut même espérer que quelques artistes pourraient porter la perfection de cette partie, de manière à permettre d'employer le cuir à nu pour les plus belles reliures, comme je le pratique pour les reliures ordinaires auxquelles je ne mets qu'un dos de veau, en le faisant passer sous l'épiderme du cuir qui sert de carton, ce qui donne une économie de deux tiers dans l'emploi de la peau de veau dont on se sert pour la couverture.

J'aurais sans doute pu demander, et j'aurais probablement obtenu un brevet de perfectionnement pour un objet aussi important, mais mon intention n'est pas d'envahir plus d'ouvrage que je ne puis en faire ; et comme d'ailleurs les progrès seuls de mon art sont l'objet qui m'occupe uniquement, j'ai pensé que je ne pouvais trop donner de publicité à une méthode qui peut, je le répète, en conservant à la reliure toute l'élégance moderne, la ramener à son antique solidité.

Le perfectionnement que doivent apporter nécessairement à la reliure ces diverses substitutions de matériaux, l'efficacité de cette méthode, sa supériorité sur toutes celles mises en usage jusqu'alors, sont tellement palpables que le savant et le rustre, l'aveugle et le clairvoyant, seront, je crois, du même avis ; mais, tout en l'approuvant intérieurement, les ouvriers l'adopteront difficilement, parce que les méthodes routinières, abréviatives ou économiques, fussent elles-mêmes préjudiciables aux arts, seront toujours préférées par eux aux méthodes de perfectionnement, quand bien même celles-ci, en précisant les opérations, ne seraient pas plus longues, plus difficiles ou plus dispendieuses que les anciennes.

Les ouvriers adopteront donc difficilement celle-ci, en ce qu'elle est infiniment plus longue que l'ancienne méthode, qu'elle exige beaucoup plus de précautions, et que la majeure partie des opérations se fait tout différemment que celles de la reliure ordinaire. Les ouvriers ne l'adopteront que lorsqu'ils y seront contraints par les amateurs, encore les tromperont-ils souvent sur la couture qui, de toutes les opérations de cette reliure, est sans contredit la plus longue; je veux dire qu'il leur arrivera souvent de coudre à deux ou trois cahiers, mais on peut s'apercevoir facilement de cette supercherie, en ce que, pour les livres à dos brisés surtout, chaque cahier devant s'ouvrir exactement jusqu'au fond, comme si le livre était broché, il est facile de voir si le fil de soie règne ou ne règne pas dans toute la longueur des cahiers.

Quant aux changemens apportés dans la manutention que nécessitent ceux des matériaux, je pense qu'il est inutile d'entrer dans ces détails qui seraient extrêmement longs, et auxquels suppléeront facilement les ouvriers intelligens. La nature même des nouveaux matériaux substitués aux anciens, leur indiquera sans peine ce qu'ils devront faire.

Quant à l'augmentation du prix des reliures, occasionée par les changemens que je viens d'indiquer, elle est bien moins considérable qu'on pourrait se l'imaginer. Ces changemens pèsent sur trois points principaux : le fil et la ficelle remplacés par la soie; le carton remplacé par le cuir; et la colle de pâte à laquelle on doit substituer la colle forte.

La soie est de quinze à vingt fois plus chère que le fil et la ficelle, c'est-à-dire, que le fil employé habituellement vaut de 20 à 25 cent. l'once, tandis que la soie vaut 4 fr.

Le carton ordinaire coûte 20 cent. la livre, le carton fin 40 cent., et le bon cuir vaut de 1 fr. 50 c. à 2 fr.

La colle de pâte ne coûte habituellement que 5 cent., et la colle forte coûte en tout temps de 1 fr. 30 cent. a 1 fr. 50 c.

Toutes les augmentations dans les déboursés sont presque insensibles pour les reliures soignées ou de luxe, ce n'est que pour les reliures ordinaires qu'elles se font plus particulièrement sentir; mais, en sacrifiant un peu de cet embellissement, souvent mal entendu, qui décore les reliures les plus mal faites, l'augmentation deviendra moins sensible; et, en dépensant très peu de chose de plus, on pourra se procurer des reliures durables, et qui, au gré des amateurs, réuniront l'élasticité, la solidité et l'élégance.

SUITE AU MÉMOIRE

RELATIF AU PERFECTIONNEMENT

DE LA RELIURE,

Et réponse aux observations faites par MM. les Membres de la commission nommée par la Société d'Encouragement, pour l'examen des nouvelles reliures de Lesné.

> . . Sans orgueil et sans présomption,
> Je vise avec espoir à la perfection.

La reliure est à la typographie ce que celle-ci est aux autres arts : l'une transmet à la postérité les ouvrages des savans et des artistes, l'autre doit lui conserver les productions typographiques. Une reliure mal confectionnée est un véritable larcin fait aux siècles futurs, et les savans de tous les âges regretteront sans doute que ces deux arts n'aient pas pris naissance dans l'ancienne Grèce. Mais où vais-je m'égarer? J'ai à répondre aux objections qu'ont daigné me faire des personnes qui, de bonne foi, cherchent les progrès des arts en général ; je les desire ardemment aussi, et particulièrement du mien : je serai concis et clair autant qu'il me sera possible.

Il se fait quelquefois des révolutions dans les arts qui leur sont bien préjudiciables. L'introduction des reliures à dos brisés en France est une époque fatale pour la reliure, en ce que ce genre permet aux ouvriers de négliger, ou même de ne pas faire beaucoup d'opérations très nécessaires à la bonne confection de la reliure, et ces opérations négligées, ou même omises de plus en plus, ont amené la décadence de l'art, au point qu'il n'y a plus aujourd'hui que les ouvrages des grands maîtres qui réunissent la solidité à l'élégance, et encore leurs reliures n'ont-elles que le nom de reliures à dos brisés; la différence est très peu sensible avec celles qui se faisaient anciennement. La reliure française à dos brisé, n'est qu'une grossière imitation de la reliure hollandaise. Celle-ci, à la souplesse, à l'élasticité d'une simple brochure, réunit plus de solidité que n'en ont jamais eu aucunes reliures françaises ou étrangères; bien faite, le dos est conservé intact, point de grecques, point de lacérations causées par le grattoir; à l'inspection du dos, on compterait, pour ainsi dire, les cahiers qui composent un livre, et cependant ils sont plus intimement liés entre eux que ceux de nos meilleures reliures; jamais le poinçon à endosser n'endommage le dedans des cahiers, puisque, sans son secours, on peut facilement faire prendre au dos une convexité raisonnable, proportionnée à la grosseur du livre, et qui toujours se trouve égale à la concavité de la gouttière. Par la méthode de la rognure on parvient à une égalité de marges qu'on ne saurait atteindre par les principes qui sont étrangers à cette espèce de reliure, et si, maintenant, ce n'est qu'avec une extrême défiance que l'on doit accueillir une nouvelle méthode, et après l'avoir scrupuleusement examinée, après même qu'elle se trouve consacrée par l'expérience, ma méthode, bien que toute nouvelle, sera adoptée par les esprits les plus défians. En effet, si l'on est persuadé que le dos brisé hollandais réunit la souplesse à la solidité, pourrait-on douter qu'une pareille couture, pratiquée en soie, et sur des lacets en soie, ne présente encore beaucoup plus de solidité? elle a même cet avantage sur la reliure de Hollande, que l'on pourra facilement renouveler dix fois au moins la peau quelconque qui recouvrira un livre, surtout s'il est employé du cuir en place de carton, sans appréhender qu'aucun nerf venant à se casser, force de démonter et de rogner un livre de nouveau ; et quand, en définitive, après un laps de temps très considérable, après avoir renouvelé plusieurs fois le dos, après avoir rafraîchi le cuir servant de carton, on voudra donner à cette reliure, soit la fraîcheur d'une reliure neuve, soit le caractère du genre du temps, lorsqu'enfin les cuirs seront trop endommagés pour présenter une propreté toujours agréable dans une reliure, on pourra, si l'on veut, recouvrir le livre en entier d'une peau quelconque, sans pour cela le démonter, le rebattre, le recoudre, le rogner de nouveau ; on pourra même y adapter de faux nerfs, comme on le pratique aujourd'hui dans les plus belles reliures dont les nerfs ne sont que figurés sur les dos ; et, s'ils déplaisaient ensuite à un autre possesseur, il pourra les faire supprimer sans faire de grands frais, et sans nuire aucunement à la solidité.

Il me reste a répondre sur l'altération prétendue de la colle forte et sur la pesanteur des cuirs qu'on croit être plus considérable que celle des cartons : à l'égard de la colle forte, je pense que cette colle n'est pas plus exempte de corruption que toutes les autres, quand elle est long-temps exposée à l'humidité, et dans l'état dans lequel elle se vend dans le commerce, c'est-à-dire, à l'épaisseur de deux ou trois lignes. Je la crois bien moins adhérente à l'humidité, quand, étendue sur le dos d'un livre, à l'épaisseur d'un papier, elle a pris un degré de dessèchement tel qu'elle ne semble plus faire qu'un seul et même corps avec le livre qu'elle revêt ; il y a plus, c'est qu'en supposant qu'employée en petite quantité, exposée à l'humidité, elle soit susceptible de s'amollir ; placée ensuite dans un lieu convenable, elle reprend bientôt sa fermeté ordinaire, sans aucune altération sensible; d'ailleurs, dans ma reliure, comme dans celle de Hollande, on n'emploie de la colle forte qu'au dos, et dans une bibliothèque les dos des livres ne touchent jamais les murs, si ce n'est par quelques accidens ou quelques négligences : et, quand à l'humidité de l'air, elle ne saurait pénétrer la colle forte, parce que, entre elle et l'air environnant, il existe deux corps intermédiaires, savoir la carte qui forme le faux dos, et la peau quelconque qui le revêt. Quant à la pesanteur que paraissent avoir les cuirs, elle est tout au plus égale à celle des cartons, elle pourrait même l'être moins si toutes choses ne devaient être proportionnées, et s'il n'était pas ridicule de voir des cuirs ou des cartons minces à de gros livres, comme il le serait d'en voir de gros à des livres minces.

Pour répondre au vœu de la Société, ainsi qu'à celui de bien des amateurs qui ont reconnu l'efficacité de ma couture, afin de l'étendre à un plus grand nombre d'ouvrages, j'ai conservé le même genre de couture pour les ouvrages en carton recouvert en veau, ou même pour les demi-reliures ordinaires, sauf cependant que, pour la rendre moins dispendieuse, je la pratique sur des lacets en fil, et avec du fil fin en trois. Ce genre de couture, le même absolument que celle en soie, peut même s'étendre aux simples cartonnages allemands, vulgairement appelés à la Bradel, ce que je pratique à la satisfaction de bien des amateurs. Le cartonnage n'est pour l'ordinaire qu'une reliure provisoire; il est donc essentiel qu'en le supprimant il ne reste au livre aucune trace du cartonnage qui a précédé la reliure définitive. Le but est donc manqué si, comme on le fait habituellement, on grecque le livre pour y introduire les ficelles ou nerfs sur lesquels on le coud.

OBSERVATIONS GÉNÉRALES.

On a vu jusqu'ici que les reliures ont duré beaucoup moins de temps que les livres. Ne serait-il pas important qu'elles pussent durer tout autant qu'eux ? C'est surtout pour les bibliothèques publiques que cette condition est essentielle.

Les reliures des livres classiques, des livres manuels, sont extrêmement négligées, parce qu'elles sont généralement peu payées. La couture hollandaise faite sur lacets leur convient plus qu'à tout autre ; on peut y venir en sacrifiant le luxe extérieur.

En employant du cuir en place de carton, on peut parvenir à une correction qu'on n'atteindra jamais dans la reliure ordinaire ; les bords en sont si vifs, si carrés, qu'ils seraient même susceptibles de blesser les doigts si l'on n'en émorfilait pas les bords.

La mobilité que conservent toujours les dos des livres cousus ainsi, doit peu effrayer ; ils la doivent à la soie qui est toujours plus glissante que le fil.

Les cartons que les relieurs veulent maintenant rendre aussi roides que du bois, ne doivent cette dureté qu'au laminage poussé à l'extrême, au point que le carton de pâte blanche devient presque noir à force d'être comprimé : il est bien plus dur en effet, mais les pores en sont tellement resserrés, les molécules en sont tellement adhérentes, qu'il est plus cassant que celui qui est simplement épluché et laminé une seule fois ; celui-ci conserve une certaine flexibilité, mais il est moins cassant.

Indépendamment de la conservation intacte des marges du fond des livres, indépendamment de l'avantage de pouvoir ouvrir un livre relié, à-peu-près comme s'il était broché, il en résulte encore un très grand de la méthode de ne point grecquer le livre pour le coudre, en ce qu'il est possible de prolonger la couture autant qu'on le veut en tête ou en queue du livre, je veux dire, de placer les chaînettes à deux ou trois lignes de la rognure; par ce moyen, les feuilles intermédiaires se trouvent retenues aussi bien que la première feuille, tandis que quand, comme dans la couture ordinaire, les chaînettes sont placées à un pouce de distance pour la queue, et à un demi-pouce pour la tête, les feuilles intermédiaires sont très peu maintenues, elles se relèvent facilement, elles ne restent même en place qu'autant qu'on ne feuillette pas beaucoup le livre. Pour les livres cousus à deux cahiers, c'est encore bien pis; le premier point d'attache pour le premier cahier prend, comme je le remarquais tout-à-l'heure, à un pouce de l'extrémité du dos; mais le premier point d'attache pour le second cahier, ne prend guère, pour les petits formats, qu'à un pouce et demi, ou même à deux pouces de la tête et de la queue du livre, et pour les grands formats, à trois ou quatre pouces, et même davantage. Quand ces sortes de livres sont cousus à trois cahiers, comme je l'ai établi dans le courant de mon Mémoire, il y a donc une très grande distance dépourvue de couture. Quand un livre manuel, ainsi établi, a servi pendant quelque temps, une infinité d'inégalités paraissent à la surface de la tranche. Tant qu'on ne sera pas convaincu que la couture seule soutient le dos, tant qu'on apportera la même lésine dans cette main-d'œuvre, on aura de très belles reliures qui ne vaudront rien.

Précis du rapport fait à la Société d'Encouragement, au nom du comité des arts économiques, par M. GILLET DE LAUMONT, *sur les reliures perfectionnées de* M. LESNÉ.

LE Conseil a renvoyé au comité des arts économiques un mémoire de M. Lesné, relieur, *sur les moyens de perfectionner les reliures des livres, et d'en retarder considérablement le renouvellement.* Ce mémoire a été remis à M. le comte LASTEYRIE et à moi, pour en faire un rapport.

M. Lesné, passionné pour son art, voudrait en reculer les bornes, en donnant aux livres précieux et à ceux d'un grand usage une solidité jusqu'ici inconnue ; il cherche à augmenter leur solidité, et à amener l'art du relieur à un tel point qu'il n'éprouverait plus de variations, si ce n'est dans le genre que l'on adopterait, suivant le goût des temps, soit pour la reliure à nerfs, soit pour celle à dos brisés. Son but est de retarder le renouvellement des reliures, de les rendre égales en durée à celle des manuscrits ou des imprimés qu'elles renferment, en leur conservant la grâce, l'élasticité et cette élégance qui caractérisent les reliures modernes auxquelles on a trop souvent sacrifié la solidité. Nous ne suivrons pas M. Lesné dans les détails qu'il donne sur les reliures anciennes, françaises et étrangères.

Aux nerfs formés de ficelles sur lesquelles on coud les cahiers des livres, il a substitué de forts lacets plats en soie qui évitent de faire des entailles dans le dos pour les y loger, et conservent ainsi toute la marge intérieure des livres.

Il a adopté, pour la couture, des fils de soie torse au lieu de fils de chanvre souvent médiocres ; il a pratiqué cette couture cahier à cahier, et l'a étendue sur toute la longueur de chacun d'eux ; il a rétabli l'usage du parchemin pour doubler les dos et les attacher aux couvertures en l'employant génétalement mince et d'une flexibilité proportionnée à l'épaisseur et au format des livres ; il a substitué aux cartons de pâte, des cuirs, pareils à ceux des semelles des chaussures : ces cuirs peuvent recevoir les couleurs et les dorures comme les peaux de veau dont ils ne partagent pas la facilité à être écorchés, et résistent infiniment mieux que les cartons lors de la chute des livres sur leurs angles, et le tannage en éloigne les vers * : il a beaucoup diminué l'emploi de la colle de pâte, et a remplacé celle-ci par la colle forte qui est moins susceptible d'être attaquée par les insectes. Nous pensons que M. Lesné, par ces divers perfectionnemens, est parvenu à rendre les reliures moins sujettes à se déformer, et particulièrement à leur donner une solidité capable d'égaler la durée des ouvrages précieux qu'elles sont destinées à conserver. Les avantages de ces reliures, tant pour leur longue durée que pour la facilité de les renouveler sans découdre et fatiguer les livres, sont très grands ; cependant M. Lesné ne conseille pas de les employer pour des livres dont la reliure excéderait la valeur, mais de les réserver pour les manuscrits précieux, les livres rares, les belles éditions, les livres d'un usage habituel, tels que les dictionnaires, enfin pour ceux des bibliothèques publiques. Nous avons invité M. Lesné à chercher les moyens de diminuer le prix de ces reliures. Il nous a proposé de faire la couture sur toute la longueur des cahiers avec du

---

* L'empire de l'habitude a fait que cette reliure, de laquelle on a reconnu la supériorité, serait demeurée dans l'oubli, comme tant d'autres inventions, si l'on n'en avait apprécié la couture : la couture est donc seule restée. Quant à l'usage du cuir, les amateurs n'en ont guère fait faire que par pure curiosité. Le cuir conserve toujours une certaine flexibilité, que l'on ne rencontre pas dans le carton bien laminé : c'est cette flexibilité qui a déplu aux amateurs.

fil fin, fort, en trois, sur des lacets en fil*; de conserver l'emploi du parchemin, de se servir de bons cartons en les couvrant de peau à l'ordinaire; il y a lieu d'espérer qu'alors avec une faible augmentation dans la dépense, on pourra étendre ces reliures à un grand nombre d'ouvrages, dont elles assureront la durée.

Nous avons l'honneur de proposer au Conseil d'autoriser l'insertion du présent rapport dans le Bulletin de la Société, comme une juste récompense due au zèle de M. Lesné pour l'avancement de l'art du relieur.

Adopté en séance, le 3 juin 1818.

Signé GILLET DE LAUMONT, *rapporteur.*

Rapport du jury d'admission sur l'exposition des produits des manufactures du département de la Seine, par M. HÉRICART DE THURY.

L'art du relieur doit plusieurs perfectionnemens à M. LESNÉ, auteur d'un très bon mémoire sur les moyens de conserver les reliures, ou de retarder de plusieurs siècles leur renouvellement. M. LESNÉ s'est livré à de grandes recherches à cet égard, et il a posé des principes d'après lesquels on peut espérer que les reliures seront moins sujettes à se déformer et qu'elles auront une solidité au moins égale à la durée des ouvrages précieux qu'elles sont destinées à conserver.

---

* Il n'est jamais trop tard de se corriger. J'ai reconnu, par la pratique, que les lacets en fil se cassent quelquefois, et tiennent les cartons un peu raides. J'ai donc généralisé l'usage des lacets ou cordonnets en soie: toute reliure, ou simple cartonnage est maintenant cousu de cette maniere.

LETTRE

D'UN RELIEUR FRANÇAIS

A

UN BIBLIOGRAPHE ANGLAIS.

. . . Nous voulons rester, nous resterons Français.

LESNÉ,

RELIEUR FRANÇAIS,

A MONSIEUR TH. F. DIBDIN,

MINISTRE DE LA RELIGION, A KENSINGTON.

Avec un ris moqueur, je crois vous voir d'ici,
Dédaigneusement dire : Eh, que veut celui-ci ?
Qu'ai-je donc de commun avec un vil artiste,
Un ouvrier français, un *bibliopégiste ?*
Ose-t-on ravaler un ministre à ce point !
Que me veut ce *Lesné ?* Je ne le connais point.

 Je crois me souvenir qu'à mon voyage en France ?
Avec ses pauvres vers je nouai connaissance.
Mais c'est si peu de chose un poète à Paris !

 Savez-vous bien, Monsieur, pourquoi je vous écris ?
C'est que je crois avoir le droit de vous écrire.
Fussiez-vous cent fois plus qu'on ne saurait le dire,
Je vois dans un ministre un homme tel que moi ;
Devant Dieu je crois même être l'égal d'un roi.
Il nous a tous jetés sur ce triste hémisphère !
A notre première heure, a notre heure dernière,
Nous sentons les effets de cette égalité :
Ces deux instans, des rois rabaissent la fierté ;
Ils demeurent certains qu'ils ne sont que des hommes,
Que s'ils ont su régner sur tous tant que nous sommes,
C'est qu'ils avaient pour eux, esprit, ruse, ou valeur :
Ce qu'on croit au-delà ne peut être qu'erreur.

D'après cet exorde, vous pensez sans doute que, bien convaincu de ma dignité d'homme, je me crois en droit de vous dire franchement ma façon de penser : je vous la dirai donc, Monsieur.

Si vous dirigiez un journal bibliographique; que vous fissiez, en un mot, le métier de journaliste, je serais peu surpris de voir, dans votre *Trentième Lettre*, une foule de choses hasardées, de mauvais calembourgs, de grossièretés, que nous ne rencontrons même pas chez nos journalistes du dernier ordre, en ce qu'ils savent mieux leur monde, et que s'ils lancent une épigramme, fût-elle fausse, elle est au moins finement tournée.

Mais vous êtes Anglais, et par cela seul dispensé sans doute de cette politesse qui distingue si heureusement notre nation de la vôtre, et que vos compatriotes n'acquièrent pour la plupart qu'après un long séjour en France.

Ne croyez pas que j'aie en vue dans cette Lettre de relever toutes les inconvenances de la vôtre; à Dieu ne plaise : elles sont en trop grand nombre. M. Crapelet, qui a pris la peine de la traduire, a relevé une partie de ces inconvenances, qui ont toutes, il faut le dire, un caractère national; mais qui heureusement ne peuvent nuire en rien à la réputation des gens que vous avez si légèrement ridiculisés.

Je ne vous parlerai donc guère que de la reliure. Dans votre séjour à Paris, vous avez, dites-vous, consacré *plusieurs heures* à l'examiner ; c'est-à-dire que vous l'avez vue à vol d'oiseau. Vous avouez même que vous n'avez visité aucun relieur ; et cependant vous ne craignez pas d'avancer que les fers poussés sur tel livre que vous avez vu, ont été chauffés *dans les réchauds ardens* de Thouvenin : quelle légèreté d'expression !

> Vous éprouvez souvent le besoin de médire :
> Comme vous ravalez ce que le monde admire !

Si vous aviez pris la peine de visiter les ateliers de nos fameux artistes, tels que ceux de Thouvenin et Simier, vous eussiez vu quelles précautions, quels soins sont apportés dans la pose, et particulièrement dans le chauffage des fers, qui, pour la plupart ayant servi long-temps, ont conservé le même brillant, le même poli que s'ils étaient neufs ; ce qui prouve qu'ils ne sont pas chauffés dans des réchauds ardens.

Observez, Monsieur, comme la passion fait souvent juger peu sainement des choses ; je crois même que les savans et ceux qui passent pour l'être sont plus enclins à ce défaut : forts de ce qu'ils savent, ils pensent tout savoir, et sont très obstinés dans leurs sentimens ; si on leur fait apercevoir qu'ils se trompent, c'est une raison de plus pour ne pas en démordre : vous en êtes une preuve évidente. Vous me paraissez très amateur de reliure ; mais permettez que je vous le dise, vous n'êtes pas assez connaisseur pour juger dans une reliure terminée, de sa bonne ou mauvaise confection intérieure : témoin le craquement des feuilles que vous décrivez d'une manière si emphatique, si originale, qu'il faut en vérité chercher ce que vous voulez dire; on croirait à vous entendre, que c'est une des qualités essentielles de la reliure française. En examinant rapidement les différens genres français et anglais, je vous dirai sur ce sujet des choses évidentes que vous ignorez totalement, et que vous pourrez même fort bien ignorer encore quand je vous les aurai dites, car beaucoup d'ouvriers sont incapables de les discerner.

Si dans votre Lettre vous vous borniez à critiquer mon Poème, ou même à dire que j'écris moins mal que je ne relie, je me garderais bien de vous répondre; mais vous attaquez les relieurs français en général; vous prétendez qu'ils ne sont parvenus au point où ils en sont qu'en imitant vos ouvriers; vous leur accordez, comme par grâce, qu'en continuant ainsi, *l'âge d'or pourra renaître en France pour la reliure* : phrase à coup sûr plus gigantesque que celle que vous me reprochez quand je parle de sa décadence. Vos reproches sont publics, ma réplique doit l'être, et il ne me sera pas difficile de vous prouver que c'est justement en imitant vos ouvriers que la reliure française est tombée dans l'état de dépérissement où nous l'avons vue dans les ouvrages communs; et que, quant aux ouvrages soignés ou de luxe, c'est encore en copiant trop servilement vos ouvriers que la plupart des nôtres (je veux parler de nos ouvriers distingués) sont, pour ainsi dire, tombés dans le gothique, dans le mauvais arrangement, la mauvaise composition des fers, enfin dans un embellissement mal entendu : car bien que vous blâmiez l'embellissement, la richesse des reliures, les ornemens étrangers dans les livres, vous me paraissez cependant y pencher.

Quant à moi je voudrais qu'on se bornât à établir des reliures simples, mais solides, susceptibles de durer autant de temps que les livres, dans les deux parties qui constituent essentiellement la reliure, c'est-à-dire la couture et l'endossement; que l'on pût renouveler la couverture sans pour cela être obligé de démonter le livre, et par conséquent de le recoudre et le rogner de nouveau; mon unique but est la conservation des marges, puisque c'est d'après leur dimension que s'établit ordinairement le prix d'un livre.

Voilà ce que j'ai essayé d'établir, de prouver, d'une manière claire et précise, dans ma méthode de perfectionnement; méthode que nos ouvriers et les vôtres estiment intérieurement, et qu'ils n'adopteront pas, parce qu'elle est trop longue, et que, par la couture entière, ils seraient obligés de renoncer aux dos entièrement plats.

Maintenant qu'on est riche en livres, on ne lit plus

autant qu'autrefois ; on s'inquiète peu de la solidité des reliures, on en fait des objets de parure, d'ameublement; c'est chez vous qu'est née cette mode. Ceux qui lisent, et qui, par leur état, leur fortune, sont obligés d'avoir de beaux livres, ont des doubles exemplaires ; et les livres de parade ne bougent pas de dessus les rayons. Comment pourrait-on juger du degré de solidité de tels ouvrages ? La postérité les jugera; et quand ces magnifiques cartons ne tiendront plus aux livres, on encadrera les plus beaux pour les conserver comme des échantillons de ce que faisaient les artistes de notre siècle. Ce pronostic regarde encore plus vos relieurs que les nôtres; car les mords de vos livres en veau sont bientôt cassés; vos ouvriers sont trop prodigues de ce que les nôtres économisent trop ; je veux parler de la colle forte qui dessèche, durcit les mords et les nerfs, et fait casser la peau tout le long des dos ; ce qui arrive quelquefois à des reliures passablement bonnes d'ailleurs.

Alors les yeux seront dessillés ; on reviendra au simple et au solide. Je laisserai donc, pour ainsi dire, de côté l'embellissement, et ne m'occuperai guère que de la solidité.

Vous êtes convenu que nos Desseuil, Delorme, Derome, Pasdeloup, surpassaient leurs contemporains anglais ; *qu'autrefois les Français éclipsaient tout le monde en reliure.* Vous n'en conviendriez pas, que toute l'Europe n'en serait pas moins convaincue : or, dites-moi, Monsieur, pourquoi vos relieurs et les nôtres ont cessé d'imiter ces grands maîtres? c'est le desir d'innover qui en a été cause; et la manie qu'ont malheureusement les Français d'imiter tout ce qui se fait chez l'étranger, les a fait copier : 1° vos dos brisés à faux nerfs ; 2° la façon de vos mords, si préjudiciable à la conservation intacte des livres ; 3° vos dos plats, qui n'ont aucun soutien ; 4° et enfin l'embellissement outré, qui fait consumer en pure perte un temps précieux : tels sont les griefs que je reproche à votre reliure. Prouvons.

Les faux nerfs que vos relieurs ont introduits sur les livres, sont un vrai charlatanisme qui décèle l'impuissance où ils sont d'imiter, dans cette partie, la correction qu'y apportaient les relieurs anciens. Je l'ai dit et le répète ici, les dos venant à s'user, les faux nerfs feront autant de pendeloques assez désagréables [1] : vos relieurs ne sont pas plus habiles que les nôtres dans la division des nerfs. J'admettrais que sur un livre très gros, en proportion de sa grandeur, tel qu'une grosse Bible in-8°, il ne devrait y avoir que quatre nerfs, afin de rendre les entrenerfs d'un carré oblongs, et non tout étroits, et presque pas plus larges que les nerfs ; mais c'est un abus d'en mettre cinq, comme c'en est un de n'en mettre que quatre sur un livre de deux à trois cents pages. Mais une bizarrerie qui n'a pas le sens commun, c'est de faire un entrenerf double des autres dans sa dimension. C'est de chez vous qu'est venue cette méthode inepte. Pour plaire à des amateurs, Thouvenin exécute des reliures de ce genre; mais dussiez-vous n'en pas convenir, il leur a donné une sorte d'embellissement sur lequel vos ouvriers sont bien loin de l'emporter.

Pour ce qui est de la facture des mords, je ne vois pas que nos artistes y réussissent moins bien que les vôtres; nos ouvriers du second ordre y manquent rarement. S'il est permis de sacrifier quelquefois l'utile à l'agréable, c'est seulement dans la facture des mords que j'admettrais cette exception; mais il n'en est pas moins vrai que les mords anciens étaient bien préférables relativement à la conservation des livres. Faits en biseau ou chanfrein presque insensible, le mords du livre n'était pas ployé juste d'équerre, comme il l'est aujourd'hui, et n'était pas fait aux dépens des premiers et derniers cahiers des livres, qui se trouvent quelquefois plus étroits de marge sur le devant d'une partie de l'épaisseur des mords. C'est pour cette raison qu'aux reliures soignées je recommande une bonne quantité de gardes blanches; c'est sur elles alors que portent les mords. Les mords en biseau ne formaient pas à l'intérieur des livres, au commencement et à la fin, des plis désagréables au fond des cahiers, comme je l'ai remarqué dans vos meilleurs ouvrages; souvent même les plis, chez vous comme chez nous, existent par tout le dos, par le fait de l'endossement fait au marteau. Les mords si carrés, si jolis, et auxquels on ne renoncera jamais, mangent quelquefois les marges des fonds des premiers et derniers cahiers d'une manière irréparable dans les ouvrages d'un usage très fréquent.

Faites part, je vous prie, de mes observations à quelques-uns de vos célèbres ouvriers, non à ceux qui sont accoutumés à voir par les yeux des autres, mais à de véritables artistes, à des hommes impartiaux; ils ne diront pas tout haut que j'ai raison, sans doute l'esprit national les en empêchera; mais ils vous l'avoueront tout bas, ou du moins ils ne se le dissimuleront pas intérieurement.

Vos ouvriers, et les nôtres après eux, sont tombés dans une étrange erreur en pensant que les dos presque plats peuvent se soutenir à des lectures réitérées, ou plutôt ils ne l'ont pas pensé; je ne leur suppose pas cette ineptie : ils ont sciemment sacrifié l'utile à l'agréable, car il n'y a qu'une couture entière qui soit susceptible de conserver au dos sa forme primitive; vos anciens et les nôtres l'avaient bien senti.

Les dos ronds ou demi-ronds, à la manière des anciens, présentent plus de difficultés pour les bien dorer, et particulièrement pour que les filets des divisions soient poussés horizontalement, surtout de tête et de queue, ce à quoi vos relieurs et les nôtres manquent trop souvent. Les dos ronds, même bien dorés, font un effet désagréable à l'œil de ceux qui sacrifient volontiers l'utile à la symétrie, en ce qu'il paraît exister entre la dorure de plusieurs volumes qui se touchent, et surtout dans les filets des divisions, fussent-ils, je le répète, bien poussés, des solutions de continuité, et cela par l'effet de la convexité des dos et de la courbure presque insensible vers les mords.

Ce désagréable effet n'existe pas dans des dos plats; au contraire, ils sont, quand la dorure est bien faite, ce que je crois avoir suffisamment expliqué par ces vers :

« Que les filets poussés horizontalement,
« Se trouvent placés tous au même alignement,
« De sorte qu'un ouvrage étant sur la tablette,
« Tous les filets bien joints semblent une roulette ;
« Ils ne plaisent à l'œil que l'orsqu'ils sont d'accords,
« Que jamais les filets ne dépassent les mords.»

(*La Reliure*, Ch. VI.)

Non, sans doute, il ne faut pas qu'ils les dépassent, mais il faut, il est indispensable qu'ils viennent jusqu'aux mords, aussi bien que les divers ornemens dont on garnit les nerfs, à moins que ce ne soit de petits compartimens; car quand ce sont des dessins continus en mosaïque ou autres, qui s'arrêtent à une ligne ou une demi-ligne du filet de mords, ou de la place qu'il doit occuper, ces sortes d'ouvrages ont l'air de ne pas être finis : aussi vos ouvriers, pour échapper à l'œil scrutateur de l'amateur délicat, ne mettent plus de filets de mords; les nôtres les ont imités, parce que cela vient de chez vous ; et je vois en tous lieux des ouvrages que l'on admire, et qui présentent ces difformités.

C'est donc pour obtenir cet effet agréable, c'est pour rendre plus facile la dorure des dos, que vos relieurs ont fait les dos plats[2]; mais je doute fort que vos livres manuels se soutiennent plus long-temps que les nôtres : passe encore pour les livres de bibliothèque, que chez vous, comme chez nous, on n'a que par curiosité.

Comme les nôtres, vos ouvriers se dispensent de l'emploi du parchemin dans l'endossement, ou, s'ils en mettent, ils négligent de le coller au dedans du livre sur les cartons, afin qu'ils ne paraissent pas au travers des gardes. Qu'à l'imitation des anciens ils mettent des gardes entières en parchemin, elles ne paraîtront pas au travers du papier des gardes ; elles contribueront à faire fermer hermétiquement le livre, et l'on ne verra pas, comme je vous l'ai déjà dit, des cartons s'en séparer.

Quant au craquement des feuilles, qui paraît vous causer des attaques de nerfs, vous vous méprenez singulièrement en pensant que ce n'est que parce que les livres sont trop battus qu'ils font ce désagréable effet ; cela peut quelquefois avoir lieu quand le livre n'a pas été battu également. Un livre parfaitement bien battu, mis en presse par petites parties, qui ne ferait aucun pli avant d'être cousu, pourrait en faire étant terminé : cela arrive quand celui qui l'a cousu, croyant qu'une des qualités essentielles d'une bonne couture est d'être serrée, tend par trop les fils qui fixent chaque cahier; ceux-ci forment des ondulations qui tendant à s'allonger, à prendre toute leur extension naturelle, à s'aplatir, en un mot; et ne pouvant le faire, quand le livre est mis en presse toutes les fois que la manutention l'exige, causent ce craquement qui vous déplaît ainsi qu'aux véritables amateurs, mais que personne ne décrirait d'une manière si singulière que vous l'avez fait.

L'explication que je viens de vous faire est, je crois, palpable; et s'il était question de la vérifier dans un livre qui présenterait ce défaut, il faudrait le démonter soigneusement, le remettre simplement en presse par petites parties, puis vérifier. Quand tous les cahiers auraient repris leur extension primitive, on trouverait que le livre, juste d'équerre avant d'être défait, serait plus long du côté du dos que sur le devant. Vous voyez, Monsieur, comme il est facile de mal juger dans les choses qu'on ne connaît pas.

Il me reste à vous parler de l'embellissement mal entendu, souvent même outré, de la plupart de vos ouvriers; que les nôtres, je vous le répète, ont trop servilement imité; mais cela n'aura qu'un temps : on reviendra au genre simple, qui certes n'est pas le moins beau, ni le moins difficile, en ce qu'il ne souffre pas de médiocrité. Aujourd'hui ce n'est pas que dans la reliure qu'on est retombé dans le gothique; il y a une infinité de choses pour lesquelles on a donné dans le même excès :

> Dans tous les objets d'art d'un précieux fini,
> Aujourd'hui le moderne est du vieux rajeuni ;
> Ressemblant au phénix qu'en vain le feu dévore,
> Le gothique renaît, meurt, et renaît encore.
> Ce vieil hydre en tous lieux s'introduit sourdement [3],
> Et les progrès des arts causent tout son tourment.
> L'ardeur de dominer fait son unique envie ;
> Mais chassé dès long-temps de la typographie,
> Qu'il aille, bien certain des plus honteux revers,
> Se cacher pour jamais au bout de l'univers.

Si j'étais maître de son sort, je ne consentirais qu'avec peine qu'il se réfugiât dans votre île; le passage du détroit qui nous sépare lui est trop familier. N'inférez pas de tout ceci que ce genre soit un monstre à mes yeux.

> Sans doute le gothique a des formes heureuses,
> Mais elles sont souvent plutôt capricieuses ;
> Je l'estime, et voudrais qu'on en tirât parti,
> Mais non pour retourner juste où l'on est parti.

Vous reprochez à *Bozerian l'aîné de s'être trop complu dans les outils de dorure*; vos ouvriers en sont quelquefois prodigues, soit qu'il les poussent avec ou sans or : ils ont donné le pitoyable exemple de pousser des fers sans or, dont les dessins ne paraissent pas en relief; tandis que le bon goût voudrait que tout fer dit à froid, roulettes, palettes ou fleurons même, poussés sans or, parussent en relief : ce en quoi nos artistes ont devancé les vôtres. Je sais bien que les dépenses sont considérables ; mais les fers imprimés en creux, les mêmes fers qui servent à la dorure, doivent être exclus des embellissemens dits à froid.

Encore quelques mots sur les compartimens que vos ouvriers poussent d'un seul coup sur les plats des couvertures : si c'est une beauté que des fers à froid soient profondément imprimés, soient frappés de manière que tous les ornemens soient bien visibles, c'est une grande difformité que des fers dorés soient enfoncés de la même manière. De plus, ces compartimens sont très souvent mal appropriés aux formats; quelquefois ils sont trop courts ou trop étroits, quelquefois trop larges et trop longs ; il n'y a que le format pour lequel ils ont été faits, auquel ils soient propres : si on les pousse sur un format plus petit ou plus grand, toute l'harmonie est détruite; avec un peu de charlatanisme on remédie tant soit peu à ces incorrections [4], mais le véritable connaisseur aperçoit toujours le métier; il n'y a que l'ignorant qui s'extasie sur des choses d'une exécution choquante. Je sais bien que je puis dire avec plus de vérité qu'un de nos poètes, que je suis *plus enclin à blâmer que savant à bien faire ;* mais que voulez-vous ? je suis passionné pour mon art; et dussiez-vous m'en blâmer, j'aime à en discourir, comme vous aimez à conter.

Il résulte de toutes mes observations, que c'est en se copiant tous mutuellement, qu'on finit par ne rien faire de bon dans aucun genre. Il n'y a eu guère que Boileau qui, en imitant, en traduisant même, est demeuré original, au point de ne pouvoir être imité par personne. C'est une maladie française de vouloir toujours imiter les Anglais; ceux-ci, à leur tour, commencent à en être atteints. Ainsi l'habitude que vos libraires ont prise de faire cartonner les livres leur est très préjudiciable; on les grecque impitoyablement, on les endosse sans ménagement, ils sont abondamment pourvus de défectuosités. J'aime à voir conserver les objets d'art, n'importe de quel pays ils viennent. Il m'est passé par les mains quelques exemplaires du beau livre intitulé : *Italian Scenery.* Ces exemplaires étaient tous mutilés, ayant été percés, pour les assembler, à un pouce dans les marges du fond, et quelquefois sur le devant des figures, comme on assemble à tort en France les livres de musique. Vous avouerez que c'est détruire à plaisir.

J'aimerais mieux que les libraires qui établissent de beaux livres, même des *in*-8° sans figures, les fissent plier soigneusement, et les renfermassent dans de petits cartons que les amateurs consentiraient à payer séparément : on aurait au moins des livres intacts; tandis qu'en apportant tous les soins imaginables, en défaisant une brochure, il y a toujours quelques fonds de cahiers qui en souffrent. C'est bien pis quand les livres brochés ou cartonnés sont mal pliés, comme cela arrive trop souvent; en les repliant, il se trouve des parcelles de papier de couleur sur les marges du fond, des marques de grecque, ou pour le moins des taches de colle, qu'on ne fait jamais disparaître parfaitement.

Enfin c'est en imitant qu'on réussit presque toujours mal; vous en êtes encore une preuve évidente. J'ai vu en beaucoup d'endroits de votre Lettre, que vous avez voulu imiter Sterne : qu'est-il arrivé? vous êtes resté au-dessous de lui, comme tous les imitateurs de notre bon La Fontaine sont restés en-deçà de l'immortel fabuliste.

Vous me paraissez écrire indifféremment ce qui vient au bout de votre plume, sans prendre la peine de vous relire. Aussi, après m'avoir fait l'honneur de rapporter plusieurs citations de mon poème et de ses notes, vous annoncez qu'un relieur *du nom de Lesné s'occupe d'un Poème sur la Reliure ;* vous en transcrivez le début et la fin ; vous vous apitoyez sur mon sort en cas que je sois marié, et que j'aie de la famille; puis, un moment après, vous ne faites pas de difficulté d'annoncer que j'ai dédié mon Poème à mon fils âgé de dix-sept ans. En vérité, Monsieur, vous avouerez qu'on ne saurait être plus diffus; qu'il est impossible de mettre moins d'ordre dans une rédaction. Je suis fâché qu'un ouvrier vous en fasse la remarque. Le desir de conter vous fait citer mal, et vous donnez de telles tournures à ce que vous traduisez, que vous changez le sens, que vous défigurez tout. Tenez, Monsieur, mon Poème et ses notes vous ont donné de l'humeur; vous eussiez préféré que ce fût un ouvrier anglais qui l'eût composé; vous n'eussiez pas été choqué des éloges qu'il eût donnés à ses confrères, s'il leur en eût donné; vous ne l'eussiez pas été non plus qu'il les qualifiât d'artistes; mais, Monsieur, dans tous les arts il y a des ouvriers et des artistes. Je crois que ce distique pourrait trancher cette antique difficulté :

Un art n'est qu'un métier dans une main vulgaire ;
Un métier est un art quand on le sait bien faire.

Il est impossible de ne pas être de cet avis. Je sais bien qu'il y a des gens qui se qualifient d'artistes, et qui ne méritent pas ce titre; mais le public en fait justice et en rit.

Tout le monde aujourd'hui prend le titre d'artiste ;
Un chétif écrivain ; misérable copiste,
Se croit au moins l'égal des Fyot[5], des Jarry ;
Il n'est empoisonneur qui pense être un Véry ;
Chacun dans son état veut être un grand apôtre ;
Tout horloger se croit un Breguet, un Lepautre.
Aubry, s'il existait, sans beaucoup de façons,
Aux Didot sur leur art donnerait des leçons !

> Luniers broche en basane aussi bien que Leprince :
> Dans l'ouvrage soigné leur succès est très mince ;
> Cependant chacun d'eux dit qu'en le payant bien
> Il pourrait aisément surpasser Thouvenin.
> L'ignorance est toujours prompte à se croire habile.
> En veut-on un exemple, on en rencontre mille :
> Chez vous comme chez nous on trouve à chaque pas
> Gens qui veulent passer pour ce qu'ils ne sont pas.

Ne croyez pas cependant, Monsieur, être le seul à qui mon Poème déplaise ; j'ai été critiqué même par ceux qui ne m'ont point lu. Il y a des gens, et peut-être êtes-vous de ces gens-là, qui ne pardonnent guère à un ouvrier de paraître un peu moins sot que ne semble le comporter sa condition ; mais consolez-vous, j'ai ouï dire que des personnes sages, zélées, travaillaient ardemment à réprimer, prévenir, empêcher, ou punir cet abus intolérable. Je vous dis tous les mots en usage en pareil cas, tant je suis incertain sur le mot propre. Mais revenons à mon Poème. Quelques personnes lui ont fait grâce en faveur de la bonne intention et des notes ; et vous, ce sont les notes qui vous déplaisent le plus, parce qu'elles donnent des explications qui ne sont pas de votre goût, et puis, vous trouvez peut-être qu'il est ridicule de se commenter soi-même. Que voulez-vous ? j'ai fait comme tout le monde :

> J'ai vu que les auteurs, dans le siècle où nous sommes,
> Se souciaient très peu de passer pour grands hommes :

Qu'ils préfèrent enfin eux-mêmes commenter
Ce qu'on pourrait un jour très mal interpréter.
Quand ils n'existent plus, qu'ils ne peuvent répondre,
Il n'est pas difficile alors de les confondre ;
Et le premier pédant qui se croit de l'esprit,
Se fait commentateur, taille sa plume, écrit.

Les auteurs de nos jours, plus prudens et plus sages,
Préfèrent, eux vivans, commenter leurs ouvrages,
Que de s'en rapporter à des savans en *us*,
Qui leur font leur procès alors qu'ils ne sont plus;
Et souvent mal payés par d'avides libraires,
Pour vivre plus long-temps font de longs commentaires.

On commente, on traduit : chaque commentateur
Croit entendre à lui seul le vrai sens de l'auteur.
D'un commentaire obscur chaque page est farcie ;
La phrase la plus claire est souvent obscurcie.
Racine commenté par cent auteurs divers,
Est-il mieux entendu de ceux qui font des vers ?
Que peut-on dire encor de cet auteur aimable ?
Le commentaire est fait : beau, divin, admirable !
Voilà ce qu'on peut dire à tout vers, à tout mot.
Les Luneau-Boisjermain, les Geoffroy, Petitot,
Pensaient-ils ajouter à sa gloire immortelle ?
On ne parlera plus de ces gens pleins de zèle,
Et Racine et Corneille, Horace et Despréaux,
Pour nos derniers neveux seront toujours nouveaux !

Par les notes qu'on fait soi-même à ses ouvrages,
On trouve le moyen de quadrupler les pages ;
Et si l'on peut ainsi quadrupler les écus,
Les soins qu'on s'est donnés ne sont pas superflus.
De là, cent lieux communs, mille raisons bien sottes ·
Un poème aujourd'hui ne paraît pas sans notes;

Ou ce serait choquer l'usage, le bon sens ;
Le plus petit poème, à trois ou quatre cents,
Doit être accompagné de notes, de préface,
D'un avertissement et d'une dédicace.
Ai-je comme Hardouin, en dépit d'Apollon,
En pitoyables vers travesti Fénélon ?
Aurais-je osé toucher cette prose admirable
Pour en faire un poème aride et détestable ?
Ai-je dans quelque pièce au-dessous du mesquin
Essayé le cothurne ou bien le brodequin ?
 J'ai chanté mon état, et sans qu'on me déplaise,
Un chacun sur mes vers peut gloser à son aise ;
Mais si l'on parle d'art, et qu'on veuille prouver
Qu'en perfectionnant je voulus innover ;
Si l'on dit, qu'exerçant sa gothique influence
Le seul goût des Anglais doit prévaloir en France ;
Si l'on veut soutenir que notre Thouvenin,
Près de Charles Lewis n'est tout au plus qu'un nain,
Et que même chauffant ses fers outre mesure,
Il n'est près d'Albion qu'un novice en dorure,
Je me récrie alors, et j'affirme en ce cas,
Que ce beau jugement est celui de Midas.

Je me garderai bien de passer sous silence la dernière partie de votre Lettre : *Un bruit assez étrange est venu jusqu'à vous ;* et Charles Lewis doit vous quitter pour quelque temps pour établir en France une école de reliure, d'après les principes du goût anglais ; mais vous croyez, dites-vous, que ce projet est sûrement chimérique, ou que, si on le tentait, il serait de courte durée.

Pour cette fois, Monsieur, votre pronostic serait très juste; cette démarche serait une folie : il faudrait s'abuser sur l'engoûment des amateurs français, et ceux qui sont atteints de cette maladie ne sont pas en assez grand nombre pour soutenir un pareil établissement.

Oui, l'on aime votre genre de reliure ; mais on aime les reliures, façon anglaise, faites par les Français. Pensez-vous donc, ou Charles Lewis pense-t-il qu'il n'y ait plus d'esprit national en France?

> Allez, le sang français coule encore dans nos veines ;
> Nous pourrons éprouver des malheurs et des peines ,
> Que nous devrons peut-être à vous autres Anglais ;
> Mais nous voulons rester, nous resterons Français !

Ainsi, que Charles Lewis ne se dérange pas ; qu'il cesse, s'il les a commencés, les préparatifs de sa descente ; qu'il ne prive pas ses compatriotes d'un artiste soi-disant inimitable. Nous en avons ici qui le valent, et qui se feront un plaisir de perpétuer parmi nous le bon goût, l'élégance, et la noble simplicité.

J'étendrais plus loin mes observations si je voulais entrer dans des détails qui, au premier aspect, ne paraissent pas être de mon ressort. Je veux parler des bévues, des nonchalances de vos imprimeurs ; je vous en citerai seulement quelques-unes que j'ai omises dans mon petit ouvrage. Ces fautes consistent à faire dans le même livre, et quelquefois du *verso* au *recto*, des pages plus courtes les unes que les autres. On en rencontre dans beaucoup de vos éditions, et même dans des livres qui, au premier coup-d'œil, paraissent soignés : avec des ouvrages si mal justifiés, il est impossible au relieur d'égaliser les marges.

Je me bornerai à vous signaler la belle édition de Gilblas, imprimée par T. Davison, Whitefriars; Londres, 1809, quatre volumes grand *in-4°*. Les pages portent vingt-trois lignes; mais il y en a de vingt-deux et de vingt-quatre. Le premier volume fourmille de ces défauts ridicules.[6]

Dans nos ouvrages les plus communs je ne remarque pas de ces gaucheries impardonnables. En France, on ne donne pas non plus aux beaux livres des marges presque égales tout autour; ces livres, reliés plusieurs fois, seront tout-à-fait ridicules en ce qu'ils auront plus de marge dans le fond que partout ailleurs, à moins qu'on ne les rogne par le dos pour les égaliser. Cela n'effraie pas vos relieurs : cette méthode destructive leur est familière.

D'après la multitude de choses hasardées que contient votre Lettre, vous en aurez probablement reçu quelques-unes de personnes que vous aurez choquées plus que moi, qui vous devrais plutôt des remercîmens pour avoir pris la peine de traduire quelques pages de mon ouvrage; mais il n'en est pas de même de bien des gens, et cela ne doit pas les engager à être aussi communicatifs avec vous, si vous reveniez en France. Je souhaite, dans ce dernier cas, que tous les typographes, les bibliothécaires, les bibliognostes, les bibliographes, les bibliolathes, les bibliomanes, les bibliophiles, les bibliopoles, ceux qui exercent la bibliuguiancie, et les bibliopégistes même, soient pour vous autant de bibliotaphes :

> Que témoin des trésors que notre ville étale,
> Vous y puissiez souffrir les tourmens de Tantale,
> Et que même jamais vous ne soyez admis
> Chez ceux que vous mettez au rang de vos amis.

Vous ne seriez plus à même de critiquer ce que vous sauriez et ce que vous ne sauriez pas, comme vous l'avez si souvent fait inconsidérément :

> Mais tous vos procédés ne nous étonnent pas,
> C'est le sort des Français de faire des ingrats ;
> On les voit servir ceux qui leur furent nuisibles ;
> Je crois que sur ce point ils sont incorrigibles.

Je vous avouerai cependant que je suis loin d'être fâché de vous voir en agir ainsi envers mes compatriotes : je desirerais que beaucoup d'Anglais fissent de même; cela pourrait désangliciser ou désanglomaniser les Français. Vous, Monsieur, qui aimez les mots nouveaux, aidez-moi, je vous prie, à franciser, à purifier celui-ci. Quant à moi

> Je ne fûs pas nourri de grec et de latin,
> J'appris à veiller tard, à me lever matin,

La nature est le livre où je fis mes études,
Et tous ces mots nouveaux me semblent long-temps rudes;
Je trouve qu'on ne peut très bien les prononcer
Sans affectation, au moins sans grimacer;
Que tous ces mots tirés des langues étrangères
Devraient être l'objet de critiques sévères.
Faites donc de l'esprit en dépit du bon sens,
On vous critiquera; quant à moi j'y consens.

Je terminerai cette longue Lettre de deux manières : à l'anglaise, en vous souhaitant le bonjour ou le bonsoir, suivant l'heure à laquelle vous la recevrez ; à la française, en vous priant de me croire,

Monsieur,

Votre très humble serviteur,
LESNÉ.

ÉPITRE
A THOUVENIN.

D'elle-même on verra tomber l'anglomanie :
Y trouve-t-on enclins les hommes de génie ?
Ce mal anti-français, qui causa tant de maux,
Sera dans tous les temps l'apanage des sots.

ÉPITRE

A THOUVENIN.

Eh quoi donc! Thouvenin, ainsi que les auteurs,
Les artistes, jouets de vils contrefacteurs,
Verront ces éhontés augmenter leur salaire,
A la faveur de noms qu'ils n'ont pas su se faire;
Et, trompant le public dans ses affections,
Extorquer sans pudeur les réputations?
Quoi! ces gens dont l'ouvrage a si chétive mine
Des ouvriers fameux complotent la ruine?
— Que pourrait, direz-vous, leur ligue contre moi?
Leur conspiration me donne peu d'effroi.
Sans me causer jamais le moindre des dommages,
Ils peuvent contrefaire à leur gré mes ouvrages;
Ils n'en iront pas moins à la postérité,
Sur ce point je n'ai pas la moindre anxiété.
— Doucement, Thouvenin, un amateur très mince,
Qui naguère arriva du fond de sa province,
Est venu me trouver : après mille discours,
Qui, bien loin de tarir, recommençaient toujours,
Après m'avoir lancé mainte et mainte épigramme,
De sa bibliothèque il me fit le programme.

Il possédait par cœur l'ouvrage de Brunet;
A l'entendre je crus que, dans son cabinet,
Il avait pour le moins trente mille volumes.
Il m'invite à le voir; le jour pris, nous y fûmes.
 Chemin faisant, mon homme, ou plutôt mon hâbleur,
Me dit : Vous allez voir de mes livres la fleur.
J'en ai de Courteval, de Simier, de Derome,
Même de Thouvenin, qui n'est pas un grand homme,
Comme certain rimeur veut, dit-on, l'affirmer.
Ce jugement est faux, et l'on peut l'infirmer.
Mais vous allez, je crois, mon cher, vous pâmer d'aise;
Car je brille surtout dans la reliure anglaise :
J'ai, dans le genre ancien, dans le genre nouveau,
Tout ce qu'en Angleterre on a fait de plus beau.
 J'étais, je l'avouerai, las de ce verbiage :
Nous arrivons, je monte au quatrième étage;
Là, tout près d'un endroit dont la mauvaise odeur
D'une femme fardée eût terni la couleur,
Mon homme, en tâtonnant, entr'ouvrit une porte :
Il entre, et je le suis introduit de la sorte.
Il ôte son carrick et m'invite à m'asseoir
Dans le seul vieux fauteuil qu'il eût dans son manoir.
Sur mon refus, mon sot tout aussitôt l'occupe :
 Je voyais clairement que j'étais pris pour dupe.
Et je ne songeais plus qu'à pouvoir m'esquiver,
Au risque de me voir peut-être invectiver.
J'enrageais de bon cœur; cependant, par prudence,
J'affecte de montrer très bonne contenance,

Quand mon homme reprend d'un air victorieux :
Ah! mon cher, j'ai de quoi vous réjouir les yeux!
Il m'ouvre un grand bahut; là gissait pêle-mêle,
Un fatras de bouquins soutenus par un Bayle,
Qu'il m'assura relié par Derome ou Desseuil :
Pour juger du contraire il suffit d'un coup-d'œil.

Ensuite il me montra des livres de Delorme :
Le public sait fort bien que c'était un pauvre homme;
Qu'on peut lui reprocher, entre tous ses défauts,
D'avoir souvent rogné des livres par les dos.
Il prit chez les Anglais ce détestable usage :
Hâtons-nous d'imiter en tout ce peuple sage.
Mon homme cependant était émerveillé;
Pour moi, cinq ou six fois j'avais déjà bâillé :
Il le vit; reprenez, me dit-il, patience;
Vous allez voir quelqu'un de votre connaissance.
Puis d'un air goguenard distillant son venin :
Tenez, tenez, dit-il, voilà du Thouvenin.
Encor, tenez, prenez : j'en ai bien trois ou quatre.
De ses prétentions je crois qu'il peut rabattre?
Regardez, comparez avec Hering, Lewis.
Quoi! vous ne dites mot, tant vous êtes surpris!
Avouez que tous deux n'ont pas d'égaux en France.

Je suis, dis-je, surpris de votre inadvertance,
Quoi! vous attribuez ce livre à Thouvenin?
— Certainement, dit-il d'un air plus que benin.
J'en suis fâché pour lui; vous voyez que l'idole
Devrait, pour quelque temps, retourner à l'école.

— Je juge à vos discours que vous êtes Anglais.
—Vous vous trompez, mon cher, car je suis né Français.
Il est vrai que je fus trente ans en Angleterre :
Aussi je la chéris en terre hospitalière;
J'y perfectionnai mes études, mon goût,
Et ma plus grande gloire est de lui devoir tout.
Ces Anglais sont si grands, ils sont si magnanimes!
Ils nous ont conservé nos princes légitimes;
Et n'avouerez-vous pas que nous autres Français,
Nous sommes des pygmés au prix des bons Anglais.
Pour moi, c'est un besoin que la reconnaissance;
Et j'eus quelques regrets quand je revins en France.
—Vraiment? En Albion vous fixant pour toujours,
Vous pouviez à votre aise y terminer vos jours;
Ici votre présence est peut-être importune.
— Il me fallait venir recouvrer ma fortune.
Mais parlons de reliure. Eh bien! qu'en dites-vous?
— Ce que j'en dis, vraiment? que vous êtes un fou!
Que, joignant à cela la sotte impertinence,
En tout vous ne cherchez qu'à ravaler la France;
Que vous et vos pareils nous déplaisez beaucoup;
Qu'en soufflant l'*anglicisme* avec le mauvais goût,
Dénigrant, sans raison, nos arts, notre industrie,
Vous minez sourdement l'honneur de la patrie.
Vous croyez bonnement qu'au nom de Thouvenin,
J'admire, et je me tais sans aucun examen :
A d'autres vous pourriez en imposer peut-être;
Mais moi je connais trop la touche de ce maître;

Et, pour tout dire enfin, je m'étais figuré
Que ces livres étaient de Picard ou Fouré.
Comment donc, sans rougir, imprudent que vous êtes!
Osez-vous devant moi débiter ces sornettes?
Je le quitte à ces mots : j'étais déjà dehors
Que mon homme criait, gesticulait encor.
Je me sauvai chez moi, méditant cette épître;
Et, puisque des Anglais j'effleurai le chapitre,
Dussé-je encor déplaire à Dibdin le moqueur,
Je veux vous dire ici ce que j'ai sur le cœur.

 Avouez, Thouvenin, qu'au beau siècle où nous sommes,
Très difficilement on reconnaît les hommes.
D'honneur, n'êtes-vous pas comme moi fatigué
De rencontrer souvent, dans un rang distingué,
Des gens savans d'ailleurs, mais dont l'impéritie,
Et, s'ils n'étaient lettrés, je dirais l'ineptie,
Les porte à dénigrer par de honteux moyens,
Ce que font sous leurs yeux de bons concitoyens?
Quand on vient me citer un Anglais pour modèle,
Tout aussitôt je veux vous mettre en parallèle.
L'anglomane toujours trouve quelque raison,
Pour pouvoir devant moi savourer son poison.
Vraiment, avec ces gens on perdrait patience,
Si de les convertir on n'avait l'espérance.

 Mais, mon cher Thouvenin, chez vos admirateurs,
Il est, le croirez-vous? d'ineptes détracteurs.
Ces gens-là sont fâchés quand ils n'ont rien à dire:
Leurs observations me font souvent bien rire.

L'un magistralement prononce que vos mords,
Sont trop saillans, trop gros et vos nerfs peu d'accord;
L'autre dit qu'ignorant des Anglais les manières,
Vous manquez dans vos dos comme dans vos gouttières;
Zoïles à l'égard de la solidité,
Tous voudraient des dos plats : quelle stupidité!
Ne sauront-ils jamais qu'une bonne endossure,
Dépendit en tout temps de la bonne couture?
Nul d'entre eux jusqu'ici n'a donc pas remarqué
Qu'un dos solide et plat doit être bien grecqué?
Que cela retrécit la marge intérieure;
Qu'une couture entière est toujours la meilleure.
Je radote à leur sens, et chez vous, chez Simier,
Tout ce qui se fait bien se coud tout en entier.

   Un dos en demi-rond leur paraît-il maussade?
Faisons-leur à dos plats les livres de parade.
Mais je soutiens ma thèse, et prouverai toujours
Que les livres d'usage et qu'on lit tous les jours,
Tels ceux de liturgie et les dictionnaires,
Les gros livres de droit, les codes et grammaires,
Oui, m'accuserait-on d'ignorer mon métier,
Je soutiens qu'on les doit toujours coudre en entier.
Ne vous montrez donc pas ni faible ni timide,
Et laissez croasser cette race insipide;
Nous devons à nous-mêmes, à la postérité,
De travailler toujours avec solidité.
La réputation est comme la fortune,
Avec peine on l'acquiert; quand il en possède une,

Un artiste surtout doit toujours s'observer,
Et travailler sans cesse à se la conserver.
 Pour moi, je consens bien qu'on me ridiculise.
Non, l'embellissement n'est pas une sottise;
Mais n'avoûra-t-on pas avec facilité,
Que le plus important est la solidité ?
Quant à l'art d'embellir par de riches dorures,
Le tout gît dans les soins, dans de belles gravures.
Culembourg et Kilcher avaient comblé nos vœux,
Monier, le seul Monier les remplace tous deux.
L'ingénieux Lefèvre, au fond de sa retraite [6 bis],
D'un vigoureux burin combat ce grand athlète.
Exploitant à l'envi les cartons des anciens,
Tous deux de leurs beaux fers enrichissent nos mains.
S'ils sont de leurs travaux payés avec usure,
Nous leur devons, ami, notre belle dorure.
Nos pères leur auraient érigé des autels :
Leurs talens et mes vers les rendent immortels!
Cette perfection vous l'avez fait éclore,
Ces hommes dans cent ans seront cités encore.
Leurs élèves pourront un jour les remplacer;
Mais pourront-ils jamais, ami, les surpasser ?
Les ouvriers diront, admirant vos ouvrages,
Et peut-être en lisant quelqu'une de ces pages,
Lefèvre et Lemonier gravaient pour Thouvenin;
Thouvenin, à mieux faire, excita Ducastin.
C'est ainsi que chacun est payé par ses œuvres;
Moi qui n'exécutai jamais de grands chefs-d'œuvre;

Moi, si chétif rimeur, tant haï des Anglais;
Que dis-je tant haï, moins que je ne les hais!
Qui par mes seuls écrits vous excite à bien faire,
De mes délassemens j'obtiens même un salaire.
Duplanil et Fauché, Godereau, Ducastin,
Laissent loin derrière eux Bothier, Caillibotin.
Mémard que je connus aux langes de l'enfance,
Se distingue et déjà donne quelque espérance.
Par bien d'autres sans doute ils seront imités,
Qui brigueront plus tard l'honneur d'être cités.
C'est l'émulation qui forme les artistes;
Par elle tous les jours on en accroît les listes.
Ami, nous lui devons mille trésors divers,
Les vertus, les talens, les hauts-faits, les beaux vers!
Aux artistes elle est une douce ambroisie.
Ils ne connaissent pas de basse jalousie;
Vous-même vous rendant aux plus chers de mes vœux,
Mon fils va désormais travailler sous vos yeux.
Sous une heureuse étoile, ah! le ciel le fit naître,
Puisque vous consentez à devenir son maître.
A l'ébaucher enfin si j'ai bien réussi,
Vous allez achever ce que j'ai dégrossi;
Devant moi se déploie un horizon prospère,
Vous allez de mon fils être le second père.
Vous allez, l'instruisant par d'utiles leçons,
Le rendre digne un jour de soutenir nos noms,
De combattre surtout nos fiers antagonistes,
Dont tous nos ouvriers sont par trop les copistes.

A THOUVENIN.

Si les relieurs anglais se fixent à Paris,
Loin d'en être fâché, moi, Thouvenin, j'en ris.
Les amateurs verront bientôt la différence
De ce qu'ils savent faire à ce qu'on fait en France,
Et que ce genre enfin dont ils sont tant épris,
Est bien loin de valoir en effet un grand prix.
S'ils leur font établir quelques livres d'usage,
Ils seront, dans six mois, dans un triste équipage;
S'ils s'en servent, bientôt ils seront convaincus
Qu'un livre de cent francs ne vaut pas dix écus.
D'elle-même on verra tomber l'anglomanie.
Y trouvons-nous enclins les hommes de génie?
Ce mal anti-français, qui causa tant de maux,
Sera, dans tous les temps, l'apanage des sots.
Soyez tranquille, ami, la rouille de l'Envie,
Ne peut jamais ternir l'éclat de votre vie.
Sans doute, vos succès excitent des jaloux,
J'en ai bien, sans avoir des talens comme vous.
Le caffard don Garos effrontément publie
Que, par mes procédés, chez lui tout se relie;
Certes, il n'en est rien; la grecque et le poinçon
Font tous les jours leur jeu d'une horrible façon.
Le public, quelque temps, peut être pris pour dupe.
Le discours d'un jongleur le captive, l'occupe;
Mais quand la vérité vient à se faire jour,
Une erreur de dix ans ne dure plus qu'un jour.
Sans le secours des lois, ni d'aucune police,
De tout contrefacteur le public fait justice.

Or, l'insigne éhonté qui vous a contrefait,
Ne saurait recueillir le fruit de son forfait.
Le traître a pourtant mis votre nom en palette,
Mais de vous imiter il n'a pas la recette;
Il n'a pas, comme vous, l'arrangement des fers;
J'en ai vu de trop chauds, de trop froids, de travers;
Bien qu'à vous imiter, avec peine il s'escrime,
On dirait qu'à plaisir il met crime sur crime 7 :
Ce terme, mon ami, vous l'avez consacré;
Et, sans vouloir ici faire en rien le sucré,
J'avertis l'amateur que, surtout en dorure,
Un crime signifie au moins une brûlure.
Que de crimes, grands dieux! se font donc tous les ans!
Mais, parlons des Anglais et de leurs partisans.

 Vous croyez que Dibdin s'en tient à ses missives;
Il sait par cent moyens vomir des invectives;
A Londres, à Paris, on connaît ses écarts,
Nous ne sommes pas seuls l'objet de ses brocards.
Pourtant il n'est pas bien, je crois, dans ses affaires,
Je vois qu'il a recours à des auxiliaires :
Le journal d'Edimbourg peut me vilipender;
Par des sarcasmes vains, croit-il m'intimider?
Il se trompe : jamais je ne perdis courage.
Je demeure tranquille au milieu de l'orage.
Non, tout l'or de Dibdin ne pourrait me salir;
Il peut m'invectiver, mais jamais m'avilir!
Il dit effrontément que l'on me fait l'aumone!
C***, je le crois, ne la fait à personne,

Ou, s'il la fait, il sait, en conservant son droit,
Se faire bien payer de quiconque lui doit.
C'est un homme de tête, un peu vif; mais, en somme,
Pour avancer un faux il est trop honnête homme.
C'est un fait controuvé, de pure invention.
Qu'il m'aurait fait présent de son impression [7 bis].
Du révérend Dibdin on connaît la coutume;
Je l'ai dit, il écrit ce qui vient sous sa plume.
Qu'un fait soit apocryphe ou qu'il soit avéré,
Il l'avance toujours d'un ton très assuré.
Comment était-il donc dans la force de l'âge,
Puisqu'après quarante ans il ne peut être sage?
Ma muse et la raison me servent à souhaits,
On sait qu'il est des gens qui ne le sont jamais.
Ne pouvant échapper seuls à sa calomnie,
Laissons-le bavarder, si telle est sa manie.

Que, par dérision, nos amis les Anglais
Me surnomment entre eux Roger-Payne français;
Que Dibdin, par mépris, me nomme le poète;
J'accepte avec plaisir la mordante épithète.
A célébrer notre art j'attache un grand honneur;
S'il cause mon tourment, il fait tout mon bonheur.
Long-temps on redira bien loin, dans ma patrie,
Qu'il fut toujours l'objet de mon idolâtrie;
Aux annales de l'art on pourra consigner,
Que, l'ayant appris seul, je le sus enseigner.
Ah! si quinze ans plus tard le ciel m'avait fait naître,
On m'aurait vu marcher votre égal, ô grand maître!

Mais neuf lustres déjà sur ma tête entassés,
Je le dis franchement, m'avertissent assez
Qu'il ne m'est pas permis d'atteindre le sublime;
Mais en y renonçant je l'honore et l'estime.
J'aime à le retrouver dans vos productions.
Dieux! pour y parvenir que de précautions!
Que de soins ignorés des ouvriers vulgaires,
Et qu'ils traitent tout haut d'erreurs et de chimères!
Ils préfèrent bien mieux faire tout au hasard;
Mais vous qui connaissez les beautés de votre art,
Vous ne faites jamais les plus petites choses,
Sans en peser d'abord les effets et les causes;
L'ouvrage le plus beau, le plus petit objet,
De vos mains, en tout temps, tout doit sortir parfait :
Chéri des amateurs, estimé des libraires,
Vous êtes admiré, même de vos confrères.
Ils ne s'en tiennent pas à l'admiration :
Vous excitez en eux une émulation,
Une persévérance, un si noble courage,
Que chacun s'évertue à soigner son ouvrage;
Qu'avant de le livrer, remplaçant l'amateur,
L'épiloguant de près on devient son censeur.
On voit ce qu'avant vous on ne vit pas en France.
Et l'étranger sur nous aurait la préférence!
Quoi! j'entendrai toujours me vanter les Anglais!
Eh! mon cher Thouvenin, quand on est bon Français,
Doit-on les imiter en serviles esclaves?
Les Anglais font leurs dos bien moins plats que concaves :

Dès qu'on a lu chez eux un livre une ou deux fois,
Le dos présente un creux pour y loger deux doigts.
Aujourd'hui, non contents de grecquer leurs reliures,
Impitoyablement ils grecquent leurs brochures;
Le journal d'Edimbourg que je tiens à la main
Est largement grecqué, bien qu'en papier vélin;
Ils étendent à tout cette horrible manie.
De la destruction ont-ils donc le génie?
Je le crois; car sans doute ils lacèrent exprès
Leurs classiques latins imprimés à grands frais.
Pour ce qu'on établit peut-on être Vandale?....
Et nous imiterions leur manœuvre infernale!

Pour perfectionner le beau genre français,
En tout ce qu'ils font bien imitons les Anglais;
Mais ne copions pas leurs mauvaises manœuvres.
On s'obstine à me faire admirer leurs chefs-d'œuvre:
Quand je les vois de près je suis désenchanté.
Bien loin de travailler pour la postérité,
Leur genre est un clinquant rehaussé de gothique,
Et quand je l'analyse il me paraît étique.
Osons l'abandonner, il tombera bientôt;
On l'aime, et je le hais, voilà mon dernier mot.
Pourtant à l'admirer si l'on s'obstine en France,
Si ce genre bâtard obtient la préférence,
Si l'on en est épris, même passionné,
Que ce genre, par nous, soit perfectionné:
A l'imitation de nos adroits ancêtres,
D'Albion, dans notre art, redevenons les maîtres[8]:

Forçons d'autres Dibdin, un jour, à répéter
Que, sur Lewis, Hering, nous savions l'emporter.
Assez et trop long-temps nous fûmes leurs copistes;
Qu'en leur genre ils ne soient que nos antagonistes.
Vous prouvez, mon ami, qu'on y peut exceller.
On nous dit qu'ils sont forts, il les faut harceler.
A notre art, sous nos yeux, ils déclarent la guerre;
Acceptons le défi, c'est un mal nécessaire.
Eh! la reliure en France a fait plus de progrès
En vingt ans de malheur, qu'en cinquante ans de paix.
Nous n'avons pas encore épuisé nos ressources;
Tous les grands amateurs n'ont pas vidé leurs bourses;
Dans cette noble lutte, ami, de bons Français
Sauront encourager nos efforts, nos succès;
Ils se joindront à nous contre ces insulaires,
Qui, sur notre terrein, ont planté leurs bannières.
Par de vieux amateurs s'ils étaient protégés,
Nous les surpasserons et nous serons vengés.
Après, entre eux et nous, si l'amateur hésite,
S'ils font bien, s'ils sont prompts, nous ferons mieux, plus vite;
Nous mettrons en leur jour la partialité,
Le goût des faux Français, leur imbécillité.

 Leur réussite, ami, ne sera qu'éphémère.
La France, en ce moment, est trop hospitalière.
L'étranger qui s'y fixe, avec quelques moyens,
L'emporte en peu de temps sur de vieux citoyens.
D'étrangers travailleurs la France est parsemée;
Ils improviseraient au besoin une armée.

Nos artisans déjà sont leurs compétiteurs,
Bientôt nos commerçans deviendraient leurs facteurs.
 Ah! dût-on me taxer d'un peu de jalousie,
Je voudrais voir en France un droit de bourgeoisie,
Qu'on y reçût pourtant toutes les nations,
Mais qu'on laisse écouler deux générations
Pour naturaliser l'étranger qui s'exile,
Et qui, sur notre sol, vient demander asile.
Les fils nés de parens autrichiens, anglais,
De quelque rang qu'ils soient seraient vraiment français!
C'est seulement ainsi que l'on verra la France
Reconquérir ses droits et sa prépondérance;
Qu'elle pourra compter sur ses nombreux enfans,
Et ne craindre jamais d'ennemis au-dedans;
Que mutuellement protégeant l'industrie,
Tous les cœurs, tous les vœux seront à la patrie!
 Ah! je vois trop de gens qui, mécontens de tout,
Sans cesse en critiquant pensent prouver leur goût;
Sur nos arts en tous lieux lançant mainte épigramme,
Tous nos plus grands efforts sont payés de leur blâme;
A les bien satisfaire on ne parvient jamais:
Ils rougiraient, je crois, d'estimer les Français.
Il le faut avouer, leur manie est étrange!
Mais très heureusement il est peu de B***ge,
De trembleurs G***dy, d'impertinens S***er,
Qui toujours des Anglais viennent nous fatiguer.
Ah! que cet anglicisme à la France est nuisible!
L'Anglais sur tous les points est-il donc infaillible?

Mais si les amateurs sont trop capricieux,
Il est des ouvriers qui le sont autant qu'eux.
Maint hableur, en bravant la censure publique,
Donne à son atelier un air tout exotique.
A l'entendre, chez lui, presque rien n'est français.
Vantez-vous son carton ? c'est du carton anglais,
Son papier allemand, son vélin de Hollande,
Il fait naître ou prévient votre moindre demande;
Chez lui rien n'est commun, chez lui rien n'est mesquin,
Il vous fait remarquer surtout son maroquin :
Maniez cette peau, comme elle est souple et fine !
Il lui vient de Maroc, ou même de la Chine;
On n'en fabriquait pas de pareil à Choisi;
Sur plus de deux cents peaux pour vous il l'a choisi.
Au sot, au gobe-mouche ainsi l'on en impose;
Mais je critique ici le fond comme la chose.
Je voudrais qu'un Français fût vraiment un Français,
Et non Autrichien, Prussien, Russe, Anglais !

   De ses concitoyens dénigrer l'industrie,
C'est se montrer ingrat, traître envers la patrie !
Eh quoi ! les étrangers viennent de toutes parts
Etudier chez nous les sciences, les arts !
De leur savoir au nôtre, ah dieux ! quel intervalle !
Notre France est pour eux une école normale;
Et même dans les arts, s'ils ont quelques succès,
Nul ne pourrait nier qu'il le doit aux Français.
Nous savons cultiver tous les genres de gloire !
Pour nous débordera le fleuve de l'histoire !

Notre prospérité, nos arts et nos revers,
Serviront de fanal, un jour, à l'univers !
Les peuples sauront mieux apprécier les hommes,
Et de distinctions seront plus économes ;
Au goût des étrangers ne seront pas soumis,
Et jamais les amis de tous leurs ennemis !
Mais, mon cher Thouvenin, ce temps est loin encore,
Il est loin : toutefois, j'en entrevois l'aurore,
Les riches sentiront que, dans leurs intérêts,
Ils doivent protéger les ouvriers français.
Peut-être cette épître est pour eux importune,
Je n'y caresse pas le pouvoir, la fortune :
Je chanterai toujours l'honneur de mon pays.
Veut-on me voir finir ? Dix vers, et j'obéis.

 Les modes et les arts, pour quelque temps en France
Du goût des étrangers subiront l'influence ;
Mais, à l'ombre des lois et de la liberté,
Les Français sentiront plus tard leur dignité.
Ils la recouvreront cette suprématie,
Dans les arts et surtout dans la diplomatie.
Eh ! qui pourrait tenter de les remettre aux fers ?
Après avoir donné l'essor à l'univers,
Montrons donc aux Anglais une noble assurance :
Vit-on jamais broncher les enfans de la France !

ÉPITRE
A SIMIER PÈRE,

sur l'exposition de 1823.

A MONSIEUR SIMIER.

Mon ami,

Admis comme vous à l'Exposition de 1823, je n'eus pas l'honneur de concourir avec vous. Inquiet sur le sort de mon fils et de ma fille, qui se trouvaient dangereusement malades dans le même moment, je n'eus pas le temps d'achever les ouvrages que je me proposais d'exposer. Mais je vis les vôtres et ceux de nos confrères; je jouis de votre triomphe et du leur.

J'ai remis la publication de cette Epitre, que vous connûtes alors, jusqu'à la seconde édition de mon Poème, auquel je la joins. Je l'aurais publiée plus tôt, si j'eusse prévu attendre aussi long-temps pour cette réimpression, que des circonstances indépendantes de ma volonté ont retardée au-delà de ce que je pouvais raisonnablement prévoir.

LESNÉ.

ÉPITRE

A SIMIER PÈRE.

 « Nous sommes encor bons au moins pour le conseil ,
 « Si le bon goût s'endort provoquons son réveil. »

Quand on a su long-temps maîtriser la victoire,
Une belle retraite est un titre de gloire!
A l'exposition de dix-huit cent dix-neuf,
Vous nous avez montré de l'élégant, du neuf;
A l'exposition de la présente année;
Votre reliûre encor s'est perfectionnée,
Et voulant du public augmenter les regrets,
Vous fîtes beaucoup mieux que l'on ne fit jamais.
Vous n'avez épargné, ni soins, ni temps, ni peine,
C'est ainsi, mon ami, qu'il faut quitter l'arène.
 Heureux, cent fois heureux, celui qui comme vous,
Au jour de sa retraite irrite les jaloux;
Ils bourdonnent en vain, vous recueillez la gloire;
Et votre nom s'inscrit à jamais dans l'histoire.
On sait bien que des gens qui s'y connaissent mal
Disent que vous tombiez ainsi que Courteval.
Dans son temps Courteval, cité par excellence,
Fut avec Bozérian l'idole de la France;

Leurs noms étaient connus à Londres, à Paris:
De leurs livres encor bien des gens sont épris.
On s'estimait heureux d'avoir de leurs prémices.
Des amateurs du temps ils firent les délices;
On prisait leur ouvrage, on les citait partout;
Il fallait en avoir pour prouver quelque goût.
Pour peu qu'on soit atteint de *reliomanie*,
On donnait à ces gens, savoir, talens, génie!

  Que les temps sont changés! bien loin d'être fameux,
Aujourd'hui tout au plus s'occuperait-on d'eux.
S'il vient à se montrer quelqu'un qui vous surpasse,
Dans l'esprit du public vous perdez votre place;
Fût-il par quelque endroit plus que vous imparfait,
On a su vous atteindre, or vous n'avez rien fait.
Il faut toujours monter, gravir de cime en cime,
Si quelqu'un vous imite on vous en fait un crime.
Cependant, poursuivant toujours votre chemin,
Vous avez vu sans crainte arriver Thouvenin.
On saura que douze ans, avec persévérance,
Vous avez contre lui tenu la concurrence;
Qu'à l'exposition de dix-huit cent vingt-trois,
Le jury couronna vos travaux et vos droits.
Vous avez noblement fourni votre carrière,
Sans honte vous pouvez regarder en arrière.
Quand les goûts ont changé vous les suiviez de près,
Et vous avez dans tous obtenu des succès.
Vous les rectifiez, d'après votre génie,
Et sûtes résister même à l'anglomanie.

ÉPITRE A SIMIER PÈRE.

Vous lui fîtes au moins peu de concessions :
Ecoutant de chacun les observations,
Vous vous êtes montré partisan de l'antique,
Mais sans jamais donner dans l'excès du gothique.
On peut au genre ancien être fort attaché,
Sans que d'anglomanie on se montre entaché.
J'ai dit que de son temps il faut suivre la mode :
De la saine raison quand elle est l'antipode,
Le devoir d'un artiste est de lui résister :
Du sentiment des sots doit-il s'inquiéter?
Tout seul de son parti, loin qu'il s'en désespère,
Le flambeau de son art et le guide et l'éclaire ;
Il triomphe, et plus tard ceux qu'il a combattus,
Proclament sa constance, en font une vertu.

 On a tant emprunté de la reliûre anglaise,
Qu'on ne reconnaît plus la reliûre française.
Aux yeux de bien des gens les Anglais sont des dieux,
Oh! que d'absurdités on entasse sur eux!
Vraiment pour y tenir il faudrait être un ange.
Devinez ce que vint me dire un jour B....ge?
« Imaginez, mon cher, que les relieurs français,
« Ne sont que des enfans près des relieurs anglais ;
« Savez-vous bien chez eux comment va la besogne?
« Un livre d'un seul coup des trois côtés se rogne ;
« Leurs peaux et leurs cartons sont apprêtés, coupés,
« Et l'on ne voit leurs gens qu'à finir occupés.
« L'ouvrage n'y va pas par bonds et par secousses,
« Mais les in-folio s'y font comme des pouces.

« Quand vous vous amusez avec vos petits fers,
« Qui, soit dit entre nous, sont souvent de travers ;
« Quand vous restez courbés sous vos vieilles coutumes,
« Chez eux dans un quart-d'heure on dore cent volumes.
« Ils ont pour chaque objet des principes constans :
« Les dos, les bords, les plats se font en même temps.
« On ne sait pas par où leur ouvrage commence;
« Bref, il est si tôt fait, qu'on le croit fait d'avance. »
Voyant que j'affectais un faux ravissement,
« Oui, oui, dit-il, cela tient de l'enchantement,
« Aussi les bons relieurs acquièrent une aisance
« A laquelle jamais vous n'arrivez en France ;
« Au point qu'il est commun de voir des ouvriers
« Devenir ducs et pairs, milords ou financiers ! »
Ces gens-là pour mentir ont, je crois, des franchises :
Il faudrait pour leur plaire écouter leurs sottises,
Ne s'aviser jamais d'y répliquer un mot.
Les croit-on ? en arrière, ils vous traitent de sot ;
S'en vont vous dénigrer parmi leur coterie.
Pourtant, à les ouïr, ils aiment l'industrie ;
Ils la soutiennent même avec leurs capitaux.
Ces faux Français, ami, causeront tous nos maux :
C'est eux, qui, des Anglais ranimant l'espérance,
Les ont encouragés à s'établir en France.
Eux ! qui, préconisant l'étranger en tous lieux,
Aux modes d'outremer accoutument nos yeux ;
De leur patriotisme ils se feraient un crime,
Les étrangers tout seuls ont droit à leur estime.

Aujourd'hui maint Français honteux d'être Français,
Voudrait paraître Russe, Autrichien, Anglais.
Peut-on ainsi, grand Dieu! renier sa patrie!
　Les anglomanes vont jusqu'à l'idolâtrie :
Aveuglés par un goût bizarre et monstrueux,
Le gothique à ces gens a fasciné les yeux.
Ils prennent bien souvent pour véritable antique,
Un galimatias, avorton du gothique.
Il faut pourtant les voir chacun sous leur aspect :
L'un excite le rire, et l'autre le respect.
Depuis long-temps en France, ainsi qu'en Angleterre,
Le gothique aux beaux-arts a déclaré la guerre.
Aussi n'eut-il jamais de règles ni de lois :
Il met l'effronterie au rang de ses exploits.
En s'éloignant toujours de la simple nature,
Il brave le dessin, le goût, l'architecture.
L'antique parle à l'âme et le gothique aux yeux;
L'un est grêle et gentil, l'autre majestueux.
L'antique est toujours beau, toujours grand, mâle, large;
Tel qu'il soit le gothique en est toujours la charge.
Vraiment, mon cher Simier, je suis à concevoir,
Comment de notre siècle il a tant de pouvoir.
Loin de m'en imposer avec son air mystique,
J'y trouve cent raisons d'exercer ma critique,
Et je réponds à ceux qui pourraient s'offusquer :
Quels que soient les cafards il les faut démasquer.
De puissans protecteurs jusques au pied du trône,
Cherchent à l'introduire : on le choie, on le prône;

Ivres de ses succès avec un ris moqueur,
Ses louches partisans le proclament vainqueur.
Je ne crois pas qu'il ait encor gagné sa cause :
Qu'il triomphe un moment le bon goût se repose.

Mais on parvient toujours où l'on veut parvenir.
En vieillissant, un art doit toujours rajeunir.
Tous nos arts d'agrément frappés d'anglomanie,
Je le dis à regret, semblent à l'agonie;
Ils se réveilleront : le nôtre, mon ami,
En s'anglomanisant ne s'est pas endormi ;
Il présente souvent des choses gigantesques.
On les avait bannis, l'on reprend les grotesques.
Je ne vois rien de beau dans ces fers compliqués
Dont les livres partout semblent être plaqués.
De ces impressions la mode est passagère ;
C'est le genre du temps. Eh bien ! il faut en faire.
Mais je me ris de voir la plupart des relieurs
S'attribuer l'esprit, le talent des graveurs,
C'est l'âne qui s'affuble avec la peau du lion,
Ou le corbeau qui veut imiter le paon.
L'ignorant s'agenouille, et s'écrie : O merveilles !
Mais le sage aperçoit les pattes, les oreilles.

Oh ! combien notre siècle offre de charlatans !
B..... dit qu'il relie au moins depuis cent ans.
Cent ans de père en fils ; il ajoute en colère :
« Je savais mon état dès le sein de ma mère ; »
Pour le croire il faudrait un effort plus qu'humain ;
J'en crois la voix publique et mes yeux et sa main.

Je ne saurais plus loin porter ma déférence,
Très difficilement je change de croyance.

　Quant à vous je dirais dans mes vers, cher Simier,
Que vous fûtes instruit par Nesbons ou B....er;
Quand, pour vous dénigrer, je deviendrais un traître,
Vous n'en seriez pas moins dans votre art un grand maître:
Vos ouvrages connus, chéris de l'univers,
Résisteront au temps, plus long-temps que mes vers.
Fussiez-vous le second, votre part est très belle;
Du fameux Thouvenin vous fûtes le modèle!
Jamais de cette gloire on ne peut vous frustrer,
Ce titre suffirait seul pour vous illustrer.

　Un sot, pour se vanter, dit qu'il fut votre maître:
Pour le croire il faudrait vraiment peu s'y connaître;
Et je suis bien certain que la postérité
Ne partagera pas cette crédulité.
Fussiez-vous arrivé le dos plein de farine,
On ne s'informe pas quelle est votre origine:
De s'élever soi-même il est plus glorieux;
Pour devenir célèbre a-t-on besoin d'aïeux?
Le fils d'un laboureur peut être un grand artiste:
De cette vérité plus d'un noble s'attriste;
Et s'il voulait pourtant y regarder de près,
Son bisaïeul peut-être était pâtre ou laquais.
D'une antique naissance, où donc est la fumée?
Je ne dois qu'à moi seul toute ma renommée,
Nous a dit un grand homme; et vous pouvez aussi
Le dire, à le prouver vous avez réussi.

Vous avez du public l'estime et le suffrage,
Et votre fils sera votre plus bel ouvrage!
Associé long-temps à vos charmans travaux,
Seul il peut supporter le choc de ses rivaux.
Le mien que je formai dans notre art dès l'enfance,
L'égalera peut-être en talent, en science.
Je nourris cet espoir, il m'est au moins permis;
Il est doux de se voir remplacer par son fils.
Ah! quand je dépouillai l'amour-propre d'un père,
Et que je consentis qu'une main étrangère
Achevât ce que seul j'avais su commencer,
Certe absolument rien ne pouvait m'y forcer.
Je desirais alors qu'une main plus savante
Doublât l'impulsion de cette ardeur naissante.
Je lui donnai mon fils, mon bras droit, mon soutien:
Thouvenin promit tout, et n'effectua rien.
Je lui remis sans peine et parole et promesse.
J'en eus quelque dépit, ami, je le confesse;
Mais j'ai tout oublié. Vous beaucoup plus heureux,
Votre fils a toujours travaillé sous vos yeux.

 Cultivez cet arbuste: un jour à son ombrage,
Vous jouirez encor des plaisirs du bel âge.
Ami, les fleurs qu'il porte annoncent de beaux fruits;
J'augure qu'ils seront un jour d'un très haut prix.

 Quoi donc, de Simier fils, prophétisant la vogue,
Lesné, dit maint rieur, se fait-il astrologue?
Lui qui passait pour haut voudrait-il donc ramper?
Mais eût-on le tact fin on peut bien se tromper;

Quelquefois le savoir s'éteint ou dégénère,
Un fils n'a pas toujours le talent de son père.
  Je connais sur ce point ce qu'on peut m'opposer,
Et n'eus jamais le don de rien prophétiser.
Oui, plus d'un grand nom tombe au sommet de sa gloire,
Sur mille un seul s'inscrit au temple de mémoire.
Même il en est passé quelques-uns sous nos yeux,
Qui seront inconnus peut-être à nos neveux.
L'indolent Pasdeloup, vermoulu de misère,
Déshonore à-la-fois son état et son père;
Mais loin d'être une règle il arrive souvent,
Que le fils d'un artiste est un homme savant.
N'a-t-on pas vu long-temps les célèbres Deromes,
Se montrer dans leur art de véritables hommes?
Leur nom fut la terreur de maint contemporain;
Il passa la Tamise, et le Tibre et le Rhin.
De nos jours même encor l'amateur le révère;
En France, en Italie, et même en Angleterre,
Où ce nom si fameux est répété, dit-on,
Par Dibdin, aux échos de Londre et Kensington.
  Le vôtre, mon ami, doit vivre d'âge en âge.
Simier, que votre fils accepte ce présage,
Que pour comble d'honneur un jour à ses enfans,
Il sache comme vous transmettre ses talens.

15 décembre 1823.

SATIRE
A MON ESPRIT.

UN MOT SUR CETTE SATIRE.

A l'imitation de Boileau, plusieurs poètes ont fait aussi des satires adressées à leur esprit. Parler à son esprit, et que celui-ci réponde, cela m'a toujours paru fort singulier. Cependant les meilleures comédies, d'excellentes tragédies même, nous offrent de ces exemples dans de très beaux monologues. Quelle que soit l'opinion du public sur ce genre de satire, je hasarde la mienne. Je ne sais si elle paraîtra inférieure à mes autres ouvrages; mais j'avouerai franchement que, sans y attacher un grand prix, je ne l'ai cependant pas négligée. J'ai eu bien moins en vue de répondre aux critiques, la plupart justes d'ailleurs, que de faire connaître mes véritables sentimens sur quelques points qu'il ne m'avait pas été loisible de développer, dans mon poème, d'une manière satisfaisante.

SATIRE A MON ESPRIT.

Griffonnier éternel et des plus diligens,
Pour le coup, mon esprit, vous vous moquez des gens.
Qu'allez-vous faire encore? eh quoi! toujours écrire!
Toujours à vos dépens, voulez-vous faire rire?
Depuis trente ans et plus vous compulsez Boileau,
Avez-vous amassé de quoi boire de l'eau?
Ou comptez-vous parmi les gens d'un grand mérite?
Loin de là, de chez vous la fortune est proscrite;
Si l'on peut vous citer, l'on vous cite assez mal,
Et vous et votre muse irez à l'hôpital.
Là, vous pourrez rimer tous deux de compagnie.......
   Un ouvrier poète, ah! quelle ignominie!
Du docte abbé Roubaud goûtant mieux les avis,
Vous seriez plus heureux de les avoir suivis:
Point de vers, disait-il, et sans en rien rabattre,
Retenez seulement que deux et deux sont quatre;
Que lorsqu'en ce bas-monde ou desire être heureux,
Il n'y faut pas parler le langage des dieux;
Malheur à qui prétend se nourrir d'ambroisie....
Il prêchait un vrai sourd, j'aimais la poésie!
On ne peut maîtriser son inclination.
   Jeune encor, lorsque vint la révolution,

Je n'eus pas les moyens d'achever mes études ;
Et condamné dès-lors à des travaux plus rudes,
La lime et le marteau furent mes instrumens,
Je cultivai les vers dans mes délassemens :
Si j'en fis par hasard quelques-uns de passables,
J'en ai fait des milliers sans doute détestables ;
Mais j'en ai fait justice et de mon propre aveu
Impitoyablement je les ai mis au feu.
— Fort bien, à vous vanter vous avez une grâce ;
Et ceux qui devant vous auront su trouver grâce
Sans doute sont très bons ? — Je ne dis pas cela.
— Ils ne sont pas mauvais ; — Non , — Bon nous y voilà.
— Épris d'un vain savoir dans ma verve indiscrète,
Je ne vous dirai pas que je suis né poète ;
Que dès mes premiers ans instruit par Apollon....
Je suis bien loin d'avoir cette présomption....
De nos divers destins le souverain arbitre,
M'a fait naître relieur, et voilà mon seul titre.
Ce fut tacitement, qu'Apollon me permit
De chanter dans mes vers un art qui me sourit.
J'ai glané dans cet art, aujourd'hui j'y moissonne,
En prose, en vers, sur lui, parfois, je déraisonne.
— Oh ! vous avez, je crois, toujours déraisonné.
Quand jadis, vous jouiez l'amant passionné,
Que chaque jour faisant une ou deux chansonnettes,
Vous chantiez tour-à-tour les blondes, les brunettes,
Il m'en souvient encor, vos transports amoureux
N'étaient pas toujours peints en vers harmonieux.

SATIRE A MON ESPRIT.

— J'étais vain, ignorant, peu conséquent, volage,
Et j'avais en un mot les défauts de mon âge;
Je croyais que mes vers étaient même excellens,
Et je m'imaginais posséder des talens.
A cinquante ans bientôt, je n'en ai pas encore;
Mon talent poétique est comme un météore
Qui, sur les bords d'un fleuve ou d'un marais fangeux,
S'élève en scintillant et disparaît aux yeux.
Mais ce faible talent bien que très éphémère,
Egaie quelquefois ma pénible carrière;
Il adoucit, efface, engourdit le malheur,
Et d'un corps fatigué ranime la vigueur....
Enfin il me tient lieu de savoir, de fortune.
Mais d'où vient, s'il vous plaît, cette morgue importune?
Voulez-vous sans appel me faire mon procès?
— Non; mais je voudrais bien corriger vos excès:
J'en ai gémi long-temps, et je perds patience,
Tout seul vous vous croyez un homme d'importance.
Je vous le dis tout net, vous n'êtes qu'un bavard;
Pourquoi vous ingérer de réformer votre art?
Cet art que vous citez partout avec emphase,
Sur lequel vous semblez toujours être en extase,
N'est rien qu'un vil métier; je n'ai vu nulle part,
Personne jusqu'ici, le qualifier d'art.
— J'en demeure d'accord, pour Nebons et Leprince,
Mon art n'est qu'un métier, même un métier très mince.
— Qui vous a pu contraindre à le décrire en vers?
Pour dire à tout instant les choses de travers,

Entasser chaque jour sottise sur sottise :
La prose tout au plus vous eût été permise.
Deviez-vous sans raison doubler votre embarras?
De la célébrité fuyez les vains appas.
Pensez-vous qu'on aborde aux rives du Permesse,
Aussi facilement comme on monte une presse ;
Ou bien comme on imite un porphyre, un granit?
Faites votre métier, je vous l'ai déjà dit.
De sa profession il faut subir les charges :
Battez, cousez, rognez, conservez bien les marges,
C'est ce que le public peut attendre de vous ;
Rimez : il vous mettra de suite au rang des fous.

 L'amateur, l'ouvrier, se disent à l'oreille
Les contes que sur vous on débita la veille ;
Et ce qu'on ne saurait aisément concevoir,
Vous feignez de ne pas vous en apercevoir.
Un ouvrier doit-il versifier, écrire?
L'étude de son art doit seule lui suffire ;
Il doit incessamment travailler ferme et fort,
Et même, s'il se peut, la veille de sa mort.
Qu'il ne s'avise pas surtout d'être malade,
Ou bien il passera pour un homme maussade.
Pour un vrai nonchalant, pour un homme aux sens lourds
Qui craint la pleurésie et s'écoute toujours.
Car, pénétrez-vous bien d'abord de cette chose,
Qu'un ouvrier relieur jamais ne se repose ;
Que si pour quelque affaire il vient à s'absenter,
On soupçonne aussitôt qu'il est à ribotter.

SATIRE A MON ESPRIT.

Tout injuste qu'il est, ce soupçon est d'usage,
A peine a-t-il le temps de livrer son ouvrage.
Cependant le public se plaint qu'à rimailler
Vous perdez votre temps au lieu de travailler.
— Je sais que ce n'est pas à polir une rime,
Que jamais du public je gagnerais l'estime;
Mais je puis comme un autre en de certains momens
En faire le sujet de mes amusemens.
Je puis sans que cela retarde mon ouvrage,
De bons, de mauvais vers barbouiller une page.
J'enverrais de bon cœur au diable tous les vers,
S'ils me faisaient rogner mes livres de travers.
Je ne cherchai jamais à faire des merveilles:
Les vers m'ont rarement fait prolonger mes veilles.
Je broche en travaillant quelques vers au hasard;
Mais mon attention est toute pour mon art.
— Pourtant votre conduite a droit de me surprendre,
Car enfin, dites-moi, pourquoi tant faire attendre?
Pourquoi ne pas vous faire aider par trente bras,
Vous gagneriez plus et l'on n'attendrait pas.
Du jour au lendemain livrant beaucoup d'ouvrage,
Tous les ans vous verriez doubler votre héritage.
Un jour pour votre fils créant un majorat,
Vous le verriez ministre ou conseiller d'Etat.
Formez des apprentis. — Eh! vous me faites rire,
Voilà ce qu'un chacun ne cesse de me dire.
Le public exigeant pense qu'un ouvrier,
Au gré de ses desirs double son atelier.

Les hommes à leurs yeux sont autant de machines
Qu'on arrête ou qu'on meut tout comme des usines.
Tout ce qu'on fait ainsi se fait vite et très bien;
Mais dans l'art du relieur il n'en est presque rien.
On s'imagine, hélas! qu'on forme des artistes,
Comme de sénateurs on écrirait les listes :
D'un mot un roi peut faire un duc, un chevalier,
Il faut dix ans et plus pour faire un ouvrier.
Heureux encor s'il sait parfaitement tout faire!
— Laissez donc travailler chacun à sa manière :
Quiconque écrit doit plaire, et même plaire aux sots.
N'a-t-on pas en tout temps gratté, piqué les dos?
Cet usage est connu de Paris à la Mecque.
Il vous sied bien encor de condamner la grecque.
Voulez-vous rallonger l'ouvrage des trois quarts?
C'est ainsi que l'on fait rétrograder les arts :
Vous voulez ramener le vôtre à son enfance.
Vous n'avez, mon esprit, qu'un jargon de science,
Qui fait que bien souvent vous ridiculisez
Ce que l'instant d'après vous-même vous prisez.
On ne sait pas toujours ce qui peut vous déplaire,
Ce que vous admettez, ce qu'il ne faut pas faire;
Vous divaguez souvent dans votre propre objet,
Anathématisant le poinçon, le surjet;
Critiquant tour-à-tour les marbres, la dorure,
Pour rien vous ne donnez une méthode sûre;
Car à vous contredire on vous a pris cent fois,
Et vous pourriez passer pour un faiseur de lois :

De ces gens vous suivez en tous points les usages,
Et tous vos argumens ont au moins deux visages.
Vous les interprétez suivant l'occasion,
Il n'est pas étonnant que vous ayez raison.
Auriez-vous un pouvoir tout discrétionnaire?
C'est en quoi vous auriez le don de me déplaire.
Vous voulez que l'on grecque, et ne le voulez pas,
Votre livre est au fond un galimatias.....;
On y voit trop souvent de bien chétives rimes,
Sans vous gêner faisant rimer des homonymes.
Du Parnasse français, ignorant les chemins,
Vous faites rimer moins avec des parchemins.
Vos vers n'offrent partout que de durs barbarismes,
Et vous les décorez du vain nom d'aphorismes.
Quand sur tout, à toute heure, on peut être repris,
Ah! d'être critiqué doit-on être surpris?
Voulez-vous du public vous faire bien comprendre?
Vous-même commencez d'abord par vous entendre.
Autrement, taisez-vous, écrivez clairement,
Ou n'écrivez jamais, voilà mon sentiment.
Vous croyez votre ouvrage exempt de la critique,
Savez-vous ce que dit de vous la voix publique?
— Non. — Si vous l'ignorez, je parlerai sans fard :
Il se croit, dit quelqu'un, le Boileau de son art;
L'autre dit, il prétend un jour, sur le Parnasse,
Se placer près de Phèdre ou même près d'Horace,
Celui-ci, c'est un sot pétri de vanités;
Et je n'entends partout que dures vérités.

Ah! vous eussiez mieux fait de ne jamais écrire;
Car, enfin de deux maux, on choisit le moins pire.
Ne valait-il pas mieux demeurer inconnu,
Tel que Thomas, Leprince ou Becquet et Cornu,
Que cherchant à passer pour un savant artiste,
Des médiocres auteurs venir grossir la liste?
Si vous livrez un livre avec quelque défaut,
Derrière vous on dit, cet homme n'est qu'un sot:
Il critique un chacun, et lui ne sait rien faire.
Vous feignez de vous être un critique sévère,
Vous ne pouvez souffrir qu'on travaille si mal :
Faites-vous toujours bien, comme fit Courteval?
Un juge vous l'a dit, de quel droit, à quel titre,
De vos contemporains vous faites-vous l'arbitre?
Aux uns vous prodiguez les éloges, l'encens;
Des autres vous parlez, Dieu le sait, dans quel sens!
Vous traînez tour-à-tour bien des gens dans la fange,
Et lorsque vous louez vous avez l'air étrange.
Oui, lorsque vous louez vous louez gauchement,
La louange n'est pas du tout votre élément,
Et vous êtes si bien enclin à la critique,
Que vos éloges même ont un ton satirique;
On n'est pas votre dupe, et chacun sait fort bien,
Qu'en France, en Angleterre, à vos yeux rien n'est bien.
Vous outrez la mesure, et ce n'est qu'avec peine
Que vous trouvez Lewis égal à Roger-Payne.
Thouvenin et Simier sont vos dieux ici-bas,
Et quand vous les louez vous ne tarissez pas....

— Dans mon opinion, sans doute, je persiste ;
Je pense que Lewis est un savant artiste ;
Mais tout en l'estimant ne m'est-il pas permis,
A son égal au moins, d'estimer mes amis ?
Mon admiration ne naît pas du caprice ;
De mon opinion je ferais sacrifice,
Si le public sur eux ne s'était expliqué,
Et c'est ce qu'un chacun sans doute a remarqué.
L'intérêt ne fut pas mon stimulant, mon guide,
A tous mes jugemens la bonne foi préside,
Je me garde surtout de rien dire au hasard.....
— Oui, mais ayant donné des traités sur votre art,
Vous-même vous avez réglé votre conduite,
Et promis de bien faire et toujours mieux ensuite.
— Je sais qu'en tous les temps on exigea beaucoup
Des gens qui, dans leur art, ont prouvé quelque goût ;
Qu'on les voudrait trouver de nature parfaite ;
Mais pour y parvenir ils n'ont pas de recette.
 Favori des neuf sœurs, chéri de l'univers,
Boileau n'a-t-il jamais fait quelques mauvais vers ?
Voltaire en commentant le Cinna de Corneille,
Parvint-il à créer une pièce pareille ?
La Harpe épiloguant nos plus doctes auteurs,
Du Parnasse français gravit-il les hauteurs ?
Eussé-je les talens des Desseuil, des Derome,
Je ne cesserais pas pour cela d'être un homme.
Je ne suis qu'un aveugle, un misérable humain,
Qui de l'art de bien faire ai cherché le chemin.

Je griffonne des vers sans viser à la gloire;
De mon art en jouant je crayonne l'histoire :
Si je ne puis le faire avec habileté,
Je le retire au moins de son obscurité.
Je suis donc très faillible et dans plus d'une chose,
En décrivant mon art j'ai mérité la glose.
On se tromperait fort en me croyant parfait.
Loin de vous modeler sur tout ce que j'ai fait,
Faites ce que j'ai dit, gardez-vous au contraire
De m'imiter en rien si vous pouvez mieux faire.
Pouvez-vous réfuter cette solution?
— Elle me prouve au moins votre présomption;
Je ne crois pas du tout à votre modestie.
— J'étais loin de m'attendre à cette répartie!
Pour vous la bonne foi n'est donc plus qu'un vain mot?
Vous me croyez un fourbe, ou me tenez pour sot.
— Bien des gens l'ont pensé sans oser vous le dire :
Pour moi je vous le dis, dussiez-vous n'en pas rire.
Et beaucoup à ma place en diraient tout autant.
De nos jours tous les arts ne marchent qu'en boitant.
Jadis nos bons aïeux, certes, étaient plus sages ;
Ils savaient respecter les antiques usages,
Ils avaient en horreur les innovations,
Et l'on voyait chez eux très peu d'inventions :
Le petit-fils calquait son aïeul, son grand-père,
Et faisait bonnement ce qu'il avait vu faire.
Aujourd'hui le bon ton consiste à tout braver;
On fait preuve de goût quand on sait innover.

Les principes des arts paraissaient immuables,
On les a tant changés qu'ils sont méconnaissables.
Sans cesse on renchérit loin de se corriger.
Ah! sur de tels excès on doit bien s'affliger!
Le desir d'innover fut votre unique envie
Et par beaucoup de gens votre mode est suivie.
  Mais pour vous être mis dans le rang des auteurs,
Vous travaillez très peu pour les grands amateurs?
— Né sans ambition, je fais peu d'étalage:
Je travaille pour ceux qui prisent mon ouvrage;
Le fait est très notoire et facile à prouver.
Quand l'amateur m'estime, il s'en vient me trouver,
Par-là je ne rends pas ma présence importune.
— Ah! ce n'est pas ainsi qu'on marche à la fortune;
Vous pouviez cumuler le rang d'artiste-auteur,
Et vous faire un appui de maint grand amateur:
Voulez-vous travailler pour un grand dignitaire?
Pour tel ambassadeur, ou pour tel ministère:
Ayez de ces prôneurs, affairés fainéans,
Qui vont piquer l'assiette ou causer chez les grands;
Ils parleront de vous au bibliothécaire,
Puis au valet-de-chambre, ensuite au secrétaire,
Par eux à l'intendant vous serez présenté,
Et vous êtes bien sûr alors d'être accepté.
Mais il faut à ces gens faire mainte remise
Que l'honneur interdit, que l'usage autorise,
Ou vous pourriez passer, eussiez-vous du talent,
Pour un homme sans goût, un rustre, un indolent.

Quand on veut parvenir à se faire connaître,
Il faut complaire aux gens avant de plaire au maître.
　Si vous allez sans but, sans rime ni raison,
Chasser les intrigans hors de votre maison;
Si vous ne voulez pas encenser la sottise,
Vous méritez, mon cher, que l'on vous tympanise;
Quand on connaît son monde, aujourd'hui l'on sait bien
Qu'il faut être rampant pour amasser du bien.
— Ramper! Ah! ce mot-là m'écorche les oreilles,
J'offrirais à des sots le tribut de mes veilles!
Je ne veux pas du tout me singulariser,
Mais je suis peu d'avis de monseigneuriser
Un fat qui, le matin auprès de quelque prince,
Aura rempli l'emploi du valet le plus mince,
Et qui selon qu'il fut bien ou mal accueilli,
Agira près de moi comme on a fait pour lui.
　Je ne suis point flatteur, j'aime la bonhomie.
De l'adulation mon âme est ennemie;
J'aime surtout un homme ouvert, franc et loyal
Qui dans un ouvrier ne voit pas un vassal,
Et je ne puis souffrir les gens dont la manie
Est de traiter l'artiste avec ignominie.
Un mortel se dirait issu du sang des dieux,
Un homme tel qu'il soit n'est qu'un homme à mes yeux.
Je l'estime s'il a des vertus en partage,
Et si de ses talens il fait un noble usage.
S'il conserve son rang sans ravaler autrui,
Bref, s'il est comme on voit peu de gens aujourd'hui,

Voilà mon monde à moi, voilà les gens que j'aime,
On peut bien n'être pas épris de mon système.
Quand on se croit pétri d'un limon tout divin,
Qu'on prétend être noble : eh! moi, je suis vilain!
On ne me verra pas, en reniant mes pères,
Echanger mon vrai nom pour des titres de terres.
Je veux vivre et mourir dans mon obscurité,
Et me moquer des sots en toute liberté.
—Mais les sots, mon esprit, pourraient vous voir peut-être
Terminer vos vieux jours au château de Bicêtre.
— J'y mourrais fort content de m'être moqué d'eux,
Et le contentement rend l'homme égal aux dieux.
Ils ne m'auront pas vu cajolant l'homme en place,
Mendier un repas pour prix d'une grimace,
Dussé-je n'avoir rien à mettre sous la dent,
Je ne puis le nier, je suis indépendant.
Mitres, rubans, cordons, bonnets, simarres, toges,
Ne me feront jamais rougir de mes éloges;
Ceux que j'ai critiqués, ceux dont j'ai dit du bien,
Ne sauraient me nuire ou me faire aucun bien.
Je suis Français, et libre autant que je puis l'être,
Et je ne reconnais que mon état pour maître,
J'en suis avec orgueil l'esclave et le soutien,
Au rang des premiers arts je vois qu'il se maintient :
La race qui chez nous souffla l'anglomanie,
D'un oubli dédaigneux sera bientôt punie :
Extirpons de chez nous ce vice avec ardeur,
Et nos arts reprendront leur antique splendeur;

Nous serons tôt ou tard payés de notre zèle.
La France aux étrangers doit servir de modèle!
Le bon goût est inné chez notre nation;
Exilons le gothique aux plaines d'Albion!
Qu'il y reste à jamais, qu'il perde l'espérance
De pouvoir quelque jour se radouber en France,
C'est mon unique espoir, ce sont mes derniers vœux!
Qu'il expire avant moi, je serai trop heureux!
—Tout beau, mon pauvre esprit! chez un maître inhabile
De tels vers aux poumons font refluer la bile.
Quelques vieux amateurs disent que sans raison,
Vous blâmez le gothique en mainte occasion;
Le gothique, à leur sens, est un genre admirable,
Au vôtre, il n'en est pas qui soit plus détestable;
Vos propos sur ce point sont même peu séans,
A quoi bon, dites-moi, contrarier les gens?
Pensez-vous donc ainsi faire des prosélytes?
Faisons bien, dites-vous; mais l'art a ses limites.
Puisque sans vous déplaire on ne peut imiter,
Précisez donc vous-même où l'on doit s'arrêter:
De grâce, expliquez-vous, parlez, je vous conjure.
— Le vrai beau, je le sais, n'est pas dans la nature.
Le bon goût le créa dans l'intérêt des arts,
Par la réunion de cent objets épars;
C'est un je ne sais quoi, qui plaît, séduit, attire,
Et qui se conçoit mieux qu'on ne le peut décrire.
— Votre je ne sais quoi, me semble un terme en l'air
Tel que le clair-obscur qui, certes, n'est pas clair,

Ou, comme osa nous dire un grave personnage,
Sur le corps politique un dépôt qui surnage,
Vous me prouvez au mieux votre incapacité,
Et je reste indécis sur l'objet précité.
— Définir le bon goût n'est pas chose facile,
En définition, je suis loin d'être habile;
Comme un autre, je puis dire mon sentiment.
Je vais donc m'expliquer selon mon jugement.

 Gardez-vous de confondre avec le bel antique,
Le genre qu'à bon droit on nomme le gothique :
Ils sont frères, dit-on, c'est un abus de mots,
L'un fourmille en beautés, l'autre abonde en défauts;
Dût-on me mettre au rang des modernes sophistes,
Je veux dans leur vrai jour les montrer aux artistes.

 L'antique sert de base aux plus beaux monumens,
La raison en posa les premiers fondemens.
L'imagination oisive, fantastique,
Dans un rêve en délire enfanta le gothique.
L'antique beau, nerveux même en sa vétusté,
Conserve en ses débris un air de majesté;
Le gothique encor neuf paraît presqu'en ruines,
Tant ses contours sont faux et ses formes mesquines.
L'antique obéissant à des lois qu'il s'est fait
Dans ses productions n'est jamais imparfait;
L'autre tout au contraire effronté parasite,
En ses débordemens n'a ni frein ni limite;
C'est un caméléon, il prend mille couleurs,
Et quand il nous abuse, il rit de nos erreurs.

Maigre, sec, décharné, monté sur des échasses
De la vierge et des saints, il peut orner les châsses.
Qu'à cet antique usage il serve uniquement.
J'aime encore à le voir dans un vieux monument;
Mais avant d'en orner un moderne édifice,
Il faudrait du bon sens, faire le sacrifice,
Abjurer la raison, ainsi que le bon goût.
Le gothique aujourd'hui se rencontre partout.
Je ne suis pas le seul certes qui s'en défie.
S'il vient à s'emparer de la typographie,
C'en est fait! et les arts subiront tous sa loi!
Qui l'aura combattu? moi seul, et toujours moi;
Tandis que des savans avec indifférence,
L'auront vu pulluler, s'enraciner en France.
Ils feignent ne pas voir ce qu'il a résolu,
C'est un tyran qui vise au pouvoir absolu.
Ah! de sa tyrannie osons nous préserver!
Par respect pour l'histoire, il le faut conserver.
Mais n'allons pas souffrir qu'en un moderne ouvrage
De ses dessins confus il nous fasse étalage.
Qu'il serve à préciser les époques, les temps,
L'histoire a ses saisons, et certes son printemps
Est déjà loin de nous; profitons de l'automne,
Et recueillons les fruits que l'histoire nous donne.
Doit-on en quelque chose imiter ses aïeux,
Dans le gothique au moins ne tombons pas comme eux.
Nous ont-ils en mourant voués à l'esclavage?
Ayons un genre à nous, un genre de notre âge.

Simple, beau, respirant une noble fierté,
Qui fasse à nos neveux chérir la liberté.
Mes avis ne sont pas sans appel, sans réplique;
Employons, j'y consens, quelquefois le gothique,
Mais n'allons pas penser faire preuve de goût,
En préférant ce genre, en *gothisisant* tout.
Il a comme tout autre un côté préférable;
Au gothique employons le léger, l'agréable;
Et dans ce vaste champ, voyageant au hasard,
Ne reproduisons pas la naissance de l'art!
— Les amateurs, je crois, sont d'excellens arbitres,
Mais pour tout réformer quels seraient donc vos titres?
Ah! ne m'empêchez pas de suivre mon projet,
Sans ambiguïté, répondez, s'il vous plaît?
Je veux bien vous laisser critiquer le gothique,
A ce genre charmant préférez donc l'antique;
J'y souscris; mais voyez au moins tranquillement,
Combien aux ouvriers vous causez de tourment.
L'artisan malheureux qui travaille pour vivre,
Qui pour avoir un pain doit achever un livre,
Ne saurait parvenir à la perfection :
Peut-il jamais avoir toute l'attention
Que l'on doit apporter pour finir un ouvrage?
Il est comme un auteur qui travaille à la page.
Son estomac à jeun lui prescrit de finir,
Et quinze jours pour lui sont un long avenir.
— Je sais apprécier tout ce que vous me dites
Et des divers talens discerner les mérites :

Par exemple Fouré pourrait faire en deux jours.....
— Encore votre Fouré vous en parlez toujours.
Enfin vous cesserez d'en bavarder, peut-être,
Mais vous affectez trop de calquer votre maître,
Et vous n'êtes au fond qu'un nouveau Trissotin,
Qui voulez de Fouré faire un autre Cotin.
Voilà ce qui m'échauffe et m'enflamme la bile,
Pour la dernière fois laissez-le donc tranquille.
Critiquez les savans, même aggravez leurs torts,
Laissez en paix les sots comme s'ils étaient morts;
De rimailler sans cesse avez-vous donc l'envie?
Exhume-t-on les gens qui sont encore en vie?
Vos vers vous font passer pour un âpre censeur,
Pourquoi tant critiquer Fouré le rôtisseur; 10
Vous ridiculisez tous les gens de province.
A Paris, c'est Thomas, Noël Picard, Leprince;
Cinquante autres enfin dont on entend les cris,
Et qui ne sont connus que par vos seuls écrits.
Naguère, l'un d'entre eux vous traduit en justice :
On ne sait trop comment elle vous fut propice;
Il avait pour appui des gens très comme il faut,
Et votre rhétorique était presqu'en défaut.
Vraiment, mon pauvre esprit, c'est bien mal s'y connaître
Que d'un relieur du roi déprécier le maître.
Il n'écrit pas très mal s'il ne sait pas parler,
Et son petit mémoire a dû vous accabler.
Vous regardez cela comme une bagatelle;
Mais au fait, contre lui, vous fîtes un libelle.

—Un libelle en deux mots. —D'accord; mais c'en est un.
Vous vous faites un jeu de vous rendre importun,
Vous allez votre train, et dissertez en maître
Sur le talent des gens, même sans les connaître.
On tremble à tout instant de se voir imprimé;
Car enfin, parmi ceux que vous avez nommés,
On sait bien qu'il en est d'un talent éphémère,
Et sur leur compte aussi vous ne vous gênez guère;
Mais peut-être en est-il dont la célébrité,
Peut passer, malgré vous, à la postérité.
—Ces gens-là n'ont, je crois, nul sujet de se plaindre,
Egards, honnêteté, m'ont-ils vu rien enfreindre?
Où donc est le sujet de leur mauvaise humeur?
En critiquant l'ouvrage ai-je attaqué l'honneur?
Ai-je dit que d'un tel estimant les reliûres,
On voudrait bien qu'il eût des mœurs douces et pures?
De plus honnêtes gens qu'il fît société :
Je n'ai jamais usé de cette liberté.
Respectant de chacun les erreurs, les faiblesses,
On peut sans me déplaire avoir quatre maîtresses.
Ai-je dit : tel et tel sans cesse au cabaret,
Souvent le mercredi n'ont encor rien de fait;
Puis à la tabagie, au bal, à la guinguette,
Dissipent aisément une maigre recette.
Tels de mauvaise humeur sont rentrés tard chez eux,
Las d'avoir parcouru les billards ou les jeux,
Et puis paraissant tard après à leurs boutiques,
Grondent femmes, enfans, ouvriers, domestiques,

Voudraient pour réparer leur inactivité,
Qu'on fît en quinze jours l'ouvrage d'un été.
Eh! peu m'importe à moi s'ils sont fous, s'ils sont sages!
Ai-je en rien divulgué les secrets des ménages?
On ne peut sur ce point me reprocher un mot;
Je m'examine à fond, et n'ai rien dit de trop.

 Sur mon art seulement j'exerce ma critique;
Je le sais, quelquefois je suis un peu caustique :
On ne corrige pas aisément ses travers,
Dès l'âge de dix ans, moi, je faisais des vers.
Quand je puis rencontrer un sot sur mon passage,
J'en ris, en détournant cependant le visage;
Quelquefois je l'esquisse, et voilà le malheur,
Car on peut être probe et très chétif relieur.
J'accorderais qu'un tel est un fort honnête homme,
Mais si pour un phénix on veut que je le nomme,
Si l'on veut que j'atteste aux yeux de l'univers
Qu'il ne rogna jamais de livres de travers;
Qu'excellant dans son art, jamais dans ses dorures,
On n'a pu remarquer de traces de brûlures;
Je prendrai le parti qu'indique Despréaux,
J'enfouirai mon secret. Quelques jours des roseaux
Agités par les vents diront que ce brave homme
N'était pas le rival des Desseuil, des Derome!
— Vraiment, si c'est ainsi que vous vous corrigez,
On verra contre vous ces gens plus enragés :
Sans cesse envenimant vos anciennes offenses,
Vous ne déguisez pas même les apparences?

Loin de les réparer, vous aggravez vos torts,
Vous parlez des vivans aussi bien que des morts;
Pensez-vous qu'ils soient sots au point de ne pas croire,
Que dans vos vers mordans vous tracez leur histoire?
Et ne savez-vous pas que la plupart d'entre eux
Traiteront vos propos de très injurieux?

De vos opinions faites le sacrifice,
Au mérite, au talent, rendez plus de justice,
Laissez l'anglomanie attaquer le bon goût :
Quoi qu'il puisse arriver il restera debout.
Mais pourquoi sur ces gens déclamer de la sorte?
Leurs livres sont mal faits, eh! que peu vous importe!
Ceux qui les leur font faire en sont-ils mécontens?
En inondent-ils moins tous les départemens?
Ces ouvrages sont faits presque tous en fabrique,
Ils ne sauraient donner de prise à la critique.
On en garnit les quais, les ponts, les boulevards;
Qui vous force en passant d'y porter les regards?
Quoi? parce qu'ils n'ont pas le bonheur de vous plaire,
Faut-il donc que ces gens demeurent à rien faire?
— A Dieu ne plaise, hélas! que je leur nuise en rien,
Qu'ils exécutent mal, qu'ils exécutent bien.
Bons, mauvais ouvriers tout le monde travaille.
Les uns ont des talens, d'autres font rien qui vaille.
Je suis de ces derniers, d'accord; mais je voudrais
Que tout un chacun fît bien mieux que je ne fais.
A dire et répéter cela, je m'époumonne,
Je ne fais de mon chef le procès à personne;

Mais je desirerais qu'on m'appréciât mieux,
Qu'on ne m'accusât pas d'être trop vétilleux.
J'éprouve un grand plaisir quand j'illustre un confrère,
Critique, éloge, avis, chez moi tout est sincère.
On saura que Fouré fut le seul de son temps
Qui ne manqua jamais de parole aux chalans.
Sachant qu'il réunit l'habileté, l'adresse,
Souvent aux amateurs j'ai donné son adresse.
Je l'indiquai sans morgue et de très bonne foi;
L'ouvrier, le libraire, en font autant que moi.
Ne doit-on pas toujours protéger le mérite?
S'il m'en veut, il a tort; de sa vogue il profite,
Et, je m'estime heureux d'y pouvoir concourir;
C'en est fait, maintenant Fouré ne peut mourir.

Quant à ceux qui jamais n'ont soigné leurs ouvrages,
En vain pour les louer j'écrirais mille pages :
On ne me croirait pas; et peut-être d'abord,
Intérieurement ils me donneraient tort.
J'ai donc dû me borner, simple dans mes peintures,
A désigner les gens bien connus en reliûres.
Et ne voulant jamais irriter les jaloux,
Bons, mauvais ouvriers je les ai cités tous.
Sans y prétendre, un jour ils vivront dans l'histoire:
Mes vers de leurs talens transmettront la mémoire!
Les gens d'esprit, les sots, en toute égalité,
Marchent en sens inverse à l'immortalité!

DÉCLARATION DE L'AUTEUR.

Ici se terminent mes œuvres poétiques relatives à la reliûre. Je ne pense pas que jamais il me prenne fantaisie de rien faire en ce genre : je vais m'occuper maintenant de mettre en ordre et de rédiger les matériaux amassés depuis long-temps pour le Manuel du Relieur, que je me propose de publier par la suite; mais je veux que ce livre soit un cours complet de reliûre, dans lequel tous les genres anciens et modernes, français et étrangers, seront traités comparativement les uns avec les autres. De ces différens genres, qui tous ont des nuances de bonne et de mauvaise confection, j'en veux déduire un particulier, approprié au goût, aux besoins de notre époque, un genre, solide, élastique, gracieux, élégant, mais surtout conservateur, but principal de la reliûre.

NOTES DES PIÈCES DIVERSES.

LETTRE D'UN RELIEUR FRANÇAIS.

1 *Page* 279.

Je suis loin de vouloir bannir l'usage des nerfs ni même des faux nerfs : faits d'une épaisseur raisonnable, ils peuvent même conserver longtemps la dorure des entre-nerfs en la préservant du frottement.

2 *Page* 283.

Les ouvriers pour la plupart ne savent jamais bien où ils doivent s'arrêter. Les dos que l'on fait plats au moment de l'endossement, pour les rendre faciles à dorer, sont souvent creux au moment de la dorure, et par conséquent le but est manqué; car celle-ci devient plus difficile, le centre des rosettes ne prend que faiblement, quand bien même on mettrait les livres en presse pour dorer les dos.

3 *Page* 285.

J'ai employé le mot hydre au masculin bien que ce mot soit réellement féminin, non-seulement j'ai trouvé qu'il convenait mieux à ma phrase, mais encore j'ai pensé que je pouvais imiter en cela Voltaire et Saint-Ange qui l'ont employé tous les deux au masculin. *Gradus français*, page 614.

4 *Page* 286.

Comment ne critiquerais-je pas l'usage de ces plaques, quand je suis bien convaincu, que lorsqu'un amateur précise celle qu'il veut avoir sur tel livre, et que le format du livre se refuse à son emploi (*ce dont on ne peut bien se rendre raison que lorsque le livre est rogné*), soit parce qu'il est trop court ou trop étroit. Alors on est obligé de faire le sacrifice d'une portion de la marge, quand le trop de marge se trouve sur la largeur, pour conserver au livre des témoins sur le devant ce que l'on appelle en terme de l'art à la gouttière. On enlève le trop du côté du dos, et l'on surjette le livre, de sorte que s'il valait 40 francs broché, il n'en vaut pas 20, et que si la reliûre a coûté 50 à 60 francs, celle-ci ne vaut pas intrinséquement un écu.

5 *Page* 289.

Fyot était le calligraphe qui se chargeait de copier des feuillets pour tous ceux qui voulaient l'employer ; il imitait, avec la même vérité, les éditions des Alde, des Étienne, des Elzevirs, les caractères gothiques, ceux des Bodoni, Didot, etc. Si M. Dibdin eût demandé son nom à M. Chardin ou à d'autres personnes on le lui eût appris.

6 *Page* 294.

Depuis que j'ai publié cette lettre, j'ai rencontré la même faute dans un grand nombre de livres ; mais le plus remarquable de tous, c'est le Vitruve britannique.

ÉPITRE A THOUVENIN.

7 *Page* 308.

On dirait qu'à plaisir il met crime sur crime.

Ce mot aura paru bien singulier, et pour qu'il le paraisse moins il est utile d'en donner l'explication.

Un grand amateur anglais montrait à Thouvenin un livre magnifiquement relié par un des meilleurs relieurs anglais ; il est probable qu'il avait été établi exprès pour lui être montré, Thouvenin s'en douta et s'écria en apercevant un fer brûlé, voilà un crime : en reliant un livre pour m'en faire une sorte de défi, il fallait au moins éviter les brûlures, je vous le répète, c'est un crime !

7 *bis. Page* 309.

Qu'il m'aurait fait présent de son impression.

M. Dibdin a fait insérer dans la *Nouvelle Revue d'Edimbourg*, 5 juillet 1822, que la LETTRE D'UN RELIEUR FRANÇAIS avait été imprimée gratuitement, comment n'a-t-il pas dit aussi qu'on m'avait imprimé mon poème gratis ? cela ne lui est pas venu à l'idée.

8 *Page* 311.

D'Albion, dans notre art, redevenons les maîtres.

Dans sa *mémorable* trentième lettre (c'est ainsi que la nomme le rédacteur de la *Nouvelle Revue d'Edimbourg*), M. Dibdin a dit qu'autrefois les Français éclipsaient tout le monde en reliure. Je suis bien aise de prendre encore acte d'une vérité qui a échappé au bibliographe anglais.

SATIRE.

9 *Page* 289.

Et des divers talens discerner les merites

Quelques personnes m'ont objecté que ce mot n'était plus usité au pluriel, cela est possible; mais Moliere a dit dans l'*Ecole des Maris* :

« Et que si quelque chose etouffe mes poursuites
« C'est le juste respect que j'ai pour vos merites. »
MOLIÈRE. *Ecole des Maris*, acte 2. sc. 9.

10 *Page* 350.

Pourquoi tant critiquer Fouré le rotisseur

Qu'on ne pense pas que j'aie voulu ridiculiser en rien M. Fouré, je le reconnais pour un très brave homme; mais le surnom de rôtisseur lui a été donné par ses confrères, on le cite rarement sans ajouter ce mot ; c'est fort désagréable, c'est une mauvaise plaisanterie ; mais il en est ainsi, parce qu'on dit vulgairement que pour travailler plus vite, il mettait ses livres sur le gril.

VOCABULAIRE

EXPLICATIF ET ANALYTIQUE

DES

TERMES TECHNIQUES

EMPLOYÉS DANS LE POÈME DE LA RELIURE, ET AUTRES
PIÈCES CONTENUES DANS CE VOLUME.

Sur la demande de quelques grands amateurs, j'ai fait ce Vocabulaire qui, quelque étendue que j'eusse voulu lui donner, serait toujours resté très incomplet, mon livre n'étant pas le Manuel du Relieur. Je prie mes lecteurs de vouloir bien ne pas l'oublier, ils seront plus portés à m'accorder leur indulgence; car ce Vocabulaire paraîtra à beaucoup de personnes des notes faites *pour expliquer d'autres notes*.

VOCABULAIRE

EXPLICATIF ET ANALYTIQUE

DES TERMES TECHNIQUES.

A.

AIS. Il y a six sortes d'ais qui prennent leurs noms des divers usages, des diverses mains-d'œuvre auxquels ils servent; ainsi l'on nomme ais à presser, ceux qui servent à mettre en presse les livres battus, ceux auxquels on colle les gardes, et aussi quand ils sont terminés. Ces ais à presser doivent toujours être plus grands que les formats auxquels ils servent; ils doivent être faits d'un bois dur et uni, et exempts de gerçures ou crevasses, particulièrement ceux qui servent à mettre les livres finis; la moindre rayure s'imprimerait sur le livre qui y toucherait. M. Thouvenin a introduit l'usage de se servir, pour cette dernière main-d'œuvre, de planches de cuivre. Cette méthode est excellente : quelques ouvriers y suppléent par des feuilles de fer-blanc.

AIS A ENDOSSER. Il y en a de deux sortes; les membrures plus épaisses, plus fortes, plus larges que les entre-deux. Ceux-ci se placent entre chaque volume quand on fait des paquets *d'endossure*. Les membrures sont placées aux deux extrémités des paquets; elles reçoivent les ligatures des cordes et supportent toute la pression que la presse a procuré aux livres.

AIS A BERCER. On les nomme ainsi, parce qu'ils ne servent que pour la rognure des gouttières, ou tranche de devant. L'ais de derrière qui se met à la fin du livre est égal d'épaisseur, et varie en largeur suivant le format auquel il est destiné, aussi bien que l'ais de devant; mais celui-ci est plus étroit que l'autre, et se termine en glacis, ou, pour m'expliquer plus clairement, en lame de couteau.

AIS A BRUNIR. Ils sont aussi de deux sortes, savoir : Ceux qui servent à brunir les bouts, et ceux qui ne servent que pour les gouttières; ils sont plus épais d'un bout que de l'autre, afin de rendre la pression plus forte et faciliter la brunissure.

AIS A DORER SUR TRANCHE. Ils sont également de deux sortes, et ressemblent parfaitement aux précédens, seulement ils sont moins épais: leur usage est le même. Ils sont destinés à procurer une plus forte pression à la surface que l'on veut dorer, pour la pouvoir ratisser, frotter, polir et brunir.

AIS A RABAISSER. On donne encore le nom d'ais à une planche de deux à trois pieds de long sur un pied de large. Cette planche, chez les bons ouvriers, ne sert qu'à débiter le carton par bandes ou morceaux convenables aux divers formats; pour bien rabaisser les livres, on le fait à la presse. *Voyez* pag. 197, et notes 65 et 66.

ALUN. Tout le monde connaît cette substance; elle est d'un grand usage dans les arts. Dans la reliûre, l'alun entre dans la composition de quelques couleurs, particulièrement dans le rouge et le jaune. Dissous dans l'eau commune, il sert aussi à blanchir le veau fauve.

ARABESQUES. Pour peu que l'on aime les arts, on sait ce que l'on entend par le mot arabesques; qui ne connaît celles de Raphaël, et les belles compositions de MM. Percier et Fontaines?

B.

BATTURE. Les mots qu'a consacrés l'usage, et qui sont intelligibles au plus grand nombre, me paraîtront toujours préférables aux mots scientifiques. Ainsi ce mot, peu sonore, signifie l'action de battre le livre sur la pierre, avec un marteau de six à huit livres, et même quelquefois plus pesant. Le livre doit être divisé par *battée* de huit ou dix cahiers, selon leur épaisseur. *Voyez*, pag. 47 et note 35.

BATTÉE. C'est le nom que l'on donne à une portion de livre qui, comme je l'ai dit ci-dessus, se divise par parties pour être mieux battu. On les prend plus ou moins fortes, selon le soin qu'on apporte à la batture qui, de toutes les mains-d'œuvre, est la plus négligée.

BECS. Ce sont de faux plis, formés par la nonchalance de l'ouvrière plieuse. *Voyez* page 51 et note 39.

BAS-DE-FLEUR. C'est le terme reçu pour exprimer qu'une peau quelconque a perdu, soit par un trop fort tannage, soit par quelque opération mal faite, soit enfin par quelques maladies de l'animal, cette épiderme douce, qui est le premier tissu de la peau, que jamais rien ne remplace, et sans laquelle on ne peut réussir à faire de l'ouvrage propre, surtout dans les couleurs unies. *Voyez* page 71.

BERCER. On berce le devant du livre entre des ais destinés à cet usage. *Voy.* leur description à l'article AIS. *Voyez* page 61, note 56.

BOITE, BOITER. On dit qu'un livre boite quand il ne se tient pas droit sur ses cartons, soit en tête, en queue ou en gouttière. *Voyez* page 66.

BLANCHIR LE CARTON. C'est le couvrir entièrement de papier blanc, ou même de parchemin collé à la colle de pâte ou de farine : après cette opération, il est indispensable de rebattre le carton, et mieux encore de le laminer. *Voyez* page 54, et notes 43 et 44.

BOL D'ARMÉNIE. Composition de pierre sanguine broyée à la colle de peau ou de parchemin, qui servait autrefois de première assiette à la dorure sur tranche. *Voyez* page 61 et note 58.

BOMBER. Cela se dit quand un paquet de livres endossés n'est pas horizontal, et qu'il décrit une portion de cercle soit en dehors, soit en dedans de la presse. *Voyez* page 56, note 46.

BORDS. On appelle bords le carton qui dépasse le livre; on le nomme avec plus de raison châsses. Elles doivent être proportionnées à la grosseur, à la grandeur du livre. *Voyez* page 61 et note 55.

Mais, en dorure, on appelle faire les bords, c'est-à-dire, les couvrir entièrement d'or, et y pousser un filet ou tout autre ornement.

BOSSETTES. Ce sont des plaques de cuivre, relevées en bosses dans le milieu; elles étaient d'un grand usage au quinzième siècle; on les clouait sur les livres pour garantir plus long-temps la couverture; on n'a plus cet usage que pour les livres de lutrin.

BRUNIR. On brunit les tranches avec une agate taillée en dent de loup, à laquelle même on donne ce nom. La dorure sur tranche se brunit aussi avec une agate; mais assez ordinairement on se sert d'agates d'un pouce de largeur environ et presque plates, légèrement arrondies vers leurs extrémités, pour que les coups de brunissure soient moins sensibles et ne présentent pas de discontinuité. On nomme aussi improprement cet outil *dent plate*. *Voyez* page 62, note 58.

C.

CARTES. On nomme généralement cartes les figures plus grandes que le texte d'un livre, et qui nécessitent un ou plusieurs plis. *Voyez* page 51, note 40.

On nomme aussi cartes plusieurs feuilles de papier collées ensemble. Ces cartes servent à faire les faux-dos soit à la grecque, soit à nerfs; ces faux-dos, chez les relieurs, se nomment simplement Cartes. *Voyez* note 73.

CAHIERS. On entend par cahier toute feuille ou portion de feuille; ainsi, seize pages in-8° forment ordinairement un cahier, quand la feuille fait pour deux exemplaires; ainsi que le présent livre, le cahier n'a que huit pages, la feuille fait ordinairement deux cahiers pour l'in-12, trois pour l'in-18 et quatre pour l'in-32.

CAMBRER. C'est faire subir au carton une légère courbure en dedans, au moyen d'un fer chaud passé fortement sur le carton quand les gardes sont collées et sèches, ou avant de les coller quand les livres sont doublés de moire ou de papiers satinés; mais cette méthode est vicieuse, ou du moins il ne faut pas en abuser; une reliûre bien confectionnée n'a pas besoin d'être cambrée.

CAMELOTTE. Mauvais ouvrage.

CASSE. On nomme ainsi l'armoire où l'on range les fers à dorer.

CHAGRIN. C'est une peau de veau préparée, de sorte qu'elle présente une innombrable quantité de petites bosses qui couvrent sa surface; on le met presque toujours en noir à la noix de galle; on le polit avec une brosse un peu cirée : il n'est plus d'usage maintenant.

CHASSES. Cela se dit des bords des cartons qui dépassent le livre tout autour. La majeure partie des ouvriers disent des *chasses*.

COIFFES. C'est la peau qui couvre la tranchefile aux deux extrémités du livre. On parvient difficilement à bien coiffer si les coiffes ne sont pas attachées. *Voyez* notes 75 et 76.

CHARNIÈRES ou *mors*. On appelle ainsi un morceau de peau quelconque, mais toujours pareille à celle qui couvre le livre. Cette lanière, plus ou moins large en proportion de la largeur de la bordure dorée que l'on a intention de pousser à l'intérieur du livre, cette lanière, dis-je, doit être parée très mince, afin de ne gêner en rien le jeu du carton; elle se place, et règne tout le long du livre du côté du dos, et encadre parfaitement le carton, puisqu'elle fait parallèle avec les trois autres côtés.

COINS. On appelle coins de veau, de maroquin, de parchemin ou autres peaux dont on garnit, les angles des cartons, afin de consolider cette partie : le parchemin est toujours préférable sous le rapport de la solidité.

En dorure, on nomme aussi coins, des ornemens, soit en or, soit à froid, qui se poussent sur les plats, sur les dos et même aux bords : ceux-ci prennent assez ordinairement le nom de *bords hachés*.

CHAINETTES. On appelle chaînettes les points qui sont faits au bout de chaque cahier en tête et en queue.

On nomme encore chaînettes les points de couleurs alternés que forment les soies des tranchefiles; ces points de chaînettes doivent toujours poser sur la tranche. *Voyez* page 65 et note 62.

CHAPITAUX. Ce mot n'est usité en reliure que pour désigner la petite tranchefile que l'on place sur la tranchefile principale, et qui en fait le couronnement. De là on dit tranchefiles simples, tranchefiles à chapitaux. *Voyez* page 65 et note 63.

CLOUS A FACETTES. Ces clous étaient employés concurremment avec les bossettes, pour préserver les livres du frottement.

COLLATIONNER. C'est vérifier si un livre est en ordre, par les signatures qui se trouvent au bas de la première page de chaque cahier; cela suffit pour les livres qui ne sont pas coupés; mais pour ceux qui ont été coupés, pour les mieux replier, il est indispensable de les collationner par les chiffres de pagination pour éviter les transpositions.

COLLE. On fait usage, dans la reliûre, de plusieurs colles: celles dont on se sert, sont la colle-forte, dite de Flandre; je la préfère à la colle façon anglaise, ou a celle de Givet qu'ont adoptée en majeure partie les relieurs, parce qu'elles sont moins chères; celle de Flandre conserve au dos plus de souplesse, plus d'élasticité, et n'est pas moins tenace. La colle de pâte ou de farine ne doit servir que pour appliquer les couvertures, coller les gardes et à tous les autres usages, en l'excluant de l'endossure. La colle d'amidon, préférable pour coller le maroquin. La colle de peau, bonne pour encoller les tranches des livres que l'on veut dorer; et enfin la colle de vélin, excellente pour donner une couche légère sur la moire que l'on veut dorer, sans se donner la peine de le faire au blanc d'œuf sec en poudre.

COMPRIMER LE MORS. Quand les cartons sont rognés, on abat le petit morfile qu'a fait le couteau; il vaut mieux faire cette opération avec un brunissoir qu'avec un marteau, on risque moins de former des inégalités qui déparent le mors, lequel doit toujours être carré.

CLAVETTES. Vulgairement appelées Chevillettes. Ce sont de petites pièces de cuivre qui servent à retenir les nerfs dessous le cousoir; il en faut une pour chaque nerf.

COMPARTEMENS. Ne se dit guère que de ceux que l'on fait, soit en or, soit à froid, sur la couverture. On en fait aussi en noir avec de bonne encre de la Chine, à l'aide de tire lignes, de compas et de règles. Ces derniers ne font un bon effet que sur des couleurs unies et claires.

COUCHER L'OR. Vulgairement appelé *couchure d'or* C'est pour ainsi dire un art à part que les ouvrières seules exercent. On fait tenir l'or par divers moyens, à l'huile, au lard, au suif. *Voyez* pages 62, 91, et note 104.

COUSSIN. Vulgairement *cossin*. C'est une planche garnie d'une peau de veau, l'envers ou la chair de la peau en dessus; bourré de poils de chèvre; il doit être élastique et céder sous le couteau en coupant l'or.

CORPS ÉTRANGERS DANS LE CARTON. Ce sont toutes choses qui lui nuisent singulièrement. *Voyez* note 43.

COUTURE. Il y a sept sortes de coutures. *Voyez* note 41 *bis*

COUVRIR. C'est en général couvrir un livre d'une matière quelconque. *Voyez* notes 67 et 68.

CUIR DE RUSSIE. Ce cuir que les amateurs estiment à cause de son odeur pénétrante, assez désagréable même quand on a beaucoup de livres couverts ainsi, ce cuir est de toutes les peaux la plus mauvaise. *Voyez* note 37.

Le veau préparé par M. Duval-Duval est préférable sous le rapport de la solidité et de la finesse de la fleur. Mais non-seulement l'odeur n'est pas exactement la même, je doute qu'il la conserve long-temps; et quand cela serait, il ne garantirait pas les livres de l'attaque des vers. Ce sont les colles que l'on emploie dans la reliûre qu'il faut rendre préservatives; je ne saurais trop le répéter, bannissons-en, autant que nous pourrons, la colle de pâte.

D.

DÉFRISER. Cette opération consiste à défaire toutes les cornes et même les plus petites : il est très dangereux de la négliger. *Voyez* page 50, note 58.

DENTELLES. On appelle ainsi, mais je crois très improprement, les bordures riches que l'on pousse sur les plats ou aux bordures intérieures.

DÉTORTILLER LES NERFS. Cela se dit de l'action de détortiller les ficelles qui forment les nerfs, pour ensuite les enduire de colle et les passer en carton. *Voyez* page 54.

DORER. Cette expression sert également pour la dorure de la tranche, de la peau, de la moire, du vélin, du velours; elle sous-entend plusieurs opérations, savoir : pour la dorure sur tranche, l'opération préalable qui est de ratisser la tranche et de la polir, la *couchure* d'or et la *bruissure* après, le desséchement. Pour les autres dorures, elle sous-entend la *glairure*, la *couchure* et la pose des fers.

DOS BRISÉS. Cela s'entend des dos sur lesquels la peau n'est pas collée, mais bien sur une carte ou faux-dos avec ou sans nerfs, qui est placée entre le dos et la peau quelconque qui couvre le livre. *Voyez* page 68 et note 73.

DRAPEAUX. On nomme ainsi les linges fins et même usés, sans reprises ni coutures, qui servent à essuyer l'or quand les fers sont poussés; ces linges retiennent la majeure partie de l'or, parce qu'en essuyant celui-ci, le drapeau ramasse ce qui peut rester d'huile ou de suif, et les parcelles d'or s'attachent facilement à ces substances grasses. Ces drapeaux, ces serges, se réservent; on les brûle et l'on en retire l'or en faisant fondre les cendres, mêlées avec de la potasse d'Amérique et du borax, le tout renfermé dans un creuset exposé à un feu bien soutenu.

E.

EAU-FORTE ou ACIDE NITRIQUE. Cet acide est très utile dans la reliûre. Il sert à blanchir le veau pour la couleur fauve; si peu qu'on l'emploie trop fort, il le blanchit trop, et il change promptement; je préfère l'huile de vitriol qui présente d'autres inconvéniens, mais qui, employé à un degré raisonnable, donne une meilleure couleur fauve : l'eau-forte entre encore dans la composition du beau rouge, elle sert aussi pour faire des jaspes, des marbres allemands ou coulés.

EBARBER. *Voyez* note 24, page 137. Ebarber, c'est supprimer, soit aux ciseaux, soit à la presse, les petites barbes du papier, pour rendre la tranche propre, mais sans être autant unie que lorsqu'elle est rognée : l'ébarbage ne doit jamais atteindre les bonnes marges ou feuilles doubles.

ECHANCRER LES CARTONS. Cette opération consiste à couper les quatre angles des cartons vers les coiffes. Jadis, cette échancrure se prolongeait au moins à un pouce vers les nerfs de tête et de queue; maintenant elle ne doit guère dépasser les châsses et doit même être un peu plus alongée du côté des nerfs que de celui de la tranche; l'inverse fait souvent casser la peau dans le mors. *Voyez* page 66 et note 64.

ECARRIR LES MORS. C'est frotter un plioir dans les mors quand les livres sont presque secs pour les rendre vifs et carrés, on le doit faire aussi quand les gardes sont sèches.

EGAYER LA DORURE. Cette expression signifie une économie lésineuse dans l'emploi de l'or. *Voyez* note 101.

EMBOITER, DÉBOITER, REMBOITER. Emboîter se dit de la première application de la peau; le reste de l'opération de la couvrure consiste à remplier la peau en dedans. Déboîter. On n'est obligé de déboîter un livre que lorsqu'il est arrivé, qu'il a été couvert sens dessus dessous, c'est-à-dire, que le faux-dos a été mis dans le mauvais sens. Remboîter se dit de replacer le livre dans la même couverture. *Voyez* la note 12.

EMARGER se dit de la façon qu'il faut faire aux planches ou figures à placer dans les livres; il faut les redresser par le dos et quelquefois par la tête avant de les coller, sans cela elles ne se présenteraient pas d'équerre.

ENCARTER, ENCARS, ENLIGNER. *Encarter* se dit de mettre les parties de cahiers les unes dans les autres ; une fraction de cahier se nomme *encart*. En les *encartant*, il faut faire attention à faire rapporter, autant que possible, les chiffres et les titres courans les uns sur les autres ; cette opération s'appelle enligner ; mais, avec toutes les précautions possibles, on n'y réussit jamais, parce qu'il y a toujours quelques petites différences dans le tirage *en blanc* et *la retiration*. Quand on néglige de bien *encarter*, c'est encore pis.

ENDOSSURE. Cette expression sous-entend toutes les opérations qui constituent l'endossement du livre. *Voyez* note 44 et suiv.

ENTRE-NERFS signifie l'espace d'un nerf à l'autre.

ENTRE-DEUX. Ais faits en glacis, servant à l'endossure ; il y en a de particulier à chaque format.

ÉTIQUETTES. Ce sont de petits morceaux de maroquin que l'on pare bien minces et que l'on place dans les entre-nerfs où l'on doit pousser les titres et les tomes ; elles doivent occuper exactement toute la superficie de l'entre-nerf, savoir, d'un nerf à l'autre et d'un mors à l'autre, mais ne jamais dépasser les mors, car alors elles se relèvent sur les bords.

ESSAVURES. Mot synonyme de *bas de fleur. Voyez* ce mot.

F.

FERS A DORER. *Voyez* pour leur description la note 115.

FERS A POLIR. Ces fers ont absolument la forme du P. Emmanchés dans de forts manches en bois, quand les fers sont bien polis, chauffés à un degré convenable, passés avec force et très vite sur le veau, ils lui donnent un brillant que ne saurait remplacer le plus beau verni : on en a maintenant d'une autre forme que l'on nomme *fers allemands*. C'est un morceau de fer large d'environ trois pouces, épais de six à huit lignes, long de six à sept pouces, se terminant en rouleau; il est emmanché comme les anciens fers et il remplit le même but.

FAUVE. Cette couleur était extrêmement à la mode autrefois; on s'en est dégoûté; on y reviendra encore. *Voyez* p. 83 et note 93.

FERMOIRS. Ce sont de petites agrafes qui se placent à l'un des cartons du livre, et, s'agrafant à l'autre carton, le tiennent exactement fermé. Elles ne sont plus guère en usage.

FIGURES PLATES. On nomme ainsi toutes les planches qui ne nécessitent aucun pli.

FIGURES PLIANTES. En reliûre, cette dénomination est synonyme avec cartes, tableaux.

FILETS. Ce mot a deux acceptions : il s'entend des palettes et roulettes qui servent à les pousser, et des filets d'or qui sont poussés avec ces outils.

FLEURONS. On entend par ce mot tous les outils de dorure qui, d'un seul coup, font une rosette pour orner le milieu d'un entre-nerf; mais le goût des petits fers s'étant propagé, M. Héron et, après lui, MM. Lefèvre, Monier et Schele ont agrandi les ressources du doreur, en lui procurant les moyens de composer, à l'aide de petits fers, des fleurons ou rosettes, des milieux de livres, des coins, des arabesques; les Bosérian et Courteval avaient tâté, pour ainsi dire, ce genre; les Simier et Thouvenin les ont laissés loin derrière eux; et tous les ouvriers qui ont du goût, joint à l'amour de leur art, tirent un excellent parti des petits fers, qui ne seront jamais abandonnés, en ce qu'ils offrent tous les jours de nouvelles ressources.

FOUETTER. *Voyez* page 70 et note 76.

FROTTER. *Voyez* page 56 et notes 47 et 48.

G.

GARDES. On nomme ainsi tout papier ajouté au livre, soit blanc ou de couleur. Il est bon de multiplier les gardes blanches; il ne faut point battre sans gardes. *Voyez* pages 48 et 104, et notes 35 et 119.

GAUFRES. Ce sont de petits quadrilles faits sur le veau par le moyen de deux ais en bois ou en cuivre, crenelés en sens inverse. *Voyez* page 75 et note 84.

GLAIRER. C'est étendre légèrement, sur les parties que l'on veut dorer, du blanc d'œuf clarifié, soit avec un pinceau de poils de chèvre, méthode préférable pour les dos, soit avec une éponge fine et très propre. *Voyez* pages 80, 90 et 91, et notes 100 et 103.

GOUTTIÈRE. Côté parallèle au dos du livre, ainsi nommée, par rapport à sa concavité qui doit toujours être égale à la convexité du dos. *Voyez* page 61, note 56.

GRANIT. Une longue habitude et une étude approfondie des couleurs peuvent seules conduire à l'exécution de beaux granits. *Voyez* pages 29 et 79, et note 83.

GRATTER. Dans la reliûre, ce mot a deux significations. Quant à l'endossement, il s'entend de gratter le dos avec un outil en fer, armé de dents. *Voyez* page 35, note 15. Pour ce qui est de la dorure sur tranche, il signifie que l'on gratte la tranche soit avec un grattoir emmanché, soit avec un ressort, ou mieux encore, avec une lame d'acier qui, repassée et morfilée, fait l'effet d'un grattoir d'ébéniste.

GRAIN DU MAROQUIN. Le maroquin est une peau de

chèvre à laquelle on fait subir des préparations qui lui communiquent cette belle couleur et le grain qui en font tout le charme. *Voyez* page 68, note 71.

GRECQUE. Méthode très vicieuse. *Voyez* note 19.

GROTESQUE. Les relieurs s'entendent à l'aide de ce mot barbare ; il signifie une palette gravée représentant un dessin, composé de telle sorte, qu'en poussant plusieurs coups au-dessus l'un de l'autre (quand la palette est bien faite et que le doreur est adroit), tous ces coups de fers, réunis, paraissent un seul. *Voyez* pages 98 et 241, note 115.

L.

LARRONS. Ce sont des cornes restées en battant et en collationnant, et qui, défaites quand le livre est rogné, dépassent la tranche; on est obligé de les couper aux ciseaux : on les coupe rarement sans que cela paraisse. Quelquefois ces larrons sont occasionés par le frottement du bras de l'ouvrière couseuse ; je dis quelquefois et je suis modeste.

LIVRETS. Ce sont les petits livres où les batteurs d'or renferment l'or pour le vendre à tous les états qui en font usage, on les appelle aussi *quarterons*

M.

MACULER. On appelle un livre maculé celui dont l'impression est brouillée l'une sur l'autre par l'effet du marteau et de la presse; cette dernière suffit quelquefois. *Voyez* page 48.

MARBRES DIVERS. On entend par marbres, dans la reliûre, des imitations plus ou moins vraies. *Voyez* pages 78 et suiv., et notes 83 à 91.

MARBRURE DES TRANCHES, page 62. Cette partie de

la reliûre est faite rarement par le relieur, surtout à Paris où ils ont la facilité de la faire bien faire; ceux qui marbrent les tranches des livres sont les mêmes qui font les papiers marbrés. MM. Sayet, Nicolet et Duchon sont les marbreurs les plus renommés.

MARGES. On entend, comme chacun le sait, par marges, le papier blanc qui excède l'impression; mais les relieurs les divisent par bonnes et fausses marges. *Voyez* page 6, note 57.

MAROQUIN. Le maroquin n'est autre chose que la peau de chèvre préparée. *Voyez* plus haut le mot *grain*, et p. 68, note 71.

MEMBRURES. Pièces de bois qui servent pour mettre en paquets les livres endossés. *Voyez* page 55 et note 46.

MORS. Petite rainure que l'on forme au dos en endossant, pour y loger le carton. — Bord du carton placé dans cette rainure quand le livre est fini; s'il est bien fait, ces deux mors n'en doivent plus faire qu'un. *Voyez* page 53 et note 42 *bis* et suiv.

MOULINET. C'est un arbre placé perpendiculairement à une certaine distance de la grande presse; et, au moyen d'un cable qui est attaché à la barre de la presse et qui se roule sur le moulinet, on serre et l'on desserre la presse facilement.

N.

NERFS. On entend par nerfs, les saillies qui sont apparentes sur les dos et qui divisent le livre en cinq ou six parties pour les petits formats, et en sept ou huit pour les grands. *Voyez* page 52, note 42 *bis*.

NERVURES. *Voyez* page 68, note 73.

O.

ONGLET. Pli fait à la marge intérieure d'un livre pour y

coller un carton ou feuille, remplacée par une bande de papier collée à une planche, pour lui permettre de se bien développer quand le livre est fini. On donne encore ce nom à des onglets que l'on est quelquefois obligé de mettre dans les livres où il y a beaucoup de figures pliantes, pour amener le dos à une grosseur convenable. *Voyez* note 40 *bis*, page 158.

ONDES. Cela se dit des inégalités que présente la tranche quand le couteau est mal monté, et qu'il ne marche pas bien. Cela se dit aussi des petites ondulations que forme quelquefois le grattoir quand on prépare la tranche pour la dorer.

P.

PALETTES A DORER *Voyez* note 115.

PAPIER-SERPENTE, vulgairement appelé *papier de soie* ou *Joseph*.

PARCHEMINS. De tous les matériaux qu'on emploie dans la reliûre, le parchemin est le plus solide. *Voyez* pag. 26-55, note 47, et *Lettres d'un Relieur français*, page 283.

PAQUETS. On appelle ainsi la réunion de plusieurs volumes pour les endosser.

PARURE DES PEAUX. Amincissement de la peau vers les bords. *Voyez* pages 67 et 68, et notes 67, 69 et 70.

PEAUX. On emploie, dans la reliûre, sept sortes de peaux, savoir : la peau de mouton, vulgairement appelée basane, de bonne qualité ; elle reçoit toutes les couleurs, comme le veau, la peau de chèvre dont on fait le maroquin, le chagrin qui n'est autre chose que du veau préparé, comme il est dit à son article, le cuir de Russie, la peau de truie, le parchemin fait avec le mouton, et la peau de vélin fait avec la peau de veau.

PIÈCES BLANCHES. Ce sont de petites pièces que l'on met sur la couverture quand elle est sèche, et qu'il s'y trouve quelques petits trous. Par habitude, on nomme aussi pièces

EXPLICATIF ET ANALYTIQUE.

blanches la même opération faite sur des veaux de couleurs.

PINCEAUX. Les pinceaux, utilisés dans la reliure, sont de plusieurs natures. Ceux qui servent à la colle de pâte et à la colle-forte sont faits, pour l'ordinaire, en soie de porc; ceux à jasper sont en chiendent frisé.

PIQUER. *Voyez* page 35, note 15. Cela se dit aussi des trous faits aux cartons, pour y passer les ficelles ou nerfs.

PLANCHES DE DÉTAILS. *Voyez* page 51, note 40.

PLIER. *Voyez* page 47 et note 33.

PLIOIR. C'est une lame mince en buis, de dix à douze pouces de long, et qui sert à plier les livres.

POINÇON A ENDOSSER. Cet outil est un des plus dévastateurs que je connaisse. *Voyez* page 36 et notes 18 et 42 *bis*.

POINÇON A PIQUER. C'est un poinçon simple comme ceux de bureaux.

POINTE A RABAISSER. Son usage, sa description. *Voyez* note 66.

POINTER. J'ai dit qu'il y a douze défauts à éviter pour rogner un livre. *Voyez* note 53, page 184. — Quelques personnes m'ont engagé à développer cette assertion qui leur paraît extraordinaire, cet article sera donc un supplément à la note 53, ou, comme je l'ai dit dans le petit avertissement, pour ce *Vocabulaire*, une note à une autre note.

1er Quand un livre se trouve en tête plus haut du côté de la gouttière que du côté du dos, ce défaut s'appelle *pointer*.

2e Quand, au contraire, il est plus haut du côté du dos que du côté de la gouttière, on dit, ce volume fait *du cul*, terme certainement très impropre, mais c'est le mot reçu.

3e et 4e défauts, ou, pour mieux dire, les mêmes à éviter à la queue.

5e Quand, en tête, le couteau a monté, soit parce qu'il est

mal monté ou mal repassé, la tranche est de fausse équerre, et les marges sont moins rognées vers la fin.

6e Quand, en tête, le couteau a baissé, les marges de la fin du livre se trouvent plus courtes que celles du commencement, et la tranche se présente aussi de fausse équerre.

7e et 8e défauts. Exactement les mêmes à éviter pour la queue.

On voit qu'il y a quatre défauts bien distincts pour chacun des bouts.

Ces quatre défauts sont aussi à éviter pour la gouttière. Or, cela fait bien douze défauts à éviter dans la rognure. J'ajouterai, non pour augmenter la somme des difficultés, mais pour faire voir combien il est difficile de bien réussir, et pour engager les amateurs à ne pas quitter leur relieur, quand ils en ont un bon, et aussi pour les porter à quelque indulgence dans les petites choses presque inaperçues, même dans de beaux ouvrages, j'ajouterai, dis-je, que quelquefois la gouttière peut présenter trois de ces défauts à-la-fois, tandis que les bouts en présentent rarement deux.

Quelques ouvriers ayant reconnu la presque impossibilité de rogner juste les livres les mieux confectionnés de tous points, ne font plus, ou du moins font peu d'attention dans l'ajustement des châsses. Ils laissent même celles de derrière plus longues ; et, quand un ouvrage est rogné, ils mesurent chaque carton, et le reprennent seul ; par ce moyen, les livres ne sont pas de la même hauteur, mais les cartons le sont exactement : cette méthode est extrêmement vicieuse, et les véritables artistes ne doivent pas la tolérer chez eux.

POINTILLÉ. *Voyez* page 101 et note 118.

POLISSURE. *Voyez* page 105, FER A POLIR, et note 120.

PORTE-PRESSE. C'est une espèce de coffre ouvert tout autour, qui supporte la presse soit à rogner, soit à endosser. On le nomme aussi L'ANE.

POUSSER LES FERS, c'est-à-dire les appliquer chauds sur l'or couché. *Voyez* page 99 et note 117.

Q.

QUEUE. La queue du livre est ainsi nommée par les ouvriers pour désigner la marge inférieure.

R.

RABAISSER, RABAISSURE. Cela signifie l'action de diminuer la hauteur des cartons du côté de la gouttière, quand celle-ci est rognée, et de les mettre à la hauteur convenable et en rapport, en harmonie avec les châsses de tête et de queue. *Voyez* notes 65 et 66.

RAFFINER LE CARTON. Cela s'entendait autrefois de l'usage où l'on était de le blanchir. (*Voyez* page 54, et note 43.) Maintenant cela ne signifie plus que garnir le dos d'une bande de papier mince et collé, pour que le carton ne se dédouble pas dans les mors.

RESSORT, ou mieux GRATTOIR, pour la dorure sur tranche. *Voyez* page 62.

ROGNER. C'est faire la tranche d'un livre des trois côtés. *Voyez* page 59 et notes 51 à 57.

RACINES DIVERSES. Leurs descriptions. *Voyez* page 80 et note 88.

RABAISSURE. Le même que RABAISSER. *Voyez* page 66, et notes 65 et 66.

ROULETTES. Outils de dorures. Leurs dessins sont variés à l'infini. On les nomme *roulettes*, parce qu'en effet elles en ont la figure. Percées et montées sur un axe, entre deux branches de fer, elles roulent sur l'or, et y laissent l'empreinte de leurs dessins.

S.

SURJETER. C'est réunir cinq ou six feuilles simples pour en faire un cahier. Quand un livre a, par exemple, trois cents feuilles, on le surjette en cinquante cahiers, qui se cousent ensuite au cousoir comme un autre livre, mais toujours à point arrière. *Voyez* page 51 et note 40.

SAINT-HILAIRE, Quartier Saint-Hilaire. C'est ainsi que l'on nomme le quartier de la reliûre, c'est-à-dire celui où se logent plus particulièrement les relieurs.

SIGNETS, vulgairement Sinets. Ce sont de petits rubans ou faveurs plus ou moins larges qui sont placés dans le livre, et arrêtés à la tête, sur le dos, et qui servent à marquer la lecture.

T.

TRANCHEFILES. Ce sont les petits ornemens en soie qui se placent en tête et en queue du livre, aux deux extrémités du dos. Ce petit ornement varie suivant le goût des ouvrières qui le font. Elles y mettent pour la plupart beaucoup d'amour-propre. *Voyez* page 65, et notes 62 et 63.

TRANSPOSITIONS. *Voyez* Collationner.

TABLEAUX EN RACCORD. *Voyez* page 51 et note 40.

TEXTE. Ce mot est trop connu pour l'expliquer.

TEMOINS, page 59. Leur définition, note 51, page 182.

TRANCHE. *Voyez* page 61.

TÊTE DU LIVRE. Sa marge supérieure.

FIN.

TABLE

DES MATIÈRES CONTENUES DANS CE VOLUME.

	Pag.
Dédicace de la première édition, a mon fils.	
Préface de la première édition	1
Avertissement	13
Idée analytique de la reliure	17
Chant I	23
Chant II	33
Chant III	45
Chant IV	59
Chant V	73
Chant VI	87
Notes du poëme	113
Mémoires sur les reliures perfectionnées	249
Rapport de la Société d'encouragement	267
Rapport du jury d'admission de l'exposition de 1819	269
Lettre d'un relieur français a un bibliographe anglais	271
Epître a Thouvenin	297
Epître a Simier père sur l'exposition de 1823	317
Satire a mon esprit	331
Déclaration de l'auteur	355
Notes des pièces diverses	357
Vocabulaire explicatif et analytique des termes techniques employés dans le poëme de la reliure	361

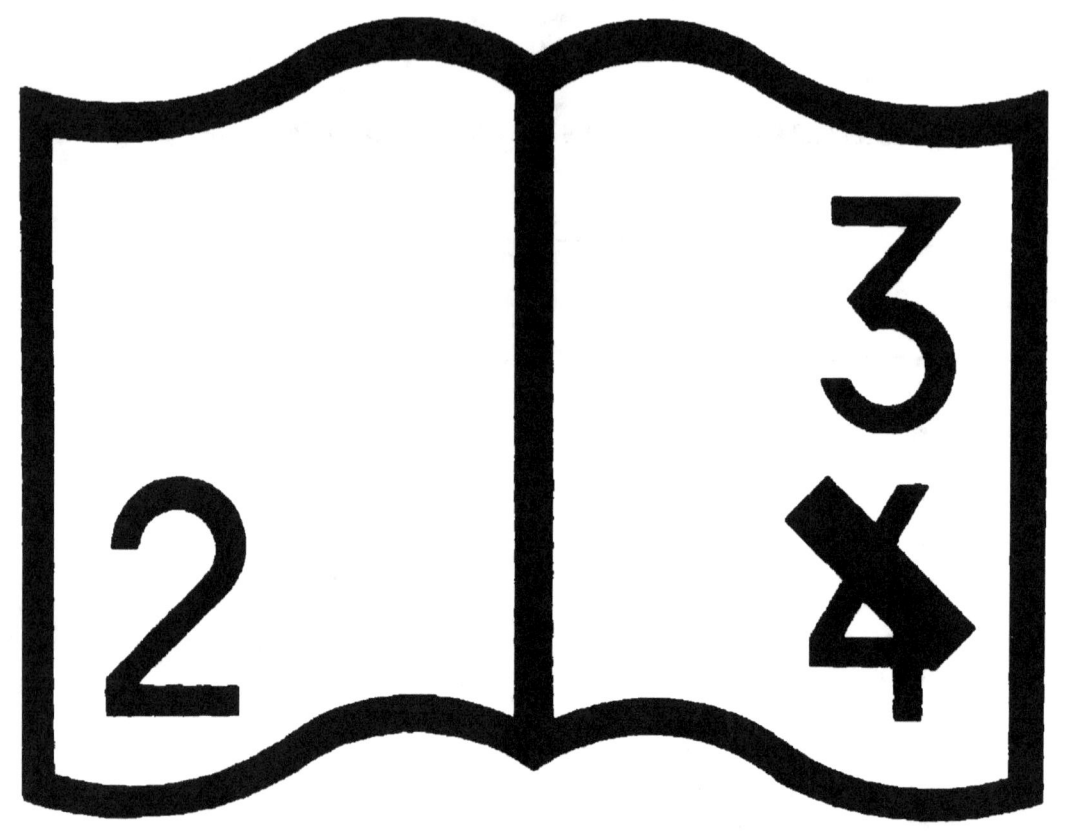

Pagination incorrecte — date incorrecte

NF Z 43-120-12

CHANT VI. 89

S'il ne paraissait pas pleinement assuré
Que nul art ne peut être à son art comparé;
Si le desir du gain à son travail préside;
Bref, s'il n'a d'autre but qu'un intérêt sordide,
Qu'il jette là mon livre et coure avec Baret
S'enivrer jusqu'au soir au prochain cabaret;
Qu'ensuite, se croyant digne de grands éloges,
Il dore, dans sa nuit, quatre cents eucologes;
Ou que, l'estomac plein de punch ou de liqueur,
Il s'obstine à rogner ou bien mettre en couleur.
Ce n'est pas à ces gens, privés d'yeux et d'oreilles,
Que je veux consacrer le tribut de mes veilles,
Ils me traiteraient tous de sot ou de bavard.
C'est à vous, ouvriers, amateurs de votre art,
Amans de la justesse et de l'exactitude,
Que j'offre ces essais, fruits d'une douce étude.
N'allez pas concevoir sur moi de faux soupçons:
Loin de prétendre ici vous donner des leçons,
Apprenez que jamais je n'écrivis deux pages,
Sans consulter vingt fois vos immortels ouvrages.
Chez les Chardin, Grabit, les Renouard, les Neveux,
J'eus souvent le plaisir d'en repaître mes yeux!
Quiconque veut s'instruire en ces doctes écoles,
Apprend d'un seul coup-d'œil plus qu'en mille paroles
Qu'on lui débiterait souvent mal à propos.
Je me bornerai donc aux avis généraux.
Si quelques entêtés les traitaient de sophismes,
D'autres y pourront voir épars maints aphorismes,

Qui leur rappelleront les principes d'un art
Où toujours on échoue en marchant au hasard.
　Voulez-vous du public gagner la bienveillance,
Apportez en cet art, soins, temps et patience,
Servez-vous de blanc d'œuf, frais, clair, bien préparé; [100]
La dorure sur cuir est un art séparé,
Qui naturellement en deux arts se divise.
Sur l'or ne souffrez pas que l'on économise;
Faites coucher vos dos pleins, jusques sur le mord;
Bien qu'il soit précieux, ne ménagez pas l'or.
Laissez les Laferté, les Noël, les Leprince
Dans leur économie imiter la province.
Mais pour vous qui devez en tout vous distinguer,
Prodiguez jusqu'à l'or, s'il faut le prodiguer.
Laissons cette lésine à la race bigote [101]
Ou bien aux ouvriers qui font la camelote;
Sur ces drogues sans doute il faut bien ménager;
Mais ce qui de bon droit peut les faire enrager,
C'est que l'économiste, ainsi que son ancêtre,
Va souvent terminer ses vieux ans à Bicêtre,
Et ne lègue à son fils, comme lui nonchalant,
Que sa détresse affreuse et son maigre talent.
　La dorure demande une longue habitude.
Bien des gens sont surpris de voir la promptitude
Avec laquelle l'or s'attache sur la peau;
Ce grand secret n'est rien, et loin d'être nouveau,
Il n'a point varié depuis son origine.
Quand on enduit les cuirs de colle de farine, [102]

Que convenablement les mots soient espacés,
Et qu'au premier aspect ils semblent compassés.
Évitez d'être obscur, pour être laconique.
Le nom seul de l'auteur de lui-même s'explique,
Quand c'est un nom connu, tel Plutarque, Sully,
Tite-Live, Salluste, Anquetil ou Velly;
Un nom sonore enfin, tel que Virgile, Homère,
Horace, Cicéron, Boileau, Milton, Voltaire;
Voilà de ces grands noms que l'univers connaît!
Mais quant à Martignac, Tarteron, du Souhait,
Noms obscurs qu'on peut joindre aisément à dix mille,
On prend pour les inscrire une peine inutile.
Pour connaître l'auteur, il faut le feuilleter;
Ainsi donc sur le titre il vaut mieux consulter;
L'un voudrait qu'il contînt presque en entier la table,
L'autre, s'il n'est concis, le trouve détestable.
Je conclus qu'il vaut mieux consulter l'amateur : [110]
L'ordre qu'il établit est toujours le meilleur.
Les savans sont surtout de sévères arbitres,
Et ne peuvent souffrir de fautes sur les titres.
Pour eux n'omettez pas une apostrophe, un point,
Vous les trouverez tous rigides sur ce point.
Au titre l'on ne peut jamais trop prendre garde,
C'est le premier objet que l'amateur regarde;
S'il y trouve une faute, ou qu'il soit mal poussé,
Il vous traite aussitôt de braque ou d'insensé;
S'il est riche, incivil, les noms de sot, d'inepte
Vous sont donnés de suite avec mainte épithète.
    Lorsque le titre est fait, on peut dorer le bord : [111]

Pour le pousser plus juste, on doit le couvrir d'or.
Poussez un filagramme, une perle légère,
Même un simple filet, voilà ce qu'on préfère.
Les coiffes et les bords, souvent si dédaignés,
Par un savant doreur doivent être soignés;
Dans ces petits détails on reconnaît l'artiste.
Sur de légers objets quand l'amateur insiste,
C'est qu'il connaît l'ouvrage, et qu'en le payant bien,
Il veut qu'il soit bien fait et qu'il n'y manque rien.
Ne les traitez donc pas comme des bagatelles.

Poussez-vous des filets ou de riches dentelles? [112]
Laissez régner autour un filet privé d'or,
L'inhabile ouvrier pousse toujours au bord.
Pour pousser droit et juste, il n'est pas de recette;
Mais ayez toujours l'œil fixé sur la roulette,
Qu'il en suive la course et tous les mouvemens,
Et sachez l'arrêter surtout quand il est temps.
C'est souvent en cela que les doreurs échouent. [113]
Défiez-vous des gens qui sans cesse vous louent,
Incapables sur rien de donner leur avis,
Tout est bien à leurs yeux, alors qu'ils sont servis.
Préférez l'amateur vétilleux et sincère
Qui dit: ce n'est pas mal, mais on pourrait mieux faire;
Remarquez ce filet, il tremble, il va trop loin,
C'est trop chaud, c'est trop froid, c'est brouillé dans ce coin;
Ou, je desirerais qu'au bout de vos roulettes,
Vos coins fussent fermés par de belles rosettes,
Cela me semblerait plus correct, mieux d'accord.
Il n'est point ébloui par les marbres ni l'or,

Rosa, Fuel et Janet savent mieux que personne,
Le grand art d'embellir une étrenne mignone.
Le rustique Naissant de sa nerveuse main [121]
Relie et ferre au mieux un livre de lutrin.
Jusqu'au sang Fuel suerait pour faire un tel ouvrage,
Et ce n'est pour Naissant qu'un simple badinage.
Les Derome, Bradel, les Chaumont, Deboisseau
Ajustent aisément trente nerfs au niveau.
Leur méthode est toujours celle de leurs ancêtres,
Et dans le genre ancien ils sont tous de grands maîtres.
Tessier, quand il le veut, fait fort bien les atlas,
Il ferait mieux encor s'il ne surjetait pas,
Et si de son carton réparant les crevasses,
Il ne lui laissait point faire mille grimaces.
Bozérian et Simier, Courteval, Thouvenin
Excellent à relier un livre en maroquin.
Leur reliure élégante ou simple est bien finie,
Ils semblent animés par le même génie,
Et prouvent tour-à-tour qu'un artiste français,
Inspiré par son art, peut vaincre les Anglais.
En deux heures Fourré confectionne un livre,
On dit qu'aucun relieur n'a tenté de le suivre :
Il faut être équitable, et moi je suis certain
Qu'on lui peut comparer le preux Caillibothin.

 Mais, dira maint lecteur, vous, un si bon apôtre,
Que savez-vous bien faire, et quel genre est le vôtre?
Je crois qu'on pourrait dire, et sans rien hasarder,
Que votre grand talent est de bien bavarder.

Mon livre est, je le sais, imparfait, éphémère;
Mais, si je ne fais bien, je vous montre à bien faire.
Et tel un directeur faillible comme vous,
Qui fou passe pour sage, en dirigeant des fous,
La route que j'indique est longue mais plus sûre.
Mes principes sont tous puisés dans la nature.
Ce n'est qu'en épiant maint défaut ennemi,
Que j'ai su réussir à bien faire à demi
Un travail qui pour moi certe était peu facile.
Mais après tout pourquoi me remuer la bile,
Quand j'entends maints censeurs contre moi murmurer
Et dire qu'à bon droit on me devrait murer;
Qu'à mes descriptions que nul ne saurait suivre,
On ne voit pas comment je veux relier un livre?
 Je veux qu'un livre soit bien plié, bien battu,
Bien pressé, rebattu, repressé, bien cousu;
Et que, sans se piquer d'une folle vitesse,
Avant de le rogner il reste un jour en presse;
Que le cuir soit uni sans être trop paré;
Que les deux mords soient vifs, le livre bien carré.
Ce n'est pas tout enfin qu'un livre soit d'équerre,
Je veux encor qu'il soit bien perpendiculaire;
Que le dos se présente horizontalement;
Que deux dos joints le soient bien hermétiquement;
Qu'un livre n'ait pas l'air monté sur des échasses.
Sachez à sa grosseur proportionner les chasses.
Que le dos soit bien ferme et qu'il s'ouvre aisément;
C'est surtout à ce point qu'on connaît le talent.

Que l'endossure soit d'un solide élastique;
Qu'il soit enfin bien fait plutôt que magnifique.
 Je veux que les cartons, vers le dos renversés,
Tombent exactement l'un sur l'autre fixés,
Et que dans cet état les gardes immobiles
Ne lèvent pas du tout; les ouvriers habiles
Doublent d'activité, doublent d'attention,
Soignent sur tous les points cette opération.
Oui, de quelques défauts vous obtiendrez la grâce,
Si cet objet est fait avec soin, avec grâce.
Celui qui le néglige est un vrai nonchalant,
Ou bien un routinier dénué de talent.

FIN DU SIXIÈME ET DERNIER CHANT.

Vous lui fîtes au moins peu de concessions :
Ecoutant de chacun les observations,
Vous vous êtes montré partisan de l'antique,
Mais sans jamais donner dans l'excès du gothique.
On peut au genre ancien être fort attaché,
Sans que d'anglomanie on se montre entaché.
J'ai dit que de son temps il faut suivre la mode :
De la saine raison quand elle est l'antipode,
Le devoir d'un artiste est de lui résister :
Du sentiment des sots doit-il s'inquiéter?
Tout seul de son parti, loin qu'il s'en désespère,
Le flambeau de son art et le guide et l'éclaire ;
Il triomphe, et plus tard ceux qu'il a combattus,
Proclament sa constance, en font une vertu.

 On a tant emprunté de la reliûre anglaise,
Qu'on ne reconnaît plus la reliûre française.
Aux yeux de bien des gens les Anglais sont des dieux,
Oh ! que d'absurdités on entasse sur eux !
Vraiment pour y tenir il faudrait être un ange.
Devinez ce que vint me dire un jour B....ge?
« Imaginez, mon cher, que les relieurs français
« Ne sont que des enfans près des relieurs anglais ;
« Savez-vous bien chez eux comment va la besogne?
« Un livre d'un seul coup des trois côtés se rogne ;
« Leurs peaux et leurs cartons sont apprêtés, coupés,
« Et l'on ne voit leurs gens qu'à finir occupés.
« L'ouvrage n'y va pas par bonds et par secousses,
« Mais les in-folio s'y font comme des pouces.

« Quand vous vous amusez avec vos petits fers,
« Qui, soit dit entre nous, sont souvent de travers;
« Quand vous restez courbés sous vos vieilles coutumes,
« Chez eux dans un quart-d'heure on dore cent volumes.
« Ils ont pour chaque objet des principes constans :
« Les dos, les bords, les plats se font en même temps.
« On ne sait pas par où leur ouvrage commence;
« Bref, il est sitôt fait, qu'on le croit fait d'avance. »
Voyant que j'affectais un faux ravissement,
« Oui, oui, dit-il, cela tient de l'enchantement,
« Aussi les bons relieurs acquièrent une aisance
« A laquelle jamais vous n'arrivez en France;
« Au point qu'il est commun de voir des ouvriers
« Devenir ducs et pairs, milords ou financiers! »
Ces gens-là pour mentir ont, je crois, des franchises :
Il faudrait pour leur plaire écouter leurs sottises,
Ne s'aviser jamais d'y répliquer un mot.
Les croit-on? en arrière, ils vous traitent de sot;
S'en vont vous dénigrer parmi leur coterie.
Pourtant, à les ouïr, ils aiment l'industrie;
Ils la soutiennent même avec leurs capitaux.
Ces faux Français, ami, causeront tous nos maux :
C'est eux qui, des Anglais ranimant l'espérance,
Les ont encouragés à s'établir en France.
Eux qui, préconisant l'étranger en tous lieux,
Aux modes d'outremer accoutument nos yeux;
De leur patriotisme ils se feraient un crime,
Les étrangers tout seuls ont droit à leur estime.

Aujourd'hui maint Français, honteux d'être Français,
Voudrait paraître Russe, Autrichien, Anglais.
Peut-on ainsi, grand Dieu! renier sa patrie!
　Les anglomanes vont jusqu'à l'idolâtrie :
Aveuglés par un goût bizarre et monstrueux,
Le gothique à ces gens a fasciné les yeux.
Ils prennent bien souvent pour véritable antique,
Un galimatias, avorton du gothique.
Il faut pourtant les voir chacun sous leur aspect :
L'un excite le rire, et l'autre le respect.
Depuis long-temps en France, ainsi qu'en Angleterre,
Le gothique aux beaux-arts a déclaré la guerre.
Aussi n'eut-il jamais de règles ni de lois :
Il met l'effronterie au rang de ses exploits.
En s'éloignant toujours de la simple nature,
Il brave le dessin, le goût, l'architecture.
L'antique parle à l'âme et le gothique aux yeux;
L'un est grêle et gentil, l'autre majestueux.
L'antique est toujours beau, toujours grand, mâle, large;
Tel qu'il soit, le gothique en est toujours la charge.
Vraiment, mon cher Simier, je suis à concevoir
Comment de notre siècle il a tant de pouvoir.
Loin de m'en imposer avec son air mystique,
J'y trouve cent raisons d'exercer ma critique,
Et je réponds à ceux qui pourraient s'offusquer :
Quels que soient les cafards il les faut démasquer.
De puissans protecteurs, jusques au pied du trône
Cherchent à l'introduire : on le choie, on le prône;
Ivres de ses succès, avec un ris moqueur

Ses louches partisans le proclament vainqueur.
Je ne crois pas qu'il ait encor gagné sa cause :
Qu'il triomphe un moment, le bon goût se repose.
    Mais on parvient toujours où l'on veut parvenir.
En vieillissant, un art doit toujours rajeunir.
Tous nos arts d'agrément frappés d'anglomanie,
Je le dis à regret, semblent à l'agonie;
Ils se réveilleront : le nôtre, mon ami,
En s'anglomanisant ne s'est pas endormi;
Il présente souvent des choses gigantesques.
On les avait bannis, l'on reprend les grotesques.
Je ne vois rien de beau dans ces fers compliqués
Dont les livres partout semblent être plaqués.
De ces impressions la mode est passagère;
C'est le genre du temps. Eh bien! il faut en faire.
Mais je me ris de voir la plupart des relieurs
S'attribuer l'esprit, le talent des graveurs;
Tous deux nous avons vus des Prussiens, des Cosaques,
Se prélasser bien haut quand ils poussaient des plaques.
C'est l'âne qui s'affuble avec la peau du lion,
Ou le corbeau qui veut imiter le paon.
L'ignorant s'agenouille, et s'écrie : O merveilles!
Mais le sage aperçoit les pattes, les oreilles.
    Oh! combien notre état offre de charlatans!
B...er dit qu'il relie au moins depuis cent ans,
Cent ans de père en fils; il ajoute en colère :
« Je savais mon état dès le sein de ma mère. »
Pour le croire il faudrait un effort plus qu'humain;
J'en crois la voix publique et mes yeux et sa main.

Ou, comme osa nous dire un grave personnage,
Sur le corps politique un dépôt qui surnage,
Vous me prouvez au mieux votre incapacité,
Et je reste indécis sur l'objet précité.
— Définir le bon goût n'est pas chose facile,
En définition, je suis loin d'être habile;
Comme un autre, je puis dire mon sentiment.
Je vais donc m'expliquer selon mon jugement.
 Gardez-vous de confondre avec le bel antique,
Le genre qu'à bon droit on nomme le gothique :
Ils sont frères, dit-on, c'est un abus de mots,
L'un fourmille en beautés, l'autre abonde en défauts;
Dût-on me mettre au rang des modernes sophistes,
Je veux dans leur vrai jour les montrer aux artistes.
 L'antique sert de base aux plus beaux monumens,
La raison en posa les premiers fondemens.
L'imagination oisive, fantastique,
Dans un rêve en délire enfanta le gothique.
L'antique beau, nerveux même en sa vétusté,
Conserve en ses débris un air de majesté;
Le gothique encor neuf paraît presqu'en ruines,
Tant ses contours sont faux et ses formes mesquines.
L'antique, obéissant à des lois qu'il s'est fait,
Dans ses productions n'est jamais imparfait;
L'autre tout au contraire effronté parasite,
En ses débordemens n'a ni frein ni limite;
C'est un caméléon, il prend mille couleurs,
Et quand il nous abuse, il rit de nos erreurs.
Maigre, sec, décharné, monté sur des échasses,

De la vierge et des saints, il peut orner les châsses.
Qu'à cet antique usage il serve uniquement.
J'aime encore à le voir dans un vieux monument;
Mais avant d'en orner un moderne édifice,
Il faudrait du bons sens, faire le sacrifice,
Abjurer la raison, ainsi que le bon goût.
Le gothique aujourd'hui se rencontre partout.
Je ne suis pas le seul certes qui s'en défie.
S'il vient à s'emparer de la typographie,
C'en est fait! et les arts subiront tous sa loi!
Qui l'aura combattu? moi seul, et toujours moi;
Tandis que des savans avec indifférence,
L'auront vu pulluler, s'enraciner en France.
Ils feignent ne pas voir ce qu'il a résolu :
C'est un tyran qui vise au pouvoir absolu.
De ses anciens excès gardons mieux la mémoire,
Et ne le laissons pas remporter la victoire.
Ah! de sa tyrannie osons nous préserver!
Par respect pour l'histoire, il le faut conserver;
Mais n'allons pas souffrir qu'en un moderne ouvrage
De ses dessins confus il nous fasse étalage.
Qu'il serve à préciser les époques, les temps;
L'histoire a ses saisons, et certes son printemps
Est déjà loin de nous; profitons de l'automne,
Et recueillons les fruits que l'histoire nous donne.
Doit-on en quelque chose imiter ses aïeux?
Dans le gothique au moins ne tombons pas comme eux.
Nous ont-ils en mourant voués à l'esclavage?
Ayons un genre à nous, un genre de notre âge,

Simple, beau, respirant une noble fierté,
Qui fasse à nos neveux chérir la liberté.
Mes avis ne sont pas sans appel, sans réplique;
Employons, j'y consens, quelquefois le gothique,
Mais n'allons pas penser faire preuve de goût,
En préférant ce genre, en *gothicisant* tout.
Il a comme tout autre un côté préférable;
Au gothique empruntons le léger, l'agréable,
Et dans ce vaste champ, voyageant au hasard,
Ne reproduisons pas la naissance de l'art!
— Les amateurs, je crois, sont d'excellens arbitres,
Mais pour tout réformer quels seraient donc vos titres?
Ah! ne m'empêchez pas de suivre mon projet,
Sans ambiguïté, répondez, s'il vous plaît?
Je veux bien vous laisser critiquer le gothique;
A ce genre charmant préférez donc l'antique;
J'y souscris; mais voyez au moins tranquillement,
Combien aux ouvriers vous causez de tourment.

L'artisan malheureux qui travaille pour vivre,
Qui pour avoir un pain doit achever un livre,
Ne saurait parvenir à la perfection :
Peut-il jamais avoir toute l'attention
Que l'on doit apporter pour finir un ouvrage?
Il est comme un auteur qui travaille à la page.
Son estomac à jeun lui prescrit de finir,
Et quinze jours pour lui sont un long avenir.
— Je sais apprécier tout ce que vous me dites
Et des divers talens discerner les mérites : [9]

Par exemple, Fouré pourrait faire en deux jours....
— Encor votre Fouré, vous en parlez toujours.
Enfin vous cesserez d'en bavarder, peut-être,
Mais vous affectez trop de calquer votre maître,
Et vous n'êtes au fond qu'un nouveau Trissotin,
Qui voulez de Fouré faire un autre Cotin.
Voilà ce qui m'échauffe et m'enflamme la bile,
Pour la dernière fois, laissez-le donc tranquille.
Critiquez les savans, même aggravez leurs torts,
Laissez en paix les sots comme s'ils étaient morts;
De rimailler sans cesse avez-vous donc l'envie?
Exhume-t-on les gens qui sont encore en vie?
Vos vers vous font passer pour un âpre censeur,
Pourquoi tant critiquer Fouré le rôtisseur? ¹⁰
Vous ridiculisez tous les gens de province.
A Paris, c'est Thomas, Noël Picard, Leprince,
Cinquante autres enfin dont on entend les cris,
Et qui ne sont connus que par vos seuls écrits.
Naguère, l'un d'entre eux vous traduit en justice :
On ne sait trop comment elle vous fut propice;
Il avait pour appui des gens très comme il faut,
Et votre rhétorique était presqu'en défaut.
Vraiment, mon pauvre esprit, c'est bien mal s'y connaître
Que d'un relieur du roi déprécier le maître.
Il n'écrit pas très mal, s'il ne sait pas parler,
Et son petit mémoire a dû vous accabler.
Vous regardez cela comme une bagatelle;
Mais au fait, contre lui, vous fîtes un libelle.

www.ingramcontent.com/pod-product-compliance
Lightning Source LLC
Chambersburg PA
CBHW052037230426
43671CB00011B/1690